本书受"中央高校基本科研业务费专项资金"资助

(supported by "the Fundamental Research Funds for the Central Universities")

Research on the Criminal
Regulation of
New Ponzi Scheme
From the Perspective of National Economic Security

国家经济安全视角下
新型庞氏骗局
刑法规制研究

时　方——著

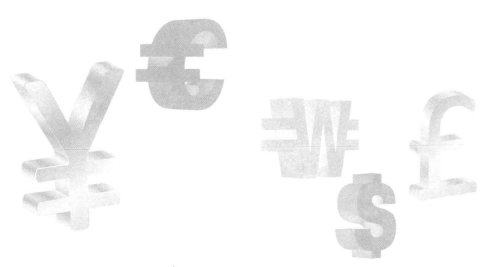

中国政法大学出版社

2024·北京

图书在版编目（CIP）数据

国家经济安全视角下新型庞氏骗局刑法规制研究 /
时方著. -- 北京 : 中国政法大学出版社，2024. 7.
ISBN 978-7-5764-1596-4

Ⅰ. D924.334

中国国家版本馆 CIP 数据核字第 2024KQ0872 号

国家经济安全视角下新型庞氏骗局刑法规制研究

书　名	GUO JIA JING JI AN QUAN SHI JIAO XIA XIN XING PANG SHI PIAN JU XING FA GUI ZHI YAN JIU
出 版 者	中国政法大学出版社
地　址	北京市海淀区西土城路25号
邮　箱	fadapress@163.com
网　址	http://www.cuplpress.com (网络实名：中国政法大学出版社)
电　话	010-58908435(第一编辑部) 58908334(邮购部)
承　印	固安华明印业有限公司
开　本	720mm×960mm　1/16
印　张	17
字　数	260千字
版　次	2024年7月第1版
印　次	2024年7月第1次印刷
定　价	79.00元

序 一

陈泽宪 *

时方新著《国家经济安全视角下新型庞氏骗局刑法规制研究》即将付梓，该书是在其博士后研究报告的基础上修改完成。作为时方博士后研究期间的合作导师，我欣然应邀为本书作序。

时方治学注重理论联系实际，在博士后研究工作期间曾赴北京、上海、江苏、浙江、福建、广东、广西等金融犯罪高发地区的司法机关、金融监管部门、互联网金融企业调研搜集一手研究资料，对危害国家经济安全的各种新型庞氏骗局典型案例进行全面梳理，在此基础上结合国家安全学、经济学等多学科知识对金融犯罪领域存在的理论与实践问题进行刑法规范分析。时方博士后研究报告完成后继续关注国家在金融领域最新的政策变化与法律修正，追踪司法实践前沿动态，研究分析各类新型庞氏骗局运行规律与刑事责任认定，在原有博士后研究报告基础上进行实践素材更新与理论拓展完善而形成本书。该新著具有以下特征：

一、选题的法治战略视野

传统刑法观对于国家安全法益的理解与保护仅限于政治安全与军事安全，属于狭义上对国家安全的理解。2014 年 4 月，习近平总书记在主持召开中央国家安全委员会第一次会议时指出：坚持总体国家安全观，走出一条中国特色国家安全道路的全新战略思想，并系统提出包括"11 种安全"在内的总体国家安全观。总体国家安全观的确立以及 2015 年《中华人民共和国国家安全

---

* 中国社会科学院法学研究所研究员，博士生导师，中国法学会学术委员会委员。

法》的颁布为明确新时代我国国家安全的内涵与外延指明了方向，对于刑法维护国家安全的任务与功能也提出新的要求，由此使得刑法中国家安全法益尤其是国家经济安全法益保护内涵更新，刑法对于国家经济安全保护任务与危害国家安全犯罪类型认定有了新发展。时方在中国社会科学院法学研究所从事刑法学博士后研究期间，在法治战略研究部参与智库研究工作，其从总体国家安全观保障出发，结合他的经济犯罪研究兴趣，最终选定总体国家安全观视角下对于危害经济安全的新型庞氏骗局进行刑法规范研究。以新型庞氏骗局为切入点，站在国家安全保障的高度分析特定经济犯罪类型的刑法规制，既是在刑法之内研究犯罪，更是在刑法之上思考犯罪规制路径，在研究视角上具有战略眼光，在理论分析路径上相较于传统教义学研究论述视野更加广阔。

二、论证的理论创新

时方新著对于新型庞氏骗局涉经济犯罪认定的诸多论述具有理论创新见解。如揭示总体国家安全观视角下我国经济犯罪法益侵害的类型化差异。基于我国经济犯罪侵害法益的复合性与多元性，对于经济犯罪的研究需要厘清个人财产法益、社会经济秩序法益与国家经济安全法益之间的区别。经济犯罪并非众多个人财产犯罪的集合，国家经济安全法益也与传统某一地域、行业领域的经济管理秩序存在本质差别，国家经济安全法益是建立在对个体财产法益、社会经济秩序法益基础之上对于国家整体经济健康运行的法益保护，是国家安全法益在经济领域的体现。又如对于庞氏骗局的深刻分析，庞氏骗局并非一个法学专业概念，但确是当前危害社会经济平稳运行与国家经济安全的最主要的犯罪模式，时方新著对于庞氏经济活动、庞氏骗局与金字塔运行原理进行深刻揭示：一方面通过经济学视角分析庞氏经济活动的运行原理，将经济活动中的投资风险与刑事犯罪风险相区分；另一方面从刑法规范视角分析庞氏骗局的犯罪构造以及涉及的犯罪类型，对于近年来借助各类投资理财工具如私募基金、网络借贷、数字货币、互联网金融传销等新型庞氏骗局表现形式、实践认定疑难争议点进行了刑法专业性分析。随着金融科技发展的日新月异，以人工智能、区块链为噱头实施的庞氏骗局更是层出不穷、令人眼花缭乱。因此，庞氏骗局运作模式的"新"与"旧"只具有时空相对性，难以完全在形式上进行穷尽，关键在于对典型庞氏骗局进行类型化分析的基础上，精准识别庞氏骗局运作机理与法益侵害性的本质。此外，诸多日常生活中本不具有金融属性的一般商品也成为庞氏骗局借用的新外衣，如广州芳村"金融茶"爆雷事件，"销售茶叶"成为实施非法集资、传销等庞氏骗局的新手段，严重扰乱了金融秩序并侵害民众的财产安全。

三、立论的前瞻性

时方新著虽然基于国家经济安全保障视角讨论新型庞氏骗局刑法规制问题，但其研究思路并非单纯的入罪打击思维，而是对于经济安全与经济自由、金融创新的辩证关系进行了系统全面分析，强调国家经济安全的刑事保障并非否定对经济主体自由活动以及金融创新的限制干涉，应当做好金融监管与金融自由创新的平衡。正如书中论述：注重经济安全并不意味着排斥经济自由与创新。经济发展的前提是经济自由创新，经济安全虽然可以在高度抑制下取得，但遏制创新的监管最终将引发金融不安全；由此应当鼓励创新，创新才能提高经济运行效率和生产力，同时防止行为主体以金融创新名义实施违法犯罪行为。不论是刑事立法抑或是刑事司法都应当防止动辄以经济安全保障之名约束经济主体的自由，遏制经济发展与创新。同时，该新著认为对于新型庞氏骗局引发的金融犯罪不宜一刀切地适用轻缓化的刑事政策。在世界各国普遍倡导轻刑化的时代背景下，对于危害国家经济安全的新型庞氏骗局的刑法规制立场，应根据犯罪侵害的法益属性确立不同导向的刑事政策：对于单纯侵犯市场经济管理秩序以及投资者个人法益的金融犯罪类型，适用轻缓化刑事政策以保障市场经济高效运行符合世界各国针对经济犯罪处置的发展潮流；对于侵害国家经济安全法益的金融犯罪类型，应适用严厉的刑事政策加强打击，从而实现国家经济安全的刑法保障任务。

总体而言，时方新著《国家经济安全视角下新型庞氏骗局刑法规制研究》在选题站位、论证创新以及立论观点等方面都具有重要的理论与实践价值，值得向关注经济犯罪理论与实践研究的各位同仁推荐。时方当年的博士后出站报告被评为中国社会科学院法学研究所、国际法研究所优秀博士后出站报告。近年来时方在中国政法大学刑事司法学院任教期间，持续深耕金融犯罪领域研究，围绕互联网金融犯罪相关主题承担了包括国家社科基金、中国法学会部级研究课题以及全国人大法工委、最高人民检察院等委托的多项国家级、省部级课题，并发表了一系列具有代表性的研究成果。相信本书的出版将成为时方科研工作的新起点，期待他有更多优秀的经济刑法理论成果问世。

　　是为序。

陈泽宪

2024 年 7 月于北京

序 二

孙国祥 *

    时方博士的《国家经济安全视角下新型庞氏骗局刑法规制研究》即将出版发行，嘱我为其作序。通读书稿，我欣然应允。

    庞氏骗局虽然是一个外来语，人们对其行为模式和危害并不陌生。但晚近以来，由于搭上了互联网、数字等技术，庞氏骗局的形式不断变异，形成的危害也进一步放大。例如，利用 P2P 网贷平台、私募基金、区块链、虚拟货币等实施的非法集资、传销活动，无不带有庞氏骗局的特征。无论是传统典型的、还是迭代变异后非典型的庞氏骗局，其实质都是"欺诈"。但与传统庞氏骗局相比，新型庞氏骗局具有新特点，对其进行系统性研究，具有理论与实践意义。

    我认为时方的新书有以下特点：

    第一，从国家金融安全的角度揭示新型庞氏骗局的危害。传统的庞氏骗局，其危害主要涉及的是参与者个体的财产利益。新型庞氏骗局固然能够对参与者个体财产法益产生侵害，但更大的危害是危及国家整体经济安全。作者在"总体国家安全观"的视野下，强调金融安全事关经济安全、国家安全，对于经济安全造成侵害的金融犯罪以庞氏骗局形式出现，诸如影子银行、地下钱庄等资金体量巨大，其犯罪规模已经今非昔比，进而成为影响国家整体经济安全的犯罪类型。这就提升了认识庞氏骗局危害性的重要程度，也符合晚近以来这类犯罪危害越来越严重的实际情况。也正是在整体国家安全观视

---

    * 南京大学法学院教授，博士生导师，中国刑法学研究会学术委员会委员，江苏省刑法学研究会会长。

野下，金融刑法的保护法益应作适时调整，维护安全应该成为金融刑法的首要目标。例如，一段时间以来，各种形式的非法集资案件，不仅仅造成了集资参与人的具体经济损失，而且直接危及经济的发展和社会的稳定。对此类犯罪的刑法规制，需要从危害国家金融安全的角度去把握，将维护金融安全作为现代经济刑法的重要使命。

第二，着力厘清经济安全与经济创新的关系。 科技的发展一日千里。科技创新带来了金融模式的变革，各种金融新业态层出不穷。但金融创新过程中也伴随着重要的"副产品"——金融犯罪。因此，如何协调经济安全与经济创新的关系，就成为一个现实难题。作为一个重要问题，本书提出两者并非总是对立冲突关系，而是具有相辅相成、相互促进的功能，刑法应当为经济创新预留合理的空间。这些观点反映了监管与创新之间的辩证关系。在我看来，创新首先必须经过安全评估，夯实金融安全。安全应该成为金融法治的首要目标，只有在金融安全的基础上，才能有条件地鼓励金融创新。脱离了安全的创新，创新就可能演变为灾难。安全是金融发展、创新的底线，只有在安全风险可控的基础上，金融创新才能行稳致远。那种激进冒险的所谓创新，给金融系统性安全带来巨大风险的创新，必须受到安全的制约。当然，安全确实需要为创新提供空间。社会要肯定金融创新对金融发展的重要性，不能轻易否定特别是不应动用刑法否定金融创新。即使创新过程中出现了一定的无序状态，也应首先通过强化行政监管实现金融活动的有序、安全，刑法不能越位，以体现一定程度上刑法容错的最后手段性特征。

第三，对不同类型的新型庞氏骗局进行具体分析。 本书对私募基金、P2P网贷、数字货币等领域中的庞氏骗局进行了分析。这些热点领域，鱼龙混杂，其中不少为庞氏骗局所利用。实务中的界限也不是太清楚。例如，之前的一段时间，对于P2P网贷的刑法性质一直存在着争议。本书对于P2P网贷平台庞氏骗局运作的模式、可能涉嫌的罪名的分析，基本厘清了P2P网贷中的罪与非罪界限。我一直以为，定罪量刑的依据是刑法实体，通过网络金融平台债权转让是否成立非法集资（非法吸收公众存款或者集资诈骗），需要作精细的刑法分析。涉及网络金融平台债权转让行为的刑法性质，需要根据刑法非法吸收公众存款、集资诈骗等罪的构成特征，通过对不同形式的债权转让中可能存在的问题，结合非法集资中的"非法性"和"利诱性"等特征进行刑法学的仔细甄别和判断。其中，透过现象看本质的穿透性实质认定成为重要的司法理念。穿透式认定最早运用于金融监管领域，有关部门针对金融活动的复杂性提出了穿透式监管。理论界越来越多的学者认可在坚守罪刑法定原则的同时，刑法需要有效回应犯罪的变异，防止人为形成刑法规制的漏洞。

第四，倡导治罪与治理的结合。一方面，作为维护金融安全的金融犯罪立法，应体现预防性安全刑法的特征，"打早打小"成为重要的刑事政策。但另一方面，金融风险的防范需要多管齐下，刑法在治理体系中，只能发挥后盾法的作用。因此，本书提出，在日常监管方面构建综合了行业自律、政府监管与司法惩治的立体式监管体系，发挥行业自律组织以及相关金融监管部门等行政监管部门的职能。因此，对新型庞氏骗局的打击不能单纯依靠司法机关，司法的事后介入并不能起到预防风险发生的功能，相反对于民众财产权益的保护、国家金融安全的稳定保护过于滞后。应加强网络金融平台日常运行过程中的监管，实现平台运行的规范化，注重预防；而非等到行为严重性不断加大、出现严重后果再单纯依靠刑罚打击，此时便只能亡羊补牢，为时已晚。而且，刑事制裁手段过于滞后，无法真正对网络金融的健康发展起到规范效果。

时方博士近年来围绕着经济刑法、金融刑法的研究成果颇丰，是该领域代表性的年轻学者。本书的出版，丰富了其金融刑法的研究成果，也是时方的一个标志性研究成果，反映了其扎实的刑法理论基础和理论分析能力。作为时方博士曾经的指导老师，在为他近年来取得的成绩高兴之时，也预祝他在金融刑法领域继续深耕细耘、开拓创新，为国家金融安全献计献策。

是为序。

孙国祥

2024 年 7 月 22 日

前　言

"总体国家安全观"战略思想强调了经济安全作为国家安全的基础，对国家整体稳定发展以及其他具体领域安全的实现具有至关重要的意义。在此背景下，《中华人民共和国国家安全法》对经济安全、金融安全作出新的规定，经济安全法益在刑法中的内涵应作重新解读。当前对于经济安全造成侵害的金融犯罪多以庞氏骗局形式出现并呈现代际更新特征，主要为涉及影子银行、地下钱庄等资金体量巨大、影响国家整体经济安全的犯罪类型。就法益侵害而言，新型庞氏骗局在宏观层面体现为对整体经济安全的侵害，这是该类犯罪法益侵害性的本质，尤其是结合互联网创新技术的 P2P 网贷平台、私募基金、利用区块链、虚拟货币实施的非法集资、传销活动等；然而，新型庞氏骗局并非只是对抽象的经济安全法益造成侵害，在微观层面同样对参与者个体的财产法益产生侵害，这体现庞氏骗局的欺诈本质，渗入校园的不良网贷即是典型。对于不同类型的新型庞氏骗局，应当根据其运行特点进行有针对性的刑法规制，并结合其他社会治理手段进行综合监管。对于新型庞氏骗局这一投资欺诈陷阱，从参与人角度分析其在庞氏骗局运作过程中的作用与地位，划定相应责任，可以有效预防庞氏骗局发生，对犯罪者进行打击的同时对被害人进行刑法规范层面的保护。

时　方

2024 年 4 月

目 录

| 绪　论 |

一、研究背景与问题提出

总体国家安全观是习近平总书记在新时代提出的我们党历史上第一个被确立为国家安全工作指导思想的重大战略思想，是切实提升国家与人民安全的根本遵循与行动指南。经济安全作为总体国家安全观中的基础性安全，对国家整体安全的稳定具有至关重要的意义，而维护经济安全的重要任务之一在于保障金融体系安全，防范系统性金融风险。在刑事法领域，金融犯罪是触发系统性金融风险的因素之一，并对国家经济安全产生重大影响，伴随着科技日益进步，其中新型庞氏骗局在表现类型上愈发复杂、对于国家经济安全的法益侵害程度更为严重。对这类新型庞氏骗局进行有效刑事打击，同时运用完善的法律体系防范与规制，是维护国家经济安全的必然要求。

近年来互联网技术飞速发展以及金融创新运行模式迭代更新使得新型庞氏骗局在表现类型上呈现代际更新特征，其中以私募基金、P2P网络借贷、数字货币引发的商业投资欺诈犯罪以及互联网金融传销最为典型。新型庞氏骗局在法益侵害严重程度上超越了传统庞氏骗局，不再单纯对被害人个人财产法益以及特定时空范围内的公共安全秩序造成侵害，并且近年来呈现爆发泛滥态势。在新时代践行总体国家安全观的时代背景下，新型庞氏骗局直接对国家经济安全产生侵害。根据总体国家安全观提出的时代要求，仅从维护公共安全角度进行金融犯罪惩治的传统做法，已经不能满足我国当前从国家安全战略部署层面进行经济安全保障的现实要求，针对系统性破坏国家经济安全的新型庞氏骗局进行重点规制显得尤为重要与迫切。与此形成反差的是，我国传统刑法理论对于经济安全维护与金融犯罪规制问题并未展开充分的讨论，存在研究视角与路径上的偏差，未能起到刑法保障国家经济安全应有的作用。

因此，本书拟解决的核心问题是：通过对国家经济安全内涵的话语转换，在准确识别新型庞氏骗局犯罪类型的前提下，对其危害经济安全刑法法益的本质属性进行揭示，有效打击各类型的危害国家经济安全的新型庞氏骗局犯罪，防范化解重大金融风险，实现刑法保障国家经济安全的功能与目标。

二、国内外研究现状综述

（一）国内研究现状综述

"国家安全"一词在我国政府官方文件中最早出现于 20 世纪 80 年代初，其内涵经历了由传统政治、军事狭义安全观向涵盖经济、文化、环境等非传统安全观的转变过程。国内学者对于国家经济安全的讨论肇始于 20 世纪末 21 世纪初，主要集中在经济学和国家安全学（政治学）领域，争论的焦点包括经济安全的基本内涵（顾海兵，2001）、经济安全涉及的领域（刘跃进，2004）、经济安全面临的威胁与挑战（陈凤英，2005）等。国家经济安全作为非传统安全观的重要组成，近年来逐渐引起刑法学界关注，尤其是在总体国家安全观在刑事法研究中的认识得到不断深化的背景下：既有从宏观层面探讨非传统安全与刑法关系的研究（闫二鹏，2017），也有从微观个罪角度分析国家经济安全对于刑事犯罪认定的影响（梅传强、童春荣，2018）；在经济刑法研究领域，同样出现了对经济安全保护与经济刑法立法现状进行总结反思性的论著（田鹏辉，2018），上述研究都表明国家经济安全的刑法保护开始受到学界关注。

将国家经济安全融入金融犯罪研究、全面系统地研究经济安全维护与金融犯罪规制的讨论尚未在刑法学界充分展开，但从总体国家安全观高度分析金融犯罪的治理逐步成为一种新兴研究范式。具体而言，从经济安全角度研究金融犯罪存在三种主要路径：第一种是站在总体国家安全观视角针对金融犯罪特定个罪进行构成要件解构的教义学研究路径，属于微观层面的规范解释学探讨（叶良芳，2022）；第二种是从国家金融安全视角针对金融犯罪基础理论展开的分析，如对于金融犯罪法益进行的研究，属于中观层面的基础理论探讨（孙国祥，2022）；第三种是针对金融犯罪立法（刘宪权，2017）、司法（张晓津，2023）、社会管理创新（时延安，2017）以及刑事政策学（姜涛，2014）的多维关系进行解读，属于宏观层面指导规制金融犯罪的立法、司法实践性研究，体现交叉学科研究范式。随着互联网金融时代的到来，传统庞氏骗局运作模式呈现代际更新特征，但刑法学界对于庞氏骗局的典型犯罪类型如非法集资、传销活动等犯罪的研究，主要集中于微观构成要件解读，如 P2P 互联网金融平台非法集资风险认定（刘宪权，2017），互联网股权众筹的刑事涉罪风险（阴建峰，2018），互联网金融时代非法集资侵害法益的重新定位（郝艳兵，2018），等等。虽然我国刑法学者敏锐地观察到了互联网金融创新背景下非法集资呈现出的法益侵害新特点以及犯罪构成要件认定过程中的具体困境，但仍然仅延续了对传统非法集资犯罪认定的教义学路径。此外，检索知网可见，以金融安全与刑法保障为主题的博士论文截至本书成稿仍仅有两篇（李娜，2006；董秀红，2015），且两篇博士论文虽然都是以世界经济危机为背景展开思考、体系性较强，但在核心问题即对金融安全的刑法法益理解上，仍停留在传统公共安全领域，并未随着时代的变迁与国家安全局势的变化进行学术思维的转变。

（二）国外研究现状综述

就国外研究而言，1947 年美国制定了世界上第一部国家安全法，其中规定国家经济安全属于国家安全体系范畴（Peter J. Katzenstein）。而最早出现"经济安全"一词的官方报告是 1980 年《日本国家综合安全报告》，该报告将经济安全、军事安全等列为国家安全战略的组成部分。由于不同国家的国情和战略目标不同，而且即便同一个国家在不同历史时期对于经济安全的看法也会不同，因此，迄今为止世界各国并未对经济安全形成统一的看法与认识。就国外相关法学理论成果而言，国外刑法学者基于国家安全视角对于金融犯罪（经济犯罪）的规制研究，集中在探讨特定背景时期国家如何采取一定政策维护国内政治安全，以使得经济稳定发展保障国内政治环境的有序平稳，如二战期间德国推行战时经济政策，制定了一系列有利于国家宏观经济发展的经济刑事法规，起到了很明显的刑法规制经济行为进而为政治、经济安全稳定服务的效果。在这一特殊历史背景的学术成果包括（Hans Achenbach，1986；Tiedemann，1987）等。又如美国 2008 年金融危机之后，伴随金融泡沫的破灭，各种金融风险以金融犯罪的形式集中爆发。对此美国国会从完善法律规定、增加金融犯罪办案力量、限制法官司法裁量权、加大刑事惩治力度、进行积极事前预防等方面展开治理。

互联网金融以及金融衍生产品最早诞生于经济发达的资本主义国家，自20世纪90年代欧美发达国家的互联网平台开始提供简单的金融服务，至21世纪初叶互联网新型金融工具发展如火如荼，如P2P网络借贷、股权众筹、私募基金、虚拟货币等接连诞生于美国、日本以及欧洲等发达国家（Andrew Verstein，2011）。非法集资作为互联网金融发展进程中典型的投资诈骗类型，在国外亦被称为"庞氏骗局"，是一种古老而常见的投资欺诈行为，属于金字塔骗局的变种模式。然而，基于西方较为完备的金融监管制度以及对于民间融资的规制立场差异，并非所有境外国家都有与我国对应的非法集资法律规制条款，甚至很多国家刑法中本身就没有规定非法吸收公众存款罪名，而是在广义上对商业欺诈、诈骗等犯罪进行刑事规制（朱伟一，2013）。如美国对于"证券"内涵界定广泛，对于资金的募集往往归结为证券发行行为进行认定，包括P2P网贷平台、金融理财产品以及投资合同都被定义为证券，均受美国证券交易委员会监管，由1933年《美国证券法》、1934年《美国证券交易法》所规制，并非如我国将非法集资业务行为作为类似于银行吸收公众存款属性进行认定（Kevin E. Davis，Anna Gelpern，2013）。作为金融创新"资产"类型之一，以区块链、数字加密货币为噱头的庞氏骗局日益增多，对此美国证券交易委员会（SEC，United States Securities and Exchange Commission）积极开展对数字资产的分类并加强金融监管（Eliot Feeny，Brandon Green，2017）。具体规定非法集资犯罪条款的国家的刑法，如作为大陆法系刑法代表的德国刑法，对于金融犯罪的规制主要参照附属刑法内容，其对于非法吸收公众存款的规制规定于《德国银行法》，对于不具有金融牌照但从事期限错配属性的存款业务行为予以打击（BaFin，2012）。日本刑法中有类似于我国的非法集资犯罪认定条款，《日本出资法》作为附属刑法规定："任何人不得向多数且不特定人承诺日后返还超过出资的金额为条件吸收资金"，其认定核心在于借款人向不特定多数人承诺无条件还本付息，这一要件对我国非法集资本质认定具有比较法上的借鉴意义（芝原邦尔，2002）。

基于与西方国家金融监管模式的差异，以及我国金融抑制、利率管控的金融政策，与西方国家相比，互联网金融引发的新型庞氏骗局犯罪在我国更为集中地爆发，这与西方国家日常金融监管严密，行政处罚措施严厉不无关系——非法集资刑事风险在金融监管过程中得以消弭。对于我国总体国家安全观这一特色战略体系的提出与构建，国外虽然没有与此完全对应的学术探讨，但上述国外研究成果以及司法实践经验可以为我国经济安全的刑事法治保障提供研究思路，具备实践参考价值。

三、研究意义

（一）理论意义

以往针对经济安全这一主题的理论探讨，主要是以经济学和政治学视角提出的政策性意见分析为主，法学研究在其中存在"话语失声"现象，从打击金融犯罪角度进行国家经济安全保障的分析更是没有得到充分展开。在当前积极构建总体国家安全观的时代背景下，2015年8月通过的《刑法修正案（九）》[1]将"贯彻总体国家安全观，统筹完善刑法相关规定"作为该次刑法修正的目标和任务，而刑事法学研究路径的缺失必将使这一课题论证无法得以充分实现。因此，如何准确把握经济安全法益的刑法内核并且从国家经济安全角度切入分析经济犯罪防范与规制问题，是全方位开展经济安全论证所不可或缺的重要方面，具有重大的理论价值。

（二）实践意义

本书从国家经济安全视角切入研究金融犯罪的规制问题，将宏观层面的国家经济安全战略保障与新型庞氏骗局具体犯罪规制手段相结合，厘清经济自由创新与经济安全的边界，为当前新型庞氏骗局引发的系统性金融风险提供一种新的研究视角与路径，以及更加多元化、科学化的金融行为法律规制边界的划定方法。同时本书对于司法实践过程中合理划定犯罪圈、有针对性地打击涉国家经济安全的庞氏骗局犯罪类型、适用具体的刑事政策、运用科

---

〔1〕《刑法修正案（九）》，即《中华人民共和国刑法修正案（九）》，为方便表达，本书中涉及的我国法律直接使用简称，省去"中华人民共和国"字样，全书统一，不再赘述。

学有效的刑罚措施可提供理论支撑，契合党中央关于"防范化解重大风险"的决策部署，对"守住不发生系统性金融风险的底线"、保障国家经济安全、维护社会整体经济有序平稳发展具有重大现实意义。

四、研究思路与研究方法

（一）研究思路

本书论证通过一条主线、两条路径展开，即在对当前总体国家安全观中的经济安全内涵进行法学视域语境转化的前提下，一方面对于当前经济领域尤其是金融领域面临的新型庞氏骗局犯罪侵害与安全风险进行成因分析，梳理当前立法、司法中存在的问题，发挥刑事政策的导向作用，为提出防范与规制对策展开实证调研活动；另一方面对于金融领域犯罪进行类型化的刑法教义学规范分析，为立法、司法打击新型庞氏骗局、保障经济安全提供学理支撑，最终实现经济安全维护与金融犯罪预防规制在惩治边界与打击力度两个维度上的有机结合。

（二）研究方法

1. 规范分析法

法律规范作为法学体系的核心，立足法律规范文本分析是相关问题展开论证的逻辑起点。对于国家经济安全与金融犯罪的研究应以国家安全法律规范与经济犯罪相关法律规定为研究出发点和评判标准。对刑法条文规范保护目的的解读，对比不同时期、不同国家经济安全在国家安全体系及刑法中的地位，对于探寻我国当前金融犯罪规制范围与打击力度具有直接引导作用。

2. 交叉学科研究法

国家安全来源于政治学术语，在当前法学研究中并没有明确的内涵界定。对于国家经济安全的保障研究需要全面梳理政治学、经济学、国家安全学等相关学科对于经济安全的理解，并将其内涵合理转换到法学研究视域中，同时运用、借鉴相关学科的国家安全理论，使得这一命题在刑法研究中得以全面、深刻展开。

3. 刑事政策研究法

总体国家安全观应从我国政策体系的宏观构建维度加以阐释，如何充分发挥刑事政策的指引功能以及对于国家安全尤其是经济安全的保障功能，既要防止相关法律成为桎梏经济要素发展的枷锁，又要保障经济发展处于安全稳定的制度环境中，这就需要对刑事政策予以合理准确定位。

4. 类型化研究法

由于类型兼具抽象化及具体化的作用，可以分别适用于具体的事务与抽象的价值，因此在法学研究及实务之说明上，其应用特别普遍，可以说是法律资料之体系化以及法律体系之应用最为常见而且有效的方法。随着互联网金融科技的发展，新型庞氏骗局代际更新表现出的种类繁杂、方式多样以及形态更迭，使得对侵犯经济安全的新型庞氏骗局犯罪形态进行类型化研究显得尤为重要。

5. 实证研究法

金融犯罪对于国家经济安全产生的现实侵害或者造成的潜在威胁，不仅需要通过法律文本进行理论上的规范分析，同时需要到相关司法实务部门、中央及各地金融机构进行实地调研，准确掌握现实中存在的关键问题，并通过对金融领域危害国家经济安全的典型犯罪案例进行梳理、分析，探寻当前金融犯罪在立法、司法层面存在的问题，将理论分析与实证调查相结合，最终才能提出准确的应对方案与建议对策。

第一章

国家经济安全的法律属性

第一节　国家安全的法律内涵

一、国家安全内涵的发展与沿革

"国家安全"一词最早出现于 1943 年，由美国报纸专栏作家沃尔特·李普曼提出，主要涉及国家的军事、政治和外交斗争。在当时，一国的军事安全如果得不到保障，那么其领土完整、边境安宁、民族生存以及国家主权独立等都将受到威胁，因此军事安全成为传统国家安全的核心。1947 年美国成为世界上第一个制定国家安全法的国家，国家安全逐步被确立为各国生存和发展的基础。随着 20 世纪八九十年代世界政治格局的变化以及经济全球化的迅速发展，国家安全的内涵与外延逐步扩展到非传统国家安全领域，包括经济安全、信息安全、生态安全，以及反恐怖主义袭击、跨国犯罪等，国家经济安全在国家安全体系中的地位不断上升。

"国家安全"一词在中国官方文件中首次出现是在 1983 年第六届全国人大审议的政府工作报告中，在中共中央文件中最早出现于 1986 年党的十二届六中全会决议。[1]通过对相关文件的解读，可以清楚地看出当时中央对于国家安全的提出与理解主要限于国际交往中与军事安全相关的间谍情报工作，因而其属于传统意义上的国家安全概念；同时在当时国内的经济体制与经济发展状况下，经济安全并未受到国家领导层的重视，也未形成相关概念。直到 20 世纪 90 年代后期，对于国家安全的理解才开始由传统安全观向非传统安全观转变：在 1997 年 9 月党的十五大报告中，江泽民首次提到与传统安全认知具有重要突破的"国家经济安全"，表明一种非传统的安全认知已

---

〔1〕　在 1983 年 6 月 6 日第六届全国人大第一次会议所作的政府工作报告中，时任国务院总理赵紫阳指出："为了确保国家安全和加强反间谍工作，国务院提请这次大会批准成立国家安全部，以加强对国家安全工作的领导。" 3 年之后，1986 年 9 月党的十二届六中全会通过的《中共中央关于社会主义精神文明建设指导方针的决议》要求公民"在国家安全受到威胁，社会公共安全受到危害的时候，要挺身而出，英勇斗争"。参见刘跃进：《非传统的总体国家安全观》，载《国际安全研究》2014 年第 6 期。

经出现；在 2002 年 11 月党的十六大报告中，江泽民再次提到"国家经济安全"，论述了以"互信、互利、平等、协作"为核心的"新安全观"，强调"在扩大对外开放中，要十分注意维护国家经济安全"；此后，国家安全观的内涵、外延在 2007 年党的十七大报告和 2012 年党的十八大报告中仍不断扩展丰富，至此安全领域除涉及政治安全、经济安全、文化安全和信息安全这四个基本的一级构成要素之外，还包括粮食安全、食品安全、药品安全、能源安全等更加复杂多元的国家安全次级构成要素。[1]直到习近平总书记在 2014 年 4 月明确提出"总体国家安全观"这一概念并系统论述，我国对于国家安全的综合、立体、全面理解得以最终实现，而这一不断深化认识的过程同世界其他国家对于国家安全理论、制度的发展、变革具有相似的探索原理与规律——既需要结合当前具体的国际政治、经济、生态等各方面形势，也需结合各国自身具体的国情、发展阶段，加以综合判断。经济安全在国家安全观念层面从无到有，并不断受到重视的发展历程在其中得以一脉相承地完整展现。

习近平总书记在党的二十大报告中共有 29 处提及"国家安全"，关于国家安全的论述超过党的历次全国代表大会报告，在阐述坚持总体国家安全观时指出："必须坚定不移贯彻总体国家安全观，把维护国家安全贯穿党和国家工作各方面全过程，确保国家安全和社会稳定。我们要坚持以人民安全为宗旨、以政治安全为根本、以经济安全为基础、以军事科技文化社会安全为保障、以促进国际安全为依托，统筹外部安全和内部安全、国土安全和国民安全、传统安全和非传统安全、自身安全和共同安全，统筹维护和塑造国家安全，夯实国家安全和社会稳定基层基础，完善参与全球安全治理机制，建设更高水平的平安中国，以新安全格局保障新发展格局。"[2]此外，在党的十九

---

〔1〕 参见刘跃进：《中国官方非传统安全观的历史演进与逻辑构成》，载《国际安全研究》2014年第 2 期。

〔2〕 参见习近平：《高举中国特色社会主义伟大旗帜 为全面建设社会主义现代化国家而团结奋斗——在中国共产党第二十次全国代表大会上的报告》，载 https://www.gov.cn/xinwen/2022-10/25/content_5721685.htm，最后访问日期：2023 年 8 月 20 日。

大报告也有 18 处提及"国家安全",要求坚持总体国家安全观,指出"统筹发展和安全,增强忧患意识,做到居安思危,是我们党治国理政的一个重大原则",涉及"提高保障和改善民生水平,加强和创新社会治理"内容时,重点指出要有效维护国家安全,健全国家安全体系,加强国家安全法治保障,提高防范和抵御安全风险能力。[1]将国家安全问题置于"加强和创新社会治理"主题下进行论述,体现出中共中央越来越关注各种非传统安全问题,尤其是非传统的国家安全问题,将对国家安全的维护融入社会治理现代化进行重点考察关注。

二、国家安全内涵的法律转换

"国家安全"原本属于政治学语境中的概念,并非法律概念,如何将这一其他学科的专业术语移植到法学体系中并不产生抵触,是需要首先面对且无法回避的一项学理问题。与此同时,在实践中"国家安全"一词已经作为一个法律的专门术语被越来越广泛地应用于我国的宪法、法律、行政法规和规章等规范性文件中,而以往我国法律并未对这一法律专门用语作出明确的界定或立法解释,这不仅使得人们对关系到一国生存和发展的国家安全产生理论认知上的歧义,而且实践中也带来了诸多困惑。[2]对于国家安全内涵的法律阐释显得尤为必要与迫切。

2014 年 4 月习近平总书记在主持召开中央国家安全委员会第一次会议时指出,要坚持总体国家安全观,走出一条中国特色国家安全道路,并系统提出包括"11 种安全"在内的总体国家安全观,构建集政治安全、国土安全、军事安全、经济安全、文化安全、社会安全、科技安全、信息安全、生态安全、资源安全、核安全等于一体的国家安全体系。总体国家安全观的战略思想为确定我国国家安全的内涵与外延指明了方向,阐明了各重点国家安全领域以及各领域安全之间的关系。总体国家安全观是富有中国特色的安全概念,

---

〔1〕　参见习近平:《决胜全面建成小康社会 夺取新时代中国特色社会主义伟大胜利——在中国共产党第十九次全国代表大会上的报告》,载 https://www.gov.cn/zhuanti/2017-10/27/content_5234876.htm,最后访问日期:2023 年 8 月 20 日。

〔2〕　吴庆荣:《法律上国家安全概念探析》,载《中国法学》2006 年第 4 期。

对此习近平总书记指出，当前我国国家安全内涵和外延比历史上任何时候都要丰富，时空领域比历史上任何时候都要宽广，内外因素比历史上任何时候都要复杂，必须坚持总体国家安全观。[1]美国联邦法院大法官默里·格菲因曾说：国家的安全并非只靠城堡。以法律保障国家发展与安全战略已成为世界各国的通行做法。2015年7月1日颁布并实施的《国家安全法》正是在我国积极践行总体国家安全理念的背景下制定并施行，其中第2条规定了"国家安全"的具体含义，即"国家政权、主权、统一和领土完整、人民福祉、经济社会可持续发展和国家其他重大利益相对处于没有危险和不受内外威胁的状态，以及保障持续安全状态的能力"。由此，国家安全的具体内涵在法律上予以明确化，实现了总体国家安全观从战略思想到法律制度的时空转换。而将国家安全法立足于综合国家安全观，将广义安全观以法律形式固定下来也将成为世界各国的国家安全立法趋势，如于1992年颁布实施的《俄罗斯国家安全法》，在总则中将国家安全界定为"维护个人、社会和国家重大利益不受内部和外部威胁的状态"，这一立法规定已不再局限于传统狭义上的国家安全内涵。[2]

第二节　国家经济安全的体系地位与内涵

在经济全球化、科技迅猛发展的当今，经济安全作为国家主权的重要组成，对于一国主权的颠覆已不再限于通过野蛮粗暴的军事入侵实现，更加温和的经济入侵手段在悄无声息中便可以使一国政权轰然倒塌，造成社会秩序处于失控状态，对国家经济安全的保护成为维护国家安全的重要使命。

一、国家经济安全的体系地位

国家经济安全在国家整体安全体系中的重要性不言而喻，如果没有经济安全，一国的政治安全、军事安全、社会安全等其他安全领域也都将无法得

---

〔1〕习近平：《习近平谈治国理政》，外文出版社2014年版，第200页。

〔2〕参见薛刚凌主编：《中国军事法学论丛（第七卷）国家安全法律问题》，人民出版社2014年版，第26~28页。

到保障。列宁指出："我国的对内和对外政策归根结底是由我国统治阶级的经济利益和经济地位决定的。这个原理是马克思主义整个世界观的基础。"[1]

对于经济安全的关注以及经济安全在国家安全体系中地位的不断提升有着深刻的时代背景。在冷战以前，各国之间的竞争主要奉行单一的以意识形态为核心的政治、军事竞争，保护国家的领土和主权不受侵犯成为国家安全的主要内容，政治安全与军事安全成为国家安全的最主要组成。随着冷战结束，经济全球化的迅猛发展使得单一的军事竞争逐步被多元化的政治、经济、军事、文化、科技等多领域竞争取代，国家安全由传统的政治、军事、外交等安全领域逐渐扩展到非传统安全领域，包括反恐袭击、经济安全、信息安全、生态安全、核安全，甚至打击走私贩毒、跨国犯罪等。[2]而各国间综合实力的竞争则更主要体现在经济层面，经济安全成为国家安全体系中其他构成要素的物质基础。

二、国家经济安全的内涵

由于不同国家的国情和战略目标不同，各国对经济安全的定义与理解存在很大差异。即便是同一个国家在不同历史时期，对于经济安全的内涵界定也并非完全一致。因此，迄今为止世界不同国家并未对经济安全形成统一的看法与认识。

有观点指出，经济安全虽然是国家安全战略的重要内容，但它只包括涉外经济，国内经济问题则不属于此列。对国内存在的经济问题，通常不从安全角度考虑，而以发展问题看待。[3]并有学者论述到：一国之内不同经济实体间出现的经济利益冲突、经济控制与被控制等问题，并不属于经济安全问题。在这种情况下，一个内部经济实体的"失"意味着另一个内部经济实体的"得"，对于国家而言并没有损失。只有在外生冲击下，一国才会产生经济

---

[1]　[苏]列宁：《列宁全集》（第34卷），中共中央马克思恩格斯列宁斯大林著作编译局编译，人民出版社1985年版，第306页。

[2]　参见郑淑娜主编：《中华人民共和国国家安全法解读》，中国法制出版社2016年版，第7页。

[3]　中国现代国际关系研究院经济安全研究中心：《国家经济安全》，时事出版社2005年版，第12页。

安全问题。[1]也有观点指出，经济安全的主要潜在威胁来自国内，中国应对国际金融危机的经验表明，只要国内经济良性运转，政府对外部危机的影响应对及时、得力，经济安全就有保障。[2]对于国家经济安全范畴作理解，究竟是一种单纯的对外经济主权的维护，还是既包括对外安全也包括本国内部经济运行的平稳安全。对其认识既应注意到事物内涵发展在时间维度上的变化，同时也应在总体国家观这一体系下全面理解。

从国家安全体系的构成要素发展来看，传统国家安全确实是对他国的诸如军事打击、政治威胁作出的对外抗拒。但随着国家安全体系理论的不断成熟与发展，一方面，国家安全观的内涵不断丰富扩展，从单纯的政治安全与军事安全增加对经济安全、文化安全、信息安全等多种类别安全的保护，即国家安全观内涵数量上变得丰富；另一方面，更重要的在于国家安全思维观念上的转变：传统安全观只是狭隘地理解为对外维护国家安全，没有涉及内部安全及更广泛的其他传统的和非传统的安全问题，是低级形态的安全观，只讲对外安全与国际安全，没有涉及国内安全，在国家安全论域中是一种缺少国内安全的片面性国家安全观。可以认为，传统片面的对于国家外部安全或者国际安全的关注只是一种对外安全观或国际安全观的体现，与我国特定时期所面临的国际政治环境以及世界范围内意识形态对立局面紧密联系。虽然世界局部地区仍存在武装冲突，但在国际政治局势相对缓和，和平与发展时代主题没有改变的今天，国内安全愈发成为包括中国在内的世界众多国家的安全重心。

因此，经过数十年的发展，最终形成的总体国家安全观是结合我国发展过程中面临的实际情况统筹了内部安全与外部安全，其中特别强调内部安全的重要性，从而实现了国家安全领域的内外两方面的统一。由对外安全维护转向兼顾对内安全的维护，即随着时代的发展"把国家安全问题放在国内社会问题论域中阐述，一种非传统的国家安全观正在不断积累成型"。[3]并且，

---

[1] 参见顾海兵等：《中国经济安全年度报告：监测预警 2014》，中国人民大学出版社 2014 年版，第 6 页。

[2] 参见刘建飞主编：《中国特色国家安全战略研究》，中共中央党校出版社 2016 年版，第 6 页。

[3] 刘跃进：《非传统的总体国家安全观》，载《国际安全研究》2014 年第 6 期。

对国家安全的理解应当是一个不断深入扩展的过程，任何时候不应当认为对这一概念的理解已经实现圆满，只有特定历史时期的认识深刻而不可能实现一劳永逸的认识全面。总体国家安全观作为一个动态发展的体系，并非按照现有的内涵与格局故步自封，随着科技迅猛发展、国际交往日益频繁，当国际环境与国内现实状况出现新的问题时，在总体国家安全观这一总指导思路的统领下，国家安全的新要素与新的应对机制将同步纳入总体国家安全体系的框架内，真正实现国家安全体系的与时俱进。

基于此，国家安全内涵包括国家内部安全和外部安全。尽管经济安全涉及的领域在不同国家是不一样的，一国在不同发展时期也有着不同的经济安全侧重点，保障经济安全要从国内国外两方面入手，但一国经济安全的基础在国内，重心必须立足国内。[1]经济安全作为国家安全概念范畴的下位构成要素，其在具体运用阐述时必须服从于总体国家安全观对于国家安全概念的理解，国家安全所具有的对外与对内两个不同安全面向的要求，应使经济安全的维护遵循科学全面理解总体国家安全观在经济领域这一特殊具体方面的分析运用。因此经济安全不仅包括对外经济的安全保护问题，也包括规制国内经济运行中产生的各种影响经济发展、对社会经济产生危害的行为，这也正是总体国家安全观相对于只是单方面关注对外安全保障的传统国家安全观的升华之处。随着我国互联网金融创新加速客观上突显了监管滞后，新型金融工具与运作模式往往因缺乏有效监管而野蛮生长，由此导致的内部风险、甚至对经济秩序的侵害成为当前保障国家经济安全的应对重心。

三、国家经济安全与金融安全

金融即货币资金的融通，金融安全也就是货币资金融通的安全和金融体系的稳定。金融作为经济体系的重要组成部分，其安全同样包括内部安全与外部安全两个部分，具体是指一国在其金融发展过程中具备抵御国内外各种威胁、冲击，确保金融体系、金融主权不受侵害，使金融体系保持正常运行

---

[1]　参见陈凤英：《概论国家经济安全问题》，载《国际关系学院学报》2006年增刊。

与发展的一种状态。[1]金融安全作为动态发展的安全，其内涵是特定历史发展阶段的产物，应从保持金融体系正常运行与发展的角度来探讨威胁与侵袭来自何方以及如何消除，其与金融风险、金融危机具有密切联系但并非内涵等同：其一，金融风险主要从金融结果的不确定性来探讨风险产生和防范问题，金融风险的产生构成对金融安全的危险，金融风险的累积和爆发造成对金融安全的损害，金融风险的防范就是对金融安全的维护；其二，金融危机是指金融体系和金融制度的混乱和动荡，金融安全的反义词是金融不安全，而非金融危机的爆发，金融危机是金融不安全状况累积的爆发结果，是金融风险的结果。[2]可以认为，金融安全问题是金融危机的根源，是金融安全受到最严重侵害结果的表现。

随着金融在经济生活中地位愈发显著，尤其在 1997 年亚洲金融危机爆发之后，对金融安全的研究从经济安全的研究中凸显出来，金融安全问题不断受到监管部门关注。就国家经济安全保护而言，金融安全的运行状况被认为是一国经济平稳运行的"神经中枢"，以我国为例，当前国内外高发的各类新型经济、金融犯罪无疑对维护我国经济安全产生巨大的冲击，典型如近年来集中爆发的 P2P 平台爆雷事件，对于国家金融监管与经济安全稳定产生巨大威胁，给投资民众造成巨大财产损失。就世界范围而言，美国纳斯达克董事会前主席伯纳德·麦道夫炮制的高达 500 亿美元的巨型金字塔式庞氏骗局不仅给投资者造成巨大的投资损失，更是引发金融恐慌，加剧了 2008 年美国金融危机的扩散与蔓延，引发了全球范围内的金融危机，进而触发经济危机，至今仍对世界经济贸易格局与金融发展稳定产生严重消极影响，这也进一步揭示金融安全作为维护经济安全的重中之重，金融安全成为经济安全的关键环节与核心组成，金融安全的实现程度基本上决定经济安全的实现程度。尤其是在互联网金融时代，金融秩序对于国家的意义，不再仅仅局限于经济领域的金融稳定与金融安全，也同时关系到社会稳定，因此需要提升到危及国

---

〔1〕 参见王元龙：《中国金融安全论》，中国金融出版社 2003 年版，第 67 页。
〔2〕 参见王元龙：《中国金融安全论》，知识产权出版社 2019 年版，第 8 页。

家存亡的经济主权与金融主权的高度来认识。[1]

基于金融安全在经济安全中的核心地位，金融犯罪作为经济犯罪领域的核心组成，从刑法角度对于国家经济安全的维护可以通过对金融犯罪领域新型庞氏骗局的打击得以实现，在这一意义上金融安全的维护表征经济安全的实现，因此后文对新型庞氏骗局刑法规制欲实现的金融安全与经济安全目的作一致性表述，不加以严格区分。

四、国家经济安全法律规定

在新时代国家积极构建总体国家安全观的时代背景下，维护经济安全的重要性愈发受到重视，具有国家战略层面的特殊意义。如前文所述，《国家安全法》的颁行即是我国积极践行总体国家安全观的具体表现，其中第19条、第20条针对国家经济安全、金融安全的保护任务作了专门规定，经济安全的维护正式进入法治化轨道。[2]其中第19条规定："国家维护国家基本经济制度和社会主义市场经济秩序，健全预防和化解经济安全风险的制度机制，保障关系国民经济命脉的重要行业和关键领域、重点产业、重大基础设施和重大建设项目以及其他重大经济利益安全。"该条文明确了经济安全保障的主要内容为公有制为主体的基本经济制度，这也是我国社会主义市场经济体制的根基，而要实现这一目标，关键在于实现政府的宏观调控对资源的有效配置，通过货币、金融等政策手段对市场进行引导，促进市场健康发展，健全统一、开放、竞争、有序的现代市场体系。[3]第20条对于金融安全的规定，实质是

---

〔1〕　王勇：《互联网时代的金融犯罪变迁与刑法规制转向》，载《当代法学》2018年第3期。

〔2〕　有观点将《国家安全法》第20—22条所涵盖的金融安全、资源能源安全和粮食安全都涵盖在第19条经济安全的下位概念中。可以说，经济所涵盖的范围以及影响经济安全与稳定的要素十分广泛，除金融秩序作为经济最核心的领域之外，资源、能源的可持续供给以及粮食的储备与流通都在很大程度上对一国经济秩序的稳定与安全产生影响，此外，科技的发达程度、生态环境的可持续性也都将对经济安全产生重大影响；同时资源能源的安全、粮食安全以及经济秩序的稳定状况对于一国传统安全领域如政治安全与军事安全又产生密切的影响。因此总体国家安全观层面下的各类独立安全价值其实存在相互交叉、相互影响的客观联系，并非完全界限清晰。本书讨论的国家经济安全也旨在分析作为经济运行核心领域的金融安全，对于第21条资源能源安全与第22条粮食安全暂不单独讨论。

〔3〕　参见郑淑娜主编：《中华人民共和国国家安全法解读》，中国法制出版社2016年版，第89~91页。

对于经济安全领域最为核心的部分，即金融安全予以单独规定，可见金融安全作为经济安全内在组成部分的核心地位。该条文表述为："国家健全金融宏观审慎管理和金融风险防范、处置机制，加强金融基础设施和基础能力建设，防范和化解系统性、区域性金融风险，防范和抵御外部金融风险的冲击。"金融本属于经济的一个下位概念，在《国家安全法》中明确规定维护经济安全的情况下，实际上自然包含对于金融安全的保护态度。但此种看似多此一举的立法规定，实则更体现出金融安全在总体国家安全体系中的特殊性与重要地位：一方面由于金融在现代市场经济中的命脉地位，金融系统产生的问题可能迅速成为整体经济的问题；另一方面由于金融全球化发展，世界局部金融问题可能迅速转化为全球性金融问题。因此金融安全成为经济安全的核心。[1]

第三节　国家经济安全的刑法保护

20世纪90年代亚洲金融危机的爆发引发了人们对金融体系安全性及其系统性风险的关注，由此推动金融监管理论逐步走向对金融安全和效率的追求。而2008年爆发的全球性金融危机则更进一步引发人们对金融安全的广泛担忧，也使国家金融监管成为共识与必要。[2]2015年8月我国《刑法修正案（九）》将"贯彻总体国家安全观，统筹完善刑法相关规定"作为刑法修正的目标和任务。此后，《刑法修正案（十一）》《刑法修正案（十二）》均加大对经济、金融领域犯罪的惩治力度。站在国家经济安全的战略高度对相关犯罪予以有效打击、规制，是刑法责无旁贷的任务。

一、国家经济安全法益的刑法阐释

我国传统观点将《刑法》分则第三章"破坏社会主义市场经济秩序罪"

---

〔1〕 参见张幼文等：《经济安全：金融全球化的挑战》，上海社会科学院出版社、高等教育出版社1999年版，第3页。

〔2〕 参见赵秉志主编：《刑事法治发展研究报告（2016—2017年卷）》，法律出版社2018年版，第142页。

（即经济犯罪）侵害的主要法益理解为市场经济秩序，即一种超个人法益。虽然同样属于超个人法益范畴，但社会经济秩序法益相比较国家安全法益而言等级较低，在法益属性上是一种低于国家法益的社会层级法益，因而现实中，就社会经济秩序受破坏的客观危害程度以及国家对其保护的重视程度而言，相较于国家传统意义上的政治、军事安全的保护重要性与刑法保护严厉性较为轻微，与新时代总体国家安全观所要求的经济安全保护地位并不相符。[1]新时代将经济安全提高到国家安全的战略地位进行刑法保护有其自身的合理性与必要性。

（一）从涉经济安全的金融犯罪所侵害的法益严重性实然角度考察

传统刑法规定的对经济秩序法益维护与个人财产法益保护无法满足当前对新型金融犯罪对国家整体经济安全造成侵害的有效规制。传统刑法理念中作为公共安全保护内容之一的市场经济秩序主要体现为一种国家内部秩序，既不涉及国家安全所应具有的在国际层面的对外安全问题，同时其在一国内的危害影响力的内涵也仅体现在特定的时空场景内。而事实上，涉经济安全的金融犯罪的法益侵害程度已远不止于特定行业领域的安全稳定，也非单纯侵犯不特定多数个人的财产权益，而是对国家整体经济运行安全产生严重侵害。尤其是在金融行业当前混业经营的现实背景下，某一金融领域问题的出现往往导致连锁反应，跨时空跨地域跨行业迅速蔓延至国家经济的各个领域，对国家经济整体运行的稳定与安全产生巨大影响。例如，自 2015 年开始频繁爆雷的 P2P 网贷平台，诸如 E 租宝、钱宝、小牛资本等均涉及数百亿甚至上千亿元人民币资金运作体量的 P2P 网贷公司，其借助虚伪金融创新外衣开展的各类新型庞氏骗局所侵害的并非只是民间融资领域的监管秩序抑或是特定民众个体财产安全，更暴露出我国数以万亿的资金在金融监管体系外循环的重大隐患，而这背后的实质是足以和我国国家正规金融相抗衡的影子银行、

---

[1] 我国《刑法》第 2 条刑法的任务，虽然规定了"维护社会秩序、经济秩序，保障社会主义建设事业的顺利进行"，但与"保卫国家安全"分别表述于第 2 条，彼此独立，因此对于维护"经济秩序"应在社会主义市场经济秩序这一公共安全法益层面理解，并未上升到国家层面的安全法益，这也是我国传统刑法理论对于《刑法》分则第三章"破坏社会主义市场经济秩序罪"法益侵害的通常理解。

地下金融资本脱离了金融监管。对于这些资金的监管关系到金融体系的运行稳定和资金安全，同时对于国家宏观经济政策调控、市场资源配置举足轻重。又如，数字货币的监管真空使得其成为恐怖主义融资、洗钱、资本跨境输出流动等地下钱庄活动泛滥的"工具"，对国家金融监管产生系统性金融风险。而上述金融违法犯罪行为在国家对内监管及对外风险防范层面都将使我国经济安全面临巨大冲击与挑战。

因此，经济安全法益应作为一种国家安全法益，尽管相关犯罪在具体个案上可能最直观体现为对特定个体财产法益的侵害，但一系列类案聚集使得法益侵害本质属性由量变产生质变，既超出对特定个体法益侵害程度，又突破对特定经济领域管理秩序的侵害，对不特定多数个体法益侵害将直接转化为宏观层面对国家经济安全法益产生侵害，法益属性已发生本质改变，在法益侵害实然性上由传统社会秩序法益上升为国家安全法益。概言之，经济安全法益应当作为区别于单纯个体法益以及社会管理秩序法益的更高层级法益进行认定保护。

（二）从国家安全法律体系角度考察

《国家安全法》作为保护国家安全的最基本法律，是刑法保护国家安全的前置性法律。刑法作为二次法、保障法，尤其是刑法中经济犯罪作为最为典型的法定犯，其保护的法益应当以前置法为依据。现行《国家安全法》第2条规定了"国家安全"的具体含义，即国家政权、主权、统一和领土完整、人民福祉、经济社会可持续发展和国家其他重大利益相对处于没有危险和不受内外威胁的状态，以及保障持续安全状态的能力。《国家安全法》对于经济安全的规定主要体现在第19、20条之中。

相比之下，1993年的《国家安全法》第4条规定，危害国家安全的行为，是指境外机构、组织、个人实施或者指使、资助他人实施的，或者境内组织、个人与境外机构、组织、个人相勾结实施的如阴谋颠覆政府、窃取国家秘密、收买国家工作人员叛变等危害中华人民共和国国家安全的行为。可以看出彼时对于国家安全的规定主要涉及以间谍和军事为主要内容的传统政治、军事安全领域。而我国 1997 年修订的《刑法》对于国家安全法益的保护与认定正是基于 1993 年《国家安全法》的保护任务予以明确。

然而随着国内外政治经济局势的变化以及国家战略思想的转变，国家安全的具体内涵在现行《国家安全法》中予以更新、明确，实现了总体国家安全观从战略思想到法律制度的时空转换，在新时代经济安全、金融安全成为国家安全保护的重要组成部分。作为维护国家安全后盾保障法的刑法对于国家安全法益的理解同样应该随着国家安全战略的调整以及前置法的改变作出相应调整。

（三）从经济安全法益确认的机理角度考察

侵害国家安全、经济安全法益的犯罪属于法定犯（又称为行政犯）范畴，其法益认定与自然犯侵犯法益的确认存在本质差异。就传统自然犯与法定犯的法益认定与识别而言，自然犯典型类型诸如杀人、强奸、抢劫、盗窃等直接侵害个人生命、自由、财产等利益的行为，其侵害法益与否不需要得到相关法律规定确认即可为民众所认知，具有自然恶的属性。自然犯违背人类伦理道德属性突出，其侵害的法益本质在法律尤其是刑法规定之前就天然存在，属于被"发现"的法益。刑法对此种侵害行为进行确认并规定相应刑罚惩治具有天然的正当性与民众可认同性，刑法将相关行为通过法律条文形式确认为犯罪表明立法者的否定评价态度，即将自然意义上犯罪所具有的自体恶通过法律文本予以官方正式确认。相对于自然犯对个体法益的侵害，法定犯侧重于维护宏观秩序与利益，即强调对超个人法益（集体法益）的保护，此类犯罪大多基于保护特定领域众多法益的集合体而设定。此类侵害行为违反道德伦理属性相对较弱，尤其是对于破坏经济秩序、危害经济安全的经济犯罪而言，其往往与特定时期国家所面临的内外局势、采取的战略方针、社会发展的主要矛盾密切相关，犯罪形式也会随着时代的变迁、上述因素的改变而发生变化，具有不确定性、可变性。[1]

如我国计划经济时期由于物资紧缺，对于粮食、副食品等流通进行严

---

[1] 参见孙国祥：《集体法益的刑法保护及其边界》，载《法学研究》2018 年第 6 期。

格管理，长途贩运为政策所不允许，未经许可进行粮食、布匹等贩卖活动，情节严重的将按照1979年《刑法》以投机倒把罪进行惩治。[1]但随着我国经济政策的转变，计划经济逐步转变为社会主义市场经济，长途贩运、物资供销成为市场经济的重要组成部分，相关行为已具有合法性、正当性，为立法者所允许、接受甚至成为有利于当前经济发展并应当积极鼓励开展的行为，如果再将其作为犯罪处理已经不符合社会发展的实际需要；相反，有些金融行为受制于国家发展的时代进程其危害性并没有显现，也没有被立法者所认知，但随着科技的发展其危害性日益严重，而开始受到立法者重视，如对于公民个人信息的侵害，传统刑法并没有将公民个人信息作为单独法益进行明确保护，但随着近年来网络科技的日益发展，公民个人信息正作为一项新兴法益被立法者发现并关注，进而立法者通过颁布刑法修正案的形式不断加大刑法的保护力度。而民众对此类犯罪违法性的感知与危害性的认识更是模糊薄弱，因此对于法定犯所侵害的法益界定往往是由法律制定者所"创造"的。

对于经济犯罪这一法定犯所侵害的超个人法益的界定与检视，其落脚点最终仍应体现出对其中每一个体法益的具体保护，这样才具有刑法保护的正当性与合理性。[2]社会民众往往对具有侵害超个人法益属性的经济犯罪的侵害内容存在认识上的模糊性与片面性，即对此类犯罪的违法性感知并不明显，需要经过一定阶段的沉淀过滤，剥离出中间层面立法者对相关制度维护等较为抽象的行政秩序管控内容之后，才能发掘出最底端所具体保护的个人法益安全，这也往往造成行政监管秩序与个人行动自由一定的冲突紧张关系，成为一些民众无法准确认知与理解的原因所在。

国家经济安全法益正是在总体国家安全观提出的时代背景下产生，对其

---

〔1〕 我国1979年《刑法》第117条规定的投机倒把罪，是指以牟取暴利为目的，违反金融、外汇、金银、工商管理法规，非法从事工商活动，扰乱社会主义市场经济秩序，情节严重的行为。参见高铭暄：《中华人民共和国刑法的孕育诞生和发展完善》，北京大学出版社2012年版，第102页。

〔2〕 参见时方：《我国经济犯罪超个人法益属性辨析、类型划分及评述》，载《当代法学》2018年第2期。

保护的正当性也随着互联网、金融科技不断发展的客观形势以及国内外经济发展局势日益突出。国家安全的实现才能保证个人安全与自由的实现，政治与经济并非互相独立运转的两套话语体系，经济安全作为国家安全的重要组成部分愈发得到世界各国的深入认识与肯定。将政治属性明显的行政犯所侵害的经济安全法益视为相对于传统国家安全法益被"创设"并予以肯定的新型法益，符合经济犯罪所侵害法益确认的基本逻辑与规律。

（四）从我国惩治经济犯罪的历史角度考察

中华人民共和国成立初期，国家对于经济犯罪的惩治实质就是为直接保护国家安全、稳固政权，将其作为一种典型的保障社会主义制度、维护国家政权安全的犯罪类型而处理。基于中华人民共和国成立初期国家生产水平较为低下、物质极为匮乏的客观状况，彼时敌对分子试图从经济上搞垮新生的人民政权，因此经济领域犯罪突出，主要是一些反动分子与不法资本家相勾结，通过投机倒把、囤积居奇、哄抬物价等手段扰乱经济秩序和金融管理，一系列对经济犯罪的惩治都是作为全国性的政治维稳工作而对待。[1]此外，从特定历史阶段的刑法罪名制定目的也可以看出刑法具有维护国家政治经济制度的功能。如1979年《刑法》规定的投机倒把罪即是在计划经济时期对公有制经济基础以及国家政治安全稳定起到保护性的罪名，在我国社会主义发展特定历史阶段有其价值与功能。[2]因此，在中华人民共和国成立初期的特定历史阶段对于经济犯罪的性质界定都与破坏社会主义新生政权相联系，即界定为通过经济手段实施的犯罪归根结底是对于国家根本政治制度的破坏以及对国

---

〔1〕　例如，20世纪50年代初期发生在上海的金融风潮导致大批金融机构倒闭，工商业倒退，工人失业，资本家外逃，对国家财政税收、社会秩序乃至政治稳定都产生巨大的不良影响。参见张徐乐：《1950年上海金融风潮述论》，载《社会科学》2009年第4期。

〔2〕　1979年《刑法》所规制的投机倒把行为客观上确定需要一定指令性规范加以调整，当某些倒卖行为严重破坏商品流通的正常秩序时，立法者会作出一些限制或者禁止非法倒卖活动的规定，这一规制手段不仅在社会主义国家得以体现，在资本主义国家同样存在，只是指令性规范调整的范围有所差别。如日本不仅有规定"禁止不当高价交易"和禁止"暴利行为"的法律，还在其《国民生活稳定紧急措施法》《石油供应适度化法》等法律中规定对某些物资"限制、禁止转让和受让"。1973年日本还专门制定《投机防止法》，明文禁止囤积与国计民生息息相关的物资，并规定了相应的罚则。参见陈兴良主编：《经济刑法学（各论）》，中国社会科学出版社1990年版，第47~48页。

家政权稳定的颠覆，当时对于经济犯罪的打击已经上升到国家安全保护的高度，因其危害性相较于普通刑事犯罪更为严重，对于经济领域犯罪通常采取更为严厉的刑罚惩治手段，符合刑法打击危害国家安全的经济犯罪的功能要求。

二、刑法对危害国家安全犯罪的规定

我国《刑法》总则第 2 条规定了刑法的任务："中华人民共和国刑法的任务，是用刑罚同一切犯罪行为作斗争，以保卫国家安全……"由此可以看出，刑法天然地具有维护国家安全的职责。刑法与国家安全法中所指向的"国家安全"的含义应当完全一致，都应受到总体国家安全观的统领与指导。同时，在《刑法修正案（八）》对《刑法》总则第 66 条特别累犯制度的规定进一步严密化之后，将"危害国家安全犯罪、恐怖活动犯罪……的犯罪分子，在刑罚执行完毕或者赦免以后，在任何时候再犯上述任一类犯罪的，都以累犯论处"。可见刑法对于危害国家安全以及通过恐怖活动等极端手段危害国家安全的犯罪，采取从严从重的打击态度。可以认为，国家安全能否真正得以实现、《国家安全法》《反恐怖主义法》能否真正得到贯彻落实，在很大程度上需依靠刑法的有效实施，刑法事实上发挥着维护国家安全的最后也是最强有力的法律保障功能。自 2011 年 2 月出台《刑法修正案（八）》以来，我国形势又发生了一些变化，出现的新情况、新问题，需要通过修改刑法以解决。有必要从总体国家安全观出发，统筹刑法与《反恐怖主义法》《反间谍法》等维护国家安全方面的法律衔接配套，修改、补充刑法的有关规定。[1]

从现行刑法对于国家安全保护的具体法律条文来看，最主要的罪名体现在《刑法》分则第一章"危害国家安全罪"[2]与分则第七章"危害国防利益

---

〔1〕 参见 [日] 高桥则夫、冯军主编：《中日刑法比较研究：高铭暄教授荣获早稻田大学名誉博士学位祝贺文集》，中国法制出版社 2017 年版，第 10 页。

〔2〕 对于《刑法》分则第一章中的"危害国家安全罪"中的"国家安全"应作传统意义上的狭义理解，即只是针对国家主权、领土完整、国家政权和社会主义制度的国家"政治安全"而实施的故意犯罪，与《刑法》第 2 条"刑法任务"中规定的"国家安全"内涵并不一致，后者应是总体国家安全观的多元安全内涵范畴，因为除了分则第一章"危害国家安全罪"、第七章"危害国防利益罪"和最后一章"军人违反职责罪"是保护传统政治安全之外，其他章节罪名中也都有危害各种具体类型国家安全犯罪的罪名，包括经济安全、环境安全等犯罪，只是在犯罪的类罪名中并没有直接体现对于国家安全的侵害。

罪"以及第十章"军人违反职责罪",即针对传统国家安全观中危害国家政权稳定与军事安全的行为予以规制。并且,针对上述 3 种危害国家安全、军事安全的犯罪所规定的刑罚较其他普通刑事犯罪的法定刑更为严苛,尤其是在死刑的适用上,我国当前《刑法》针对分则 10 章犯罪类型规定有死刑的罪名共计 46 个,而在危害国家安全罪、危害国防利益罪与军事犯罪三种犯罪类型中就有 19 个罪名规定有死刑,约占所有规定死刑罪名数量的 41.3%,接近我国刑法规定死刑罪名总数的一半,死刑规定比重远超过其他刑事犯罪类型;加之其他虽然不以危害国家安全为罪名但直接或间接对于国家安全产生侵害的暴恐活动犯罪,如非法制造、买卖、运输、邮寄、储存枪支、弹药、爆炸物罪,劫持航空器罪等,都规定有死刑,可以看出国家运用重刑、极刑处置危害国家政治安全、国防军事安全犯罪的决心与力度。

但是,传统刑法对狭义国家安全法益的理解显然无法满足新形势下国家安全多元化任务保障的现实需求,尤其是对于总体国家安全观体系中的其他新安全类型,在以往刑事立法中并没有针对性地予以规定,如对于科技安全、生态安全、核安全等。囿于对国家安全内涵与任务的把握需要结合特定历史背景,法典(尤其是政治色彩鲜明的刑法典)制定时的任务要求可能无法随着时代的发展及时反映新时代国家安全的保障要求,此时,在立法没有及时变动的情况下应该运用法律解释的功能,探寻刑法中国家安全法益的新内涵,发挥刑法保障国家安全的治理功能。就我国当前刑法罪名与体例而言,立法者制定分则相关条文之初并非以某一特殊类型国家安全为保护目的,在法益保护层级上主要体现为对社会内部某一管理领域秩序的维护,在法益认识与重视程度上低于传统国家层面安全法益的保护程度,这直接导致现行刑法分则划分的各章节具体犯罪罪名无法直接与总体国家安全战略下的各种具体国家安全类型相对应。而随着国家安全任务的变化,新的国家安全保护法益也在不断形成,这就需要对刑法条文所包含的新型国家安全法益进行重新解读,及时调整刑法的国家安全保护任务,对危及新型国家安全法益的犯罪类型提供规制指引,采取合理的应对措施,发挥刑法作为整个法律体系中最后一道防线的保障法功能。

三、国家经济安全的刑法保护任务

由于金融危机带来的消极影响仍未消散，加之近年来新冠疫情对经济的冲击，全球经济仍处于低迷状态。就我国对经济安全作出的努力与取得的成效而言，可以参见近年来全国两会期间国务院政府工作报告中多次提到的推进国家安全体系和能力建设。如 2018 年在第十三届全国人大第一次会议上时任总理李克强在所作政府工作报告中指出，当前对于金融监管和国家经济安全维护的诸多举措实现了"规范金融市场秩序，防范化解重点领域风险，守住了不发生系统性风险的底线，维护了国家经济金融安全"。针对危及经济安全的具体违法犯罪行为，李克强总理指出规制重点，即"严厉打击非法集资、金融诈骗等违法犯罪活动……强化金融监管统筹协调，健全对影子银行、互联网金融、金融控股公司等监管，进一步完善金融监管"。[1] 在 2019 年政府工作报告中，李克强总理强调"加强国家安全能力建设……打击非法集资、传销等经济犯罪"。[2] 在 2022 年政府工作报告中，李克强总理再次强调："防范化解重大风险。继续按照稳定大局、统筹协调、分类施策、精准拆弹的基本方针，做好经济金融领域风险防范和处置工作……运用市场化、法治化方式化解风险隐患，有效应对外部冲击，牢牢守住不发生系统性风险的底线。"[3] 在 2023 年第十四届全国人大第一次会议上李克强总理所作政府工作报告中指出："有效防范化解重大经济金融风险。深化金融体制改革，完善金融监管，压实各方责任，防止形成区域性、系统性金融风险。"[4] 当前各类新型金融犯罪尤其是庞氏骗局在科技与互联网的迅猛发展下"花样"不断翻新，变种形式眼花缭乱，对于国家经济安全以及社会民众的合法权益造成巨大危害，应作为

---

〔1〕 参见《2018 年政府工作报告全文》，载 http：//www.gov.cn/zhuanti/2018lh/2018zfgzbg/zfgzbg.htm，最后访问日期：2024 年 1 月 10 日。

〔2〕 参见《2019 年政府工作报告全文》，载 http：//www.gov.cn/zhuanti/2019qglh/2019lhzfgzbg/index.htm，最后访问日期：2024 年 1 月 10 日。

〔3〕 参见《2022 年政府工作报告全文》，载 https：//www.gov.cn/gongbao/content/2022/content_5679681.htm，最后访问日期：2024 年 1 月 10 日。

〔4〕 参见《2023 年政府工作报告全文》，载 https：//www.gov.cn/zhuanti/2023lhzfgzbg/index.htm?eqid=e3fab785001218df000000066459e984，最后访问日期：2024 年 1 月 10 日。

重点关注、严厉打击的对象。

不论是经济安全还是金融安全，都可从宏观、中观、微观三层含义进行理解，分别是指国家金融安全、区域金融安全和个体金融安全。因此，金融安全是一个极具张力与弹性的概念。[1]对涉及国家整体安全的金融犯罪的理解，不应局限于刑法典的体例安排，而要从维护金融秩序、保障金融安全的角度出发，以发生在金融领域为判断标准，合理地划定金融犯罪的范围。[2]那么，传统将经济犯罪放在公共安全领域规定的做法，应当是一种中观的经济安全、金融安全观，即保护某一区域、行业的经济安全以及不特定社会民众的经济安全。与此相对，随着总体国家安全观的提出，应当将上升到国家层面的危害国家经济安全法益的犯罪类型单独提炼，重新划分当前经济犯罪的类型，审视规定在《刑法》分则第三章第四节中的"破坏金融管理秩序罪"中的某些罪名，除了应将其法益定位从对金融秩序的维护精确为对金融安全的保护，而且应重点分析其中对国家金融安全造成危害的犯罪行为类型。

例如，参考日本经济刑法，其保护的内容包括个人、社会以及国家三大层面，分别对应个人法益、社会法益与国家法益，具体为保护经济交易中当事人的特别刑法领域、维护国民经济秩序乃至自由竞争经济秩序的刑罚法规领域、保护以国家财政为中心的经济主体——国家——的刑罚法规领域。[3]对以国家财政为中心的国家法益的保护，即为通过刑法打击危害国家整体经济安全的犯罪行为保护一国经济安全。又如恐怖主义活动作为传统危害公共安全的犯罪类型之一，其行为类型如爆炸、放火、投放危险物质、破坏公共交通工具等危害的法益指向公共安全法益，谋杀、绑架、打砸抢等具体恐怖暴行侵害的是公民个体人身财产法益，都基本体现为危害地方公共安全的法益。但如果实施恐怖主义活动的目的是试图造成国家分裂、民族分裂，则其实施的相关爆炸、放火、投放危险物质、绑架、杀人等恐怖犯罪活动实际上

---

〔1〕　张忠军：《论金融法的安全观》，载《中国法学》2003年第4期。

〔2〕　王勇：《互联网时代的金融犯罪变迁与刑法规制转向》，载《当代法学》2018年第3期。

〔3〕　参见楼伯坤主编：《经济刑法学》，浙江大学出版社2017年版，第33页。

危害了国家安全与领土安全，侵害的法益则上升为国家法益。[1]同样，就经济安全而言，随着经济全球化以及互联网金融创新的迅猛发展，新型庞氏骗局犯罪产生的法益侵害已不仅仅限于公民个人财产权益抑或社会某一特定领域的金融秩序，其引发的风险与危害结果往往危害国家金融监管体制，因此作为国家法益的经济安全日益成为刑法关注的重点。

2016年8月第四次全国经济犯罪侦查工作会议提出风险型经济犯罪的概念，并指出风险型经济发展本质属性：对国家政治安全和政权安全的威胁越来越直接，对国家经济安全和市场经济秩序的破坏越来越严重，打击和防范风险型经济犯罪事关国家经济安全和政治安全。这表明司法实践部门对经济犯罪侵害国家安全法益本质的认识越发深刻。[2]可以认为，危害经济安全的犯罪在本质上属于危害国家安全犯罪，与狭义上的政治安全、军事安全领域实施的危害国家安全犯罪并列，法益侵害程度相当，是通过对国家宏观经济的侵害影响国家整体安全稳定。因此，应从从经济安全着手，逐步扩大刑法中侵害国家安全犯罪的内涵与外延，对经济安全核心领域的金融安全进行国家安全层面的法益保护，准确定位刑事政策导向，有效配置刑罚措施，通过刑法手段更全面深入地对危害经济安全的金融犯罪类型进行国家安全层面的保护。对于经济犯罪的打击规制，我国《刑法》分则第三章"破坏社会主义市场经济秩序罪"承担着保障我国社会不同经济领域市场秩序的任务，尤其是近年来历次刑法修正案的制定，基本都涉及对经济领域犯罪的修正完善，体现了刑法保障社会经济领域秩序的职责使命。但正如前述，以往打击经济犯罪的刑法规范，立法目的局限于对特定经济领域秩序的维护，就总体国家安全观背景下对国家经济安全法益的保障而言，传统刑法规制的立足点与站位并未达到相应高度，现有条文不免存在制定疏漏或打击不力的情况，尤其是对于发展迅猛的互联网金融领域，存在着众多对于经济安全冲击的风险。

---

[1] 参见王世洲、郭自力、张美英主编：《危害国家安全罪研究》，中国检察出版社2012年版，第305页。

[2] 参见杨书文：《试议经济犯罪的风险性与经济刑法的扩张化——兼及晚近刑事立法中的经济犯罪》，载《江西警察学院学报》2017年第5期。

因而应当在继续发挥《刑法》第三章经济犯罪条文现有功能的基础上，针对经济犯罪中涉国家经济安全的犯罪提升法益保障站位，进行针对性的打击规制，切实发挥刑法保障经济安全的功能。

本章小结

对于国家安全、经济安全在法学视域中的规范解读，应当首先准确把握经济安全在经济学、政治学、国家安全学等相关学科中的本源含义，进而厘清法学研究中经济安全的内涵与外延。结合时代发展背景并根据总体国家安全观的要求，我国当前发展过程中面临的国内安全问题的重要性已超越传统国家安全观中单纯的外部安全维护，成为国家安全保障的重心。就国家经济安全保护而言，金融安全的运行状况被认为是一国经济平稳运行的"神经中枢"，当前高发的各类新型经济、金融犯罪无疑对维护我国内部经济安全产生巨大的冲击与破坏。在总体国家安全观战略背景下，《国家安全法》对于经济安全、金融安全的明确阐释成为法学领域中研究经济安全的法律根基，也是刑法保护国家经济安全法益的内在根据。

习近平总书记在党的二十大报告中指出，要"加强和完善现代金融监管，强化金融稳定保障体系，依法将各类金融活动全部纳入监管，守住不发生系统性风险底线"。国家经济安全法益是建立在对个体财产安全法益保护基础之上对于国家整体经济运行稳定的法益保护，是国家安全法益在经济领域的体现。传统刑法对于国家安全法益的界定局限于政权安全与军事安全领域，随着总体国家安全观的提出以及 2015 年《国家安全法》的全新制定，刑法对于国家安全法益尤其是国家经济安全法益保护内涵随之更新，刑法国家经济安全保护任务同样发生改变。在金融科技日新月异的当今，以新型庞氏骗局为代表的互联网金融犯罪不断冲击着国家经济安全的底线，如何发挥刑法维护国家经济安全最后一道防线的法律保护功能成为一项重要的课题。

| 第二章 |

国家经济安全视角下地下金融的刑法规制

在我国当前的金融格局中，银行资金的有效监管与运行稳定对于防控金融风险、保障国家经济安全具有至关重要的影响。而地下金融之于国家正规金融体系安全，犹如黑社会组织之于正常社会健康平稳运行，存在直接威胁与侵害。地下金融对正规金融业造成了一系列负面影响，较为常见的表现是非法集资、高利贷以及利率黑市等，严重扰乱国家正常的金融秩序，致使国家财政政策和货币政策调控力度大打折扣，对国家金融安全与社会稳定造成极大危害。[1]就本书的研究视角而言，当前传统地下金融与互联网金融科技相结合，使得各类庞氏骗局表现形式更加纷繁复杂，对国家经济安全侵害更加严峻。互联网金融时代的创新模式最主要体现在互联网融资的金融新业态，这也导致在现实金融运行过程中，有相当大体量的资金在地下金融体系流转，如虚幻缥缈的影子一般并没有得到国家真实有效的监管，其运行规模足以对国家金融的稳健运行与有效调控造成巨大的影响与冲击。与国家金融监管体系下的正规银行相对的地下金融主要包括影子银行与地下钱庄，其经营活动具体表现为利用私募基金、P2P 网贷平台、虚拟货币等形式实施庞氏骗局吸收巨额民间资本。在金融监管体系之外违法实施类似银行储蓄放贷业务进行洗钱活动，具有地下金融的本质属性，而借助互联网则更容易实现监管套利并导致系统性风险，对国家经济安全产生巨大威胁与侵害。

第一节　影子银行的内涵及在中国的发展

一、影子银行的内涵

（一）影子银行内涵的国际认定

"影子银行"（Shadow Banking）是美国次贷危机爆发后出现的一个金融学概念，由美国太平洋投资管理公司执行董事保罗·麦考利在 2007 年美联储年度会议上首次提出，主要是指游离于金融监管体系之外的与传统、正规、

---

〔1〕　参见廖天虎：《地下金融风险的刑法控制》，中国政法大学出版社 2016 年版，第 2~3 页。

接受中央银行监管的商业银行体系相对应的金融机构。[1]在 2007 年金融危机爆发前夕，美国影子银行体系发行的产品规模已经超过了正规商业银行的体系规模。[2]美国前财政部部长盖特纳将其称为"平行银行体系"（the Parallel Banking System），[3]即没有国家的法定授权却实施与银行相同业务的机构。金融稳定理事会（Financial Stability Board，FSB）同样依据是否通过传统正规银行媒介或通过非银行信用媒介（Non-bank Financial Intermediation）途径进行信贷融资，将影子银行定义为在监管范畴之外、常规银行体系之外提供信用媒介的体系。[4]根据《2017 年全球影子银行监测报告》发布的数据，2016 年狭义的影子银行（以其金融中介活动为基础）在 29 个经济体内增长了 7.6%，达到 45.2 万亿美元。这占到这些经济体金融系统资产总额的 13%。中国占到了该统计数据的 15.5%，规模达到了 7 万亿美元。[5]

虽然经济学界对影子银行的内涵与外延仍存在很大争议，并没有形成广泛一致的意见，但根据影子银行的主流认定标准：是否存在监管、是否能够导致系统性风险或者金融体系重大风险以及区别于传统银行信贷的非传统信贷融资，总体形成影子银行界定的最狭义说、狭义说、广义说三个层次。其

---

〔1〕 Paul McCulley，"Teton Reflections"，*PIMCO Global Central Bank Focus*，Agu/Sept. 2007.

〔2〕 Tobias Adrian，Hyun Song Shin，"The Shadow Banking System：Implications for Financial Regulation"，*Federal Reserve Bank of New York Staff Report*，No. 382，July，2009.

〔3〕 参见胡滨主编：《中国金融监管报告（2018）》，社会科学文献出版社 2018 年版，第 35 页。

〔4〕 金融稳定理事会（FSB）是协调跨国金融监管、制定并执行全球金融标准的国际组织。在中国等新兴市场国家对全球经济增长与金融稳定影响日益显著的背景下，2009 年 4 月 2 日在伦敦举行的 20 国集团（G20）金融峰会决定，将 FSB 成员扩展至包括中国在内的所有 G20 成员国。2011 年 4 月金融稳定理事会对"影子银行"作出严格界定，即银行监管体系之外，可能引发系统性风险和监管套利等问题的信用中介体系。"银行监管体系之外"实际是指会计和法律意义上的"之外"，即在银行资产负债表之外，并存在破产隔离，这也意味着对于商业银行的各种支持和监管都不复存在，影子银行规避了银行系统严格监管体系，出现监管套利，引发系统性风险。参见阎庆民、李建华：《中国影子银行监管研究》，中国人民大学出版社 2014 年版，第 16 页。

〔5〕《全球影子银行监测报告》（Global Shadow Banking Monitoring Report）系金融稳定理事会（FSB）评估影子银行体系全球趋势和风险的年度监测报告，自 2011 年开始发布，《2017 年全球影子银行监测报告》（Global Shadow Banking Monitoring Report 2017）为该系列第 7 期，于 2018 年 3 月 5 日发布，该报告首次将中国非银行金融机构纳入 FSB 狭义影子银行体系中。参见 FSB：《2017 年全球影子银行监测报告》，载 https：//www. sohu. com/a/226076945_810912，最后访问日期：2024 年 6 月 21 日。

中，最狭义的影子银行是以是否接受监管为依据，没有纳入监管体系的信贷机构和业务活动都属于影子银行，主要包含民间借贷、第三方理财、网络信贷融资（P2P 网络借贷）等，不受金融监管或者无金融牌照但从事融资信贷业务，最狭义说排除了银行体系外获取金融牌照并纳入监管但存在监管不足的信贷、理财业务，对于影子银行范围的界定过于狭窄。狭义说除了包括最狭义影子银行所涉及的无牌照或者不受监管的信贷融资机构和业务，还包括信托、理财、货币市场基金、资产证券化等具有金融牌照但存在监管不足的信贷供给业务，与 FSB 界定标准较为一致。广义的影子银行除包含狭义影子银行所涉及的信用中介机构和业务，还囊括了监管不足的银行体系之内的信用供给业务。当前最没有争议的 FSB 界定标准即属于狭义影子银行的界定范围，即银行体系之外的信用中介。[1]基于各国金融结构的差异，当前世界各国对影子银行内涵认定的分歧主要集中于银行体系内存在监管不足或者监管规避的非传统信贷融资能否归入影子银行的问题。

（二）影子银行内涵的国内认定

作为舶来品的"影子银行"概念，在中国大致与地下金融借贷活动相对应，同时推广到银行理财产品、互联网金融 P2P 网贷等领域，因此影子银行概念及范围虽然没有明确统一的界定，但较为一致的观点是"只要涉及借贷关系和银行表外业务都属于影子银行的范畴"。[2]从我国影子银行实然性监管文件来看，2013 年 12 月 10 日国务院办公厅发布《关于加强影子银行监管有关问题的通知》（国办发〔2013〕107 号，以下简称"第 107 号文"），在开篇即表明对影子银行监管的背景"一些传统银行体系之外的信用中介机构和业务（以下统称影子银行）日益活跃"，并明确我国影子银行主要包括三类：

---

　　〔1〕　例如，我国 P2P 网络借贷平台虽然从事资金网络信贷服务，但不具有金融业务主体资格，国家金融监管部门也并未颁发金融牌照，从 2015 年 7 月《关于促进互联网金融健康发展的指导意见》开始，明确了网络借贷业务由银监会负责监管，2016 年 8 月《网络借贷信息中介机构业务活动管理暂行办法》发布，表明 P2P 网络借贷行业正式受监管，2016 年也被称为我国 P2P 网络借贷行业监管元年。参见胡滨主编：《中国金融监管报告（2014）》，社会科学文献出版社 2014 年版，第 9~13 页。
　　〔2〕　参见陈青松：《影子银行》，电子工业出版社 2014 年版，第 238 页。

①不持有金融牌照、完全无监管的信用中介机构，包括新型网络金融公司、第三方理财机构等。②不持有金融牌照、存在监管不足的信用中介机构，包括融资性担保公司、小额贷款公司等。③机构持有金融牌照、但存在监管不足或规避监管的业务，包括货币市场基金、资产证券化、部分理财业务等。由此可见，我国官方对于影子银行的界定是在结合 FSB 界定影子银行标准的同时考虑中国银行体系之内非传统融资信贷的特殊性，将影子银行内涵与外延适当扩大，既包括银行体系之外的信用中介机构及活动，也包括银行等其他金融机构内部的影子银行业务。就划分标准而言，并非单纯依照是否属于商业银行体系的主体属性进行形式认定，而是主要从是否具备传统商业银行存贷款信用中介职能进行实质功能属性判断，因此"第 107 号文"规定的影子银行属于广义上的影子银行范畴。

"第 107 号文"规定的前两类不持有金融牌照，完全无监管如地下钱庄、投资理财机构等，或者监管不足如小额贷款公司、融资性担保公司等影子银行，本身处于金融监管空白或者模糊地带，加之具有较为复杂的金融创新属性以及跨业金融服务范围，使得条块分割的传统机构监管效能捉襟见肘，对国家金融监管与金融安全产生严重风险与挑战。因此，作为近年来互联网金融创新产物的互联网金融公司、P2P 网络借贷平台等不持有金融牌照、没有或者缺乏监管的信用中介机构，被认定为新型影子银行的类别逐步受到关注并被加以重点监管。[1]"第 107 号文"中第三类持有金融牌照但存在监管不足或者规避监管的业务，主要是指中国银行保险监督管理委员会（以下简称银保监会）[2]、中国证券监督管理委员会（以下简称证监会）监管的金融机构中，信托、证券、保险、基金等公司开展的涉及期限转换、流动性转换、信用风险转换、高杠杆特征的信用产品业务，以及商业银行内部的影子银行部门或

---

〔1〕 随着近年来国家对以 P2P 互联网借贷平台为代表的影子银行业务风险认识的不断深化，以央行等十部委 2015 年 7 月 18 日发布《关于促进互联网金融健康发展的指导意见》为起点，金融监管机构自 2015 年起陆续制定了一系列监管文件，弥补以往监管空白并不断完善监管措施。

〔2〕 2023 年 3 月中共中央、国务院印发《党和国家机构改革方案》，在银保监会基础上组建国家金融监督管理总局，统一负责除证券业之外的金融业监管，至此我国金融监管体系从"一行两会"迈入"一行一局一会"的监管格局。

者所开展的影子银行业务。例如，我国商业银行近年来普遍开展的出于监管套利目的而实施的不规范经营行为，诸如银行理财产品、资产证券化等表外业务。

　　针对我国所采广义范畴中正规银行体系外的影子银行，即拥有合法经营主体地位的银行实施的不规范表外业务行为，随着近年来对影子银行认识的不断深入，中国人民银行（以下简称央行）及相关金融监管机构不断完善对其的监管。以商业银行内部最具代表性的银信理财合作业务为例，央行等陆续发布相关通知，要求将上述银行理财产品从表外转入表内，并依规计提拨备和资本，从而将正规银行体系内的影子银行业务予以规范化监管，逐步脱离影子银行体系。[1]事实上，虽然"第107号文"中的第三类影子银行业务与银行系统外的民间金融一样一定程度上对于金融稳定以及国家宏观经济政策调控产生侵害与负面影响，但基于银行自身主体地位，仍属于合法业务。相较之下从风险可控性、杠杆率、监管可能性以及手段规范性等角度考量，不具有金融牌照的民间地下金融对于国家经济安全的冲击更为隐形、严重。有观点指出："从实际运行效果上看，银行理财业务、信托理财业务、证券理财业务、基金理财业务、保险理财业务以及金融公司分别受到银监会、证监会、中国保险监督管理委员会（以下简称保监会）严格、系统的监管，整体运行平稳，不会对我国金融市场造成系统性风险。"[2]因此，结合FSB对影子银行的定义，并综合考量中国国内金融体系以银行为主导的间接融资模式、市场化融资发展严重滞后的现实，应主要将正规金融体系以外具有"类银行"特点、发挥债务融资功能的信用中介机构及其业务活动纳入"影子银行"统计范畴，作为对庞氏骗局形成机理的影子银行体系的主要研究对象。

　　（三）影子银行的客观风险

　　影子银行运作中往往面临期限错配、流动性风险、信用风险，并最终导致系统性风险等：发展实体经济需要大量长期资金，而影子银行运营的信用

---

〔1〕　参见袁康：《影子银行涉及的法律关系、表现形式与规制方法》，载《重庆社会科学》2013年第6期。

〔2〕　阎庆民、李建华：《中国影子银行监管研究》，中国人民大学出版社2014年版，第154页。

往往是短期信用，影子银行将期限较短的客户资金投资于期限较长的资产，导致客户资金与资产运用期限不匹配，由此存在的期限错配易产生流动性风险，此时只能通过组建新的影子银行筹资去"还"旧影子银行债务，加之当影子银行到期无法及时回收资金或者遭遇呆账、坏账时不能支付存款人，又将产生信用风险进而出现更为严重的兑付危机，因此影子银行体系不具备可持续性运转能力，进而形成庞氏骗局。而且影子银行体系长期游离于金融监管之外，极易使上述风险积聚，最终引发系统性金融风险。

二、影子银行在中国的发展

（一）影子银行的国内状况

研究报告显示，中国影子银行体系自 2010 年起发展迅猛，2012 年底，中国影子银行体系规模达到 14.6 万亿（基于官方数据）或 20.5 万亿（基于市场数据），前者占到 GDP 的 29% 与银行总资产的 11%，后者占到 GDP 的 40% 与银行总资产的 16%。[1]截至 2014 年底，我国影子银行融资规模达到 56.18 万亿元。[2]另根据国际评级机构穆迪所发布的《中国影子银行季度监测报告》，2017 年末国影子银行资产规模达到 65 万亿元。[3]不过，随着近年来金融监管部门将影子银行乱象整治作为银行业市场乱象整治的重要内容，2017 年至 2022 年银保监会连续组织影子银行和交叉金融专项检查，防范化解金融风险攻坚战取得重要阶段性成果，影子银行野蛮生长得到有效遏制，具有"类信贷"特征的高风险影子银行较历史峰值压降近 30 万亿元。[4]2021 年末中国广义影子银行资产降至 57 万亿元，延续了 2017 年以来的下降趋势，创

---

〔1〕 参见中国社会科学院世界经济与政治研究所国际金融研究中心课题组：《中国影子银行体系研究报告》，载胡滨主编：《中国金融监管报告（2013）》，社会科学文献出版社 2013 年版，第 3 页。

〔2〕 参见康华平等：《国家安全视角下的金融发展与改革》，中国金融出版社 2016 年版，第 21~22 页。

〔3〕 参见《穆迪：去年末中国影子银行规模为 65.6 万亿，增速 1.7%》，载 http://baijiahao.baidu.com/s? id=1600624505567013928&wfr=spider&for=pc，最后访问日期：2023 年 11 月 12 日。

〔4〕 参见李愿：《中国影子银行规模持续收缩：理财呈可持续发展态势，信托业开辟新增长点》，载 https://baijiahao.baidu.com/s? id=1764417593806282920&wfr=spider&for=pc，最后访问日期：2023 年 11 月 12 日。

下 2013 年以来的最低水平。[1]但不可忽视的是，中国内地影子银行的放款量或仍占社会融资总量的"半壁江山"。[2]包括以地下钱庄为形式的影子银行处于央行监管体系之外，致其无法有效监控社会资金流向与体量，成为削弱央行宏观调控能力的重要因素，易引发系统性风险威胁国家经济整体安全稳定。影子银行规模膨胀与业务乱象为各类新型庞氏骗局的滋生提供了温床，形成金融风险与金融犯罪上下游链条上的联动反应，使得影子银行制度性风险向犯罪风险转化，进一步对国家金融安全造成威胁与侵害。

（二）影子银行产生的客观环境

基于 2007 年美国爆发的次贷危机进而引发 2008 年席卷全球的金融危机，各国加强银行监管、收紧信贷，影子银行逐渐浮出水面并大行其道，其主要存在于民间金融、非正规的资产证券化、私募投资等监管灰色地带。中国式影子银行的产生除受国际金融危机、贸易出口量锐减的外部环境影响，本国的体制机制弊端也为其提供了内部环境土壤，在经济大环境不景气的背景下，国家实行紧缩性的货币政策，收紧银根、提高存款准备金率、减少放贷，一系列防范金融风险的监管政策使得 2013 年 6 月 20 日社会资本出现"钱荒"事件。[3]基于传统金融压抑型的环境体系，四大国有商业银行以及其他商业银行如何在现存监管体制下将有限的钱款安全合理投放，既实现收益最大化，又最大可能降低放贷风险，其现实抉择注定了银行的放贷对象主要是面向国有大中型企业或者实力雄厚的大型企业，从而实现放贷的安全性与收益的稳定性；而面临生存危机的中小企业基于自身规模和信用，无法从银行获取利息低廉的贷款，只能通过非正规渠道获取维持其基本运营的融资——影子银行。此外

---

〔1〕《穆迪：2021 年末中国广义影子银行资产降至 57 万亿元》，载 https：//baijiahao. baidu. com/s? id＝1729994037429003558&wfr＝spider&for＝pc，最后访问日期：2023 年 11 月 12 日。

〔2〕参见陈青松：《影子银行》，电子工业出版社 2014 年版，第 5 页。

〔3〕"钱荒"是指基于资金错配导致的结构性资金紧张现象。2013 年 6 月发生的钱荒，是随着中国货币政策不断加大紧缩力度，从银行体系内萌生、在资本市场被放大，致使民间金融变得异常活跃，而利率市场出现"冰火两重天"的现象，即流通领域内货币相对不足而引发金融市场资金利率全线攀升进而直接影响实体经济运行的一种金融危机表现形式。参见《钱荒（金融危机）》，载 https：//baike. baidu. com/item/钱荒/8749590? fr＝ge_ala，最后访问日期：2024 年 6 月 21 日。

原料成本上升、用工成本增加、税负过重等都使得民间实体企业资金紧缺，为地下钱庄、资本投机以及相关犯罪的猖獗提供了社会客观条件。因此，正是由于民众手中的闲散资金投资渠道不畅、投资产品缺乏以及需要经营性融资的广大中小企业融资困难，加之股市低迷、房市受压、正规金融市场投资获益有限、通货膨胀导致银行存款实际利率为负，最终形成民众积极参与集资、中小企业被迫高利借贷的现实矛盾与困境，促使强大而具有魔力的影子银行产生。

（三）对影子银行的评价

虽然不受监管的资金流通客观上对国家金融安全造成威胁与冲击，但是存在即合理，影子银行形成的民间地下金融事实上也发挥了一定的社会积极作用：一方面，影子银行的融资功能成为传统银行体系的辅助，作为重要的融资"脱媒"工具一定程度上提高了融资效率，解决了有资金迫切需求的中小企业生存之需，维持了正常的经济运行，有利于实体经济的发展；另一方面，其拓宽了民间资本的投资渠道，有利于社会民众的资产升值。此外，影子银行业务虽然是为规避金融监管的结果，但其同时也往往体现为金融创新的产物，突出表现为近年来兴起的互联网金融产业，但创新即意味着容易突破既有监管规则的束缚，这也导致当前互联网金融领域存在相当大的监管盲区，技术创新导致的制度监管漏洞引发监管套利，进而易产生系统性金融风险。而传统"一行三会"[1]的行业监管模式无法有效针对混业经营进行有效监管，单一机构监管应转向功能监管模式，实现对影子银行立体式监管，最大程度消除影子银行造成的隐形风险。

就本书主要讨论的缺乏监管的正规银行体系外影子银行，即我国当前作为非银行信用中介机构的影子银行体系而言，即使是不具有正规金融主体资格的影子银行，其业务在中国仍具有存在的合理性与积极贡献，并非全部属于违法犯罪行为，不应当对其进行全面否定。而应该在客观中立评价影子银

---

〔1〕 在2023年组建国家金融监督管理总局之前，2018年国务院机构改革将传统"一行三会"中的银监会与保监会合并为银保监会，由此形成"一行两会"的金融监管格局，一定程度上体现国家高度防范金融风险，为守住不发生系统性金融风险的底线强化综合监管，消除现行机构监管体制下产生的监管职责不清、监管空白问题，将长期以来国家分业监管模式逐步向混业监管转变的目标。

行的前提下，维持其合理的发展空间，并寻求有效规制手段，最大程度发挥其积极作用、减少其威胁与危害，主要是要针对促使影子银行客观风险不断增大的诸如 P2P 网贷平台，利用区块链、虚拟货币等形式实施的庞氏骗局加以规制。上述新型庞氏骗局在从事信用中介活动时具有类似商业银行的业务模式和风险特征，但一直没有受到监管或者监管不充分，导致系统性风险和监管套利。[1]因此，应将此类影子银行作为重点关注对象加强监管，并对危害经济秩序的活动予以打击，以维护国家金融稳定、实现整体经济安全。

第二节　地下钱庄的违法性认识

地下钱庄使得数额巨大、性质不明的资金游离于国家金融监管体系之外，其引发的经济、金融犯罪不仅仅侵害社会个人的财产利益，更主要体现为对国家金融稳定的侵害，危及整体国家经济安全。"'地下钱庄'不但成为非法集资、电信诈骗等犯罪活动转移赃款和洗钱的工具，有的成为贪污腐败分子向境外转移赃款的'帮凶'，甚至为暴力恐怖活动提供资金转移渠道，严重威胁国家安全。"[2]

一、地下钱庄概述

地下钱庄又称地下银行（Underground Banking System）、非正规汇款体系（Informal Remittance System），其并非专业法律概念，而是指处于一国金融监管体系之外，利用或部分利用金融机构的资金结算网络，从事非法买卖外汇、跨国（境）资金转移或资金存储借贷等非法金融业务的非法金融组织。因此其主要实施的是一种资金汇兑与支付结算业务，是影子银行实施的诸多业务的表现形式之一。地下钱庄作为一种特殊的金融组织，资金的来源和去向都

---

〔1〕　参见阎庆民、李建华：《中国影子银行监管研究》，中国人民大学出版社 2014 年版，第 208 页。

〔2〕　参见唐卫毅：《对"地下钱庄"应做到打击防范并重》，载《江淮时报》2015 年 12 月 1 日，第 A3 版。

不受政府监管，并且有隐蔽性强、现钞交易量大、不易留下交易痕迹等特点，极易被犯罪分子利用，成为转移、清洗资金的工具。[1]

（一）地下钱庄的类型

地下钱庄在我国社会经济生活中有着悠久的历史，也是现代影子银行在我国最直观的表现形式之一。[2]世界范围内都存在着地下钱庄的身影，在中东和南亚地区被称为"哈瓦拉"，印度语中意为地下转账，在美国地下钱庄被称作无照货币汇款行业。由于地下钱庄的账目可以避开各国银行系统的严密监管，地下钱庄在为移民提供汇款便利的同时，也成为恐怖活动和网络洗钱犯罪的工具，对地上经济产生难以估计的恶劣影响。[3]

地下钱庄在资金运转流程中体现为不同的业务类型。一种是以非法融资、放贷为主要业务的地下钱庄，即存贷型地下钱庄，具体表现为同时开展非法集资与高利放贷双向业务：基于借贷款两方的利息差不同，一进一出形成利差获取回报。2018年引起社会广泛关注的"于欢案"即是典型，该案中具有黑社会组织性质的社会成员开展地下钱庄业务，一方面向社会进行非法集资，另一方面进行高利放贷，并通过暴力手段催收、非法拘禁借贷人员，引发严重人身权利侵害以及社会治安问题。存贷型地下钱庄往往通过高额回报方式高息揽储，上游融资成本高昂，加之下游高利放贷收债风险同样巨大，一旦资金流转这一利益链条有某一环节出现问题将产生连锁反应，即高利放贷如果收不回来将无法对非法集资款项进行返还，出现非法集资链条断裂，进而

---

[1] 参见李鸿杰、黄晨：《影子银行犯罪类型及打防对策》，载《湖北警官学院学报》2014年第7期。

[2] 1998年7月13日国务院颁布的《非法金融机构和非法金融业务活动取缔办法》（已失效）是我国对于地下钱庄等非法金融业务予以规制的最早文件，其中第3条规定，非法金融机构是指未经央行批准，擅自设立从事或者主要从事吸收存款、发放贷款、办理结算、票据贴现、资金拆借、信托投资、金融租赁、融资担保、外汇买卖等金融业务活动的机构。地下钱庄实施的支付结算、外汇经营以及洗钱等活动都可归纳入上述非法金融业务，在应予取缔的范围之内。因此立法明确将"地下钱庄"定义为非法金融机构。此外，地下钱庄的"影子银行"身份，亦早已被国外的媒体和学者确认，"中国影子银行有着各种伪装，最基本的就是非法地下钱庄，主要分布于沿海富裕地区，向被主流银行忽略的小企业提供高息贷款"。参见欧阳德：《中国影子银行隐藏的风险》，转引自白晨航：《影子银行的风险与法律监管：中国概念与美国经验》，载《河北法学》2015年第8期。

[3] 参见黎友焕编著：《揭秘地下钱庄》，经济日报出版社2011年版，第14页。

将引发社会群体性事件和系统性金融风险。另一种重要表现形式是以专门从事非法外汇买卖为主要业务的地下钱庄类型，即通过地下钱庄进行支付结算、跨境兑付外汇的结汇、外汇买卖型地下钱庄，其在非法金融交易中充当了银行的资金结算、货币兑换职能，对正规商业银行的结售汇业务以及外汇储蓄存款量产生冲击，影响银行正常的资金调配。这一货币汇兑结算过程也成为毒品犯罪、黑社会性质组织犯罪、贪污贿赂犯罪、恐怖主义融资等相关违法犯罪活动洗钱、资金非法跨境转移的地下暗道。[1]此外，也存在相当一部分地下钱庄既进行非法集资与高利放贷的存贷业务，又同时开展资金跨境支付结算业务，属于复合型地下钱庄，此类地下钱庄在资金吸储与高利放贷过程中同样伴随着洗钱、资金跨境转移等其他违法犯罪行为。[2]

2019年1月31日最高人民法院、最高人民检察院联合发布《关于办理非法从事资金支付结算业务、非法买卖外汇刑事案件适用法律若干问题的解释》，对非法从事资金结算业务、非法买卖外汇两种地下钱庄主要业务类型进行专门规定，属于对打击结汇、外汇买卖型地下钱庄刑事司法活动作出的专门司法解释。实践中地下钱庄非法买卖外汇的形式主要有传统的以境内直接交易形式实施的倒买倒卖外汇行为和当前常见的以境内外"对敲"方式进行资金跨国（境）兑付的变相买卖外汇行为。前者主要是指在国内专门从事倒

---

〔1〕　本书对地下钱庄的分类主要分为一般存贷型民间非法融资放贷地下钱庄与涉及外汇支付结算的地下钱庄两种类型。也有学者专门针对涉及外汇型地下钱庄业务作进一步细分，如有学者将地下钱庄业务类型划分为支付结算型地下钱庄、外汇经营型地下钱庄、洗钱型地下钱庄，此种分类与本书对于地下钱庄内涵外延的认定没有本质差别。也有公安实务部门将结算、汇兑型地下钱庄业务细分为非法买卖外汇型、支付结算型、跨境汇兑型地下钱庄，对地下钱庄涉及外汇买卖、支付结算、跨境汇兑的具体业务类型细分，与本书的地下钱庄划分类型在打击范围上亦没有差别。参见陈晶莹：《规制地下钱庄以防金融风险》，载《检察风云》2018年第10期。

〔2〕　基于我国外汇管制政策限制了部分公民个人合理的外汇兑换需求，如规定"个人每年5万美元购汇额度"，不能满足许多诸如出国留学、境外置业的资金跨境转移需求，因而促使公民个人借助地下钱庄进行合法资金跨境转移。虽然资金本身未必是违法犯罪所得，但资金跨境转移方式与渠道违法，属于资金非法跨境转移。现实中甚至一些商业银行违规违法操作帮助客户进行资金非法跨境转移，收取高额佣金，成为具有合法资质的"地下钱庄"，如近年来曝光的中国银行为投资移民客户提供的跨境人民币结算业务实质上就是充当了避开国家金融监管实施资金非法跨境转移的地下钱庄角色。参见《央视曝光中行造假洗黑钱 外汇管制形同虚设》，载 https://m.163.com/money/article/A0N39QUN0025335L.html？spss=adap_pc&referFrom=，最后访问日期2024年6月21日。

买倒卖外汇的"黄牛",通过低买高卖在物理意义上实现外汇与人民币直接兑换,赚取汇率差价;后者的主要表现为资金跨国(境)兑付的变相买卖外汇,又称为对敲型变相买卖外汇,具体是指不法分子与境外人员、企业、机构相勾结,或利用开立在境外的银行账户,协助他人进行跨境汇款、转移资金活动。对敲型地下钱庄的基本运作方法是资金在境内外实行单向循环,通常以对账的形式实现"两地平衡",即境内地下钱庄收取境内需要向境外客户汇款的人民币,再通过其境外账户向对方指定账户支付外汇,反之亦然。因此境内的人民币留在境内,境外的外币也没有入境,并未进行货币物理意义上的跨境转移但交易已经完成。对敲型地下钱庄的手法主要是将境内的非法所得如走私、贪污等款项通过地下钱庄转移至境外,以及在跨境贸易中通过地下钱庄逃汇。[1]现在多数地下钱庄的主要业务是资金跨国(境)兑付,导致巨额资本外流,社会危害性巨大,属重点金融监管的打击对象。[2]

(二)地下钱庄与影子银行的关系

1. 相同点

地下钱庄作为影子银行的一种特殊表现形式,两者在业务范围与法益侵害上都体现出对传统银行信贷业务的冲击,使得大量资金游离于金融监管之外,对国家经济安全产生重大威胁与侵害。因此,在对国内银行信贷安全的侵害以及对国家对外金融安全的影响层面,两者体现出业务范围与法益侵害的一致性,都应为国家金融监管重点关注。

2. 不同点

虽然影子银行的范畴基本可以涵盖我国地下钱庄的内涵,但对二者的规制态度与侧重点存在较为明显的差别。在法律评价上,一些影子银行的业务虽然不受监管,但其存在是合法的。[3]就广义上影子银行的范畴而言,如银

---

〔1〕 殷怡:《起底地下钱庄手法:一年如何"搬走"9000亿》,载《第一财经日报》2017年4月5日,第A09版。

〔2〕 参见《"两高"发布司法解释依法严惩涉地下钱庄犯罪》,载 https://www.spp.gov.cn/xwfbh/wsfbt/201901/t20190131_407161.shtml#1,最后访问日期:2023年11月16日。

〔3〕 参见朱伟一:《非法集资的中、美法律比较》,载《国际融资》2013年第11期。

行短期存款理财产品和货币市场基金因不受监管而属于影子银行业务，对其的关注点应在于如何有效规制而非机械地取缔。相比之下，地下钱庄不但业务是非法的，而且其存在就是非法的，虽然地下钱庄事实上是我国民间金融的客观存在形式之一，但地下钱庄的表述在我国法律中就存在否定含义。[1]

在业务范围与规制目标上，影子银行与地下钱庄虽然都从事资金业务并且脱离国家金融体系监管，但我国当前对于地下钱庄的打击主要从规范跨境外汇交易角度出发，规制的目标是防范资金的非法跨境流动，而资金非法跨境转移主要体现为国家经济安全的外部性风险，因而对地下钱庄的规制目标是对国家经济安全对外防范因素的关注。而影子银行业务范围虽然涉及面广泛，既体现国内存贷业务监管缺失的内部性风险，同时也包含汇兑业务非法跨境流动的外部性风险，但从司法实践打击与规制的重点来看，对影子银行的规制更侧重于打击规避国内金融监管的以银行存贷款为业务核心的运作手段，规制目标主要在于那些在法益侵害性上侧重于对国家内部金融监管形成挑战与对国家内部经济安全造成侵害的影子银行。

二、地下钱庄产生的社会背景及危害性

（一）地下钱庄产生的社会背景

如同影子银行在中国的产生、发展有其现实客观原因，地下钱庄的存在同样有其现实合理性和深刻的社会背景：首先，地下钱庄具有的可以维持运转的外在吸附资金能力是其存在的前提。就民间投资渠道而言，近年来民间财富的不断积聚与国内正规投资渠道的狭窄形成鲜明冲突，看似具有高额利润回报的地下钱庄便成为民众投资的重要选择，民众为获取高额收益将资金投入地下钱庄使得其具有财富吸附的天然条件，这成为地下钱庄得以存在发展的客观外在前提基础。其次，地下钱庄具有的借贷需求旺盛的广大群体是其不断发展壮大的内在动力。我国当前正规金融机构信贷资源偏重于服务大中型企业，广大中小企业陷入信贷盲区，正规金融机构无法满足其旺盛的融

[1]　2002年1月央行发布的《关于取缔地下钱庄及打击高利贷行为的通知》（已失效）即表明我国金融监管部门对于地下钱庄及其高利贷业务的否定性评价。

资需求，导致他们不惜高利借贷求助于非正规金融机构的地下钱庄，加之地下钱庄又具有获取信贷资金手续简便、快捷等效率优势，这都使地下钱庄必然拥有巨大的市场空间。可以说，金融抑制下正规金融体系功能的不足和效率低下是地下钱庄存在和发展的外生性力量。[1]此外，结汇、外汇买卖型地下钱庄多发生在外向型经济发达的沿海地区，参与外汇交易的多是外贸出口企业，该类企业对于外汇需求旺盛，但由于国家实行外汇管制，通过正常渠道得到的外汇数额有限，并且按照正常程序从申请到真正能够使用需要经过几个月甚至更长的时间和繁琐的手续，而地下钱庄的非法交易手续简单、费用低廉，通常只收取1%到2%的佣金，对有关企业极具诱惑力。[2]结汇、外汇买卖型地下钱庄的存在和发展有效满足了此类外贸进出口企业群体的外汇金融需求。

（二）地下钱庄的危害性

地下钱庄游离于国家金融体制之外，缺乏监管，以"放高利贷""炒外汇"和"洗黑钱"为主要业务，对于国家金融安全的严重危害主要表现为：地下钱庄从事的是货币结算和汇兑业务，会对国家信贷政策产生极大的冲击，严重影响国家金融宏观调控政策的有效落实，对国家的金融安全产生极严重的破坏作用。[3]有观点指出，我国对地下钱庄法律价值的判断是基于其组织的非正规性而非其行为的违法性，其作为政府管制与金融需求相冲突的产物，本身就包含着合法与非法、政府管制与规避管制、金融抑制与金融自由之间的冲突。[4]具体而言，地下钱庄的危害体现为：一是未纳入到金融货币当局统计数据的金融活动而形成巨大的"资金黑洞"，会对一国的信贷政策和外汇

---

〔1〕 参见姜庆丹、郝金：《地下钱庄行为的定性与防控——刑法与经济法互动的视角》，载《沈阳工业大学学报（社会科学版）》2012年第4期。

〔2〕 从目前查获的地下钱庄来看，主要集中于广东、福建、浙江、江苏等民营经济发达、外贸经营繁荣的沿海发达地区，参见 https://baike. baidu. com/item/地下钱庄/1526928? fr = aladdin，最后访问日期：2023年11月16日。

〔3〕 参见曲玉良：《地下钱庄亟待规制》，载《检察风云》2007年第15期。

〔4〕 参见姜庆丹、郝金：《地下钱庄行为的定性与防控——刑法与经济法互动的视角》，载《沈阳工业大学学报（社会科学版）》2012年第4期。

政策产生严重冲击，削弱信贷调节金融政策的杠杆作用，影响国家宏观调控政策的准确制定和有效实施，危害国家金融安全。二是地下钱庄不受金融监管当局对资本金、储备金、流动性、存贷款利率的约束，在内部缺乏完善的风险控制机制和信贷审核机制的情况下，资金投向具有很大盲目性与隐蔽性，潜藏着巨大的金融风险。三是地下钱庄的金融交易行为缺乏法律的有效保护，纠纷解决机制不健全。地下钱庄基于高利放贷对于中小企业等借贷主体进行盘剥致使其债台高筑，最终陷入困境甚至倒闭，这对于高利借贷主体的中小企业而言实为饮鸩止渴，不利于企业的良性可持续发展；同时，地下钱庄存在坏账率高等问题，往往依靠暴力手段维持其体系运转，很容易形成具有黑社会性质组织的地下钱庄，滋生社会不稳定因素。四是地下钱庄具有隐蔽性、灵活性，往往会成为犯罪分子洗钱的首选通道。地下钱庄不但涉及金融、证券等涉众型经济犯罪，成为各种犯罪活动转移赃款的通道，还成为贪污腐败分子和暴力恐怖活动转移资金的"洗钱工具"和"帮凶"，助长和滋生了其他上游犯罪活动。[1]此种地下钱庄运作实际上是与相关犯罪相勾连，成为协助其他经济犯罪逃避制裁的工具。

其中，对敲型地下钱庄表面上并没有造成境内外资金的物理性流动，往往交易更加隐蔽、金额更为巨大，同时其境外账户掌控的外汇一般来自境外的企业和个人，且该类外汇资金原本需要兑换人民币才能用于在中国投资，但通过地下钱庄的途径往往可以获得更优惠的"换汇价格"，对敲式"货币互换"实质上是把"计划流入中国的外汇"截留在了境外。虽然表面上看并没有直接"套汇"，也没有减少中国的外汇储备，但变相阻止了中国外汇储备的增长，在根本上影响到国内本应作为外汇储备的资金增长，对于国家外汇储备造成实质侵害。[2]

---

〔1〕　参见《公安机关持续开展打击地下钱庄专项行动取得显著战果》，载 https://www.gov.cn/xinwen/2017-02/27/content_5171177.htm，最后访问日期：2023 年 11 月 16 日。

〔2〕　2015 年 11 月，浙江省金华市警方破获一起公安部督办的特大地下钱庄案，4100 余亿元资金通过该地下钱庄被转移至境外。这是截至 2023 年 11 月涉案人数最多、涉案金额最大的一起结汇、外汇买卖型地下钱庄案件。参见《全国最大地下钱庄案》，载 https://baike.baidu.com/item/全国最大地下钱庄案/18866491，最后访问日期：2023 年 11 月 16 日。

除引发具体的危害国家经济安全、扰乱社会公共秩序的犯罪，对于国家金融安全与稳定而言，地下钱庄实施的外汇非法外卖与跨境转移并非单向由国内资本转移国外，实现国内资金（包括相关违法犯罪所得资金）的转移与外逃，同时也包括大量境外热钱涌入国内进行投机性炒作，如对于股市、楼市、贵金属期货甚至人民币汇率进行操纵，增加人民币升值压力与通货膨胀压力，致使国内形成巨大资产泡沫，严重冲击国内实体经济，地下钱庄往往在金融资产泡沫膨胀之后进行做空迅速将资本撤离，使得股市、楼市、各类期货市场泡沫破裂，造成资本市场价格崩塌进一步引发金融危机。[1]

地下钱庄交易类型各异、社会危害性不同、立法取向有别，应当结合实际，根据地下钱庄行为的不同类型具体分析，在金融稳定与金融创新之间、法律与政策之间、民事责任与刑事处罚之间掌握精巧的平衡。[2]地下钱庄事实上解决了部分中小企业生产经营活动中资金缺乏的燃眉之急，一定程度上减小了当前金融资源短缺与配置不合理对经济发展产生的负面影响，对于国家实体经济增长有一定积极作用。因此，有学者指出，虽然对以地下钱庄等为代表的民间非正规金融体系放任不管将危及国家整体金融安全，但其在我国之所以有着旺盛的生命力与广阔的生存空间，与我国一直以来民营企业融资需求得不到满足有着密切的关系。对于地下钱庄等民间金融体系泛滥的规制不能简单依靠刑法打击，在发挥其补给民间融资积极贡献的同时，关键是要从根本上解决民间融资难的困境，发挥多方面的社会治理手段。[3]其一，对于在本质上属于民间借贷的存贷型地下钱庄，应当对其进行有效的规范引导，在合理范围内发挥其民间融资的积极功能，但对于融资过程中产生的社会消极影响甚至是违法犯罪行为应当进行严厉的法律惩治，如对地下钱庄进

---

〔1〕 最典型的通过热钱涌入操纵国内证券、基金、汇率等金融工具引发金融危机的事件是1997年亚洲金融危机，即索罗斯等金融大鳄对于泰国国家货币泰铢进行汇率投机炒作致使泰铢汇率崩塌，并蔓延到东南亚其他国家，引发亚洲金融危机。

〔2〕 参见姜庆丹、郝金：《地下钱庄行为的定性与防控——刑法与经济法互动的视角》，载《沈阳工业大学学报（社会科学版）》2012年第4期。

〔3〕 参见何荣功：《经济自由与刑法理性：经济刑法的范围界定》，载《法律科学（西北政法大学学报）》2014年第3期。

行的高利贷、非法拘禁、暴力性人身伤害甚至是黑社会性质组织犯罪应当予以坚决打击。其二，对于助长了洗钱及其上游犯罪生长空间的非法结汇、外汇买卖型地下钱庄，其完全违反我国当前银行金融监管制度、对给外汇管理造成严重冲击的危害国家经济安全的行为，应当全面打击取缔。

第三节　高利贷的刑法规制立场

地下金融的典型样态中非法集资与高利放贷往往形成上下游业务。一方面，非法集资人以承诺高额利息回报向社会不特定公众进行揽储；另一方面，这部分吸收来的资金又多用于进行高利放贷，可见非法集资人和高利放贷人存在对合关系，共同构成民间地下融资的典型样态。2020 年 5 月 28 日通过的《民法典》明确禁止高利放贷行为，要求借款利率不得违反国家有关规定，体现国家在民事最高立法规定中对高利贷行为绝不容忍的态度。与之对应的，高利贷是否应当入刑问题在理论界一直争论不断，刑事司法裁判也处于摇摆不定状态，直到 2019 年 7 月 23 日最高人民法院、最高人民检察院、公安部、司法部联合印发《关于办理非法放贷刑事案件若干问题的意见》（以下简称2019 年《非法放贷意见》），将实际年利率超过 36% 的放贷行为作为入罪标准并以非法经营罪定罪处罚，高利贷入刑的法律适用依据得以最终确立。但在司法实践中，仍然存在混淆民法禁止的高利贷与刑法规制的职业高利贷行为的属性差异以及模糊刑民规制边界的问题，对此需要加以厘清。

一、我国规制高利贷的法律规定

《民法典》首次在全国人大民事立法层面明确禁止高利贷，合同编第十二章"借款合同"第 680 条第 1 款规定："禁止高利放贷，借款的利率不得违反国家有关规定。"体现当前国家在最高民事立法规定中对高利贷行为绝不容忍的态度。

回顾此前民事、行政法律法规等文件对于高利贷的规定，1998 年国务院发布的《非法金融机构和非法金融业务活动取缔办法》（以下简称国务院

《取缔办法》，已失效）[1]第4条规定，非法金融业务活动，包括未经中国人民银行批准，擅自从事的"非法发放贷款"活动。国务院《取缔办法》从行政违法层面对具有非法金融业务属性的高利贷进行否定性评价。2002年央行发布《关于取缔地下钱庄及打击高利贷行为的通知》（已失效），第2条规定："……民间个人借贷利率由借贷双方协商确定，但双方协商的利率不得超过中国人民银行公布的金融机构同期、同档次贷款利率（不含浮动）的4倍。超过上述标准的，应界定为高利借贷行为。"明确民事交易领域通过借贷利率确定的高利贷认定标准。可以认为，在20世纪90年代虽然国务院《取缔办法》宣布非法放贷为法律所禁止应被取缔，但并未涉及高利贷的刑事责任问题，我国在立法层面并没有明确将高利贷行为入罪的法律规定。[2]

在具体认定高利贷的司法适用文件方面，早在1991年最高人民法院《关于人民法院审理借贷案件的若干意见》（以下简称1991年《借贷意见》，已失效）第6条规定："民间借贷的利率可以适当高于银行的利率，各地人民法院可根据本地区的实际情况具体掌握，但最高不得超过银行同类贷款利率的四倍（包含利率本数）。超出此限度的，超出部分的利息不予保护。"该文件最早明确司法适用中民间借贷的民法保护边界。在经济社会发展及司法实践具体情况的变迁过程中，对于民间高利贷的民法保护规范不断细化，根据2015年8月最高人民法院《关于审理民间借贷案件适用法律若干问题的规定》（以下简称2015年《民间借贷司法解释》，已被修改），基于民间高利贷属于民事借贷的固有属性，应当适用相关的民事法律进行调整规制，对于约定利率24%以内的予以保护，即法院维护高利放贷人一定范围的高利收益权利；而对超过24%的部分法律不予承认，既不保护也不规制，实质上处于一种放任不管的境地：一方面，民间高利借贷有其存在的合理性，属于平等主体意思自治的范围，理应由私主体自行解决，

〔1〕 2021年5月1日国务院《防范和处置非法集资条例》正式实施，以打击非法集资等非法金融业务为主要内容的国务院《取缔办法》被废止。

〔2〕 参见赖早兴、王家伦：《刑法对高利贷的规范路径：演进与展望》，载《烟台大学学报（哲学社会科学版）》2022年第4期。

法律不应强加干预；另一方面，虽然当事人之间有权自行约定借贷利息，但从公平角度考量法律应予以一定程度的利率限制，防止出借方乘人之危造成借款人实质上的损害。此外，大部分民间高利借贷只是在特定对象之间进行的资金借贷行为，行为人并不以发放高利贷为业，属于偶发性借贷，因而就此类高利贷借贷行为的规模及影响力而言，其并不会对金融市场秩序的整体稳定造成侵害，没有必要动用行政、刑事手段予以规制。

2020 年 8 月最高人民法院《关于修改〈关于审理民间借贷案件适用法律若干问题的规定〉的决定》（以下简称 2020 年《民间借贷修改决定》）以央行授权全国银行间同业拆借中心每月 20 日发布的一年期贷款市场报价利率（LPR，Loan Prime Rate）[1] 的 4 倍为标准确定民间借贷利率的司法保护上限，取代 2015 年《民间借贷司法解释》中以 24% 和 36% 为基准的两线三区的规定，大幅度降低民间借贷利率的司法保护上限，促进民间借贷利率逐步与我国经济社会发展的实际水平相适应。以 2020 年 7 月 20 日发布的一年期贷款市场报价利率 3.85% 的 4 倍为例计算，民间借贷利率的司法保护上限为 15.4%，相较于过去的 24% 和 36% 有较大幅度的下降。[2] 可见当前司法实践对于民间借贷的保护上限已大幅降低。可以认为，2020 年《民间借贷修改决定》对于民间借贷利率一年期贷款市场报价利率（LPR）的 4 倍保护界限的最新规定实质是向 1991 年《借贷意见》所规定的银行同类贷款利率 4 倍的回归，只是基于银行贷款金融政策的改革，参照基准由相对固定的法定利率变更为市场报价利率（LPR），在民事保护态度与保护边界上并没有本质改变。

有观点指出：将民间经过登记的非银行金融企业的经营行为认定为经营

---

[1]　贷款市场报价利率是由具有代表性的报价行，根据本行对最优质客户的贷款利率，以公开市场操作利率（主要指中期借贷便利利率）加点形成的方式报价，由央行授权全国银行间同业拆借中心计算并公布的基础性的贷款参考利率，各金融机构应主要参考 LPR 进行贷款定价。现行的 LPR 包括 1 年期和 5 年期以上两个品种，1 年期 LPR 通常是银行为企业和个人提供流动性贷款的参考基准，5 年期以上 LPR 则是中长期贷款的参考基准，比如企业中长期贷款、个人住房按揭贷款等。因此，当前民间借贷年化利率超过当期 LPR 利率的 4 倍即可认为是高利贷。参见 https://baike.baidu.com/item/贷款市场报价利率/23704794? fr=ge_ala，最后访问日期：2023 年 11 月 20 日。

[2]　参见《最高人民法院今日发布新修订的〈关于审理民间借贷案件适用法律若干问题的规定〉》，载 https://www.thepaper.cn/newsDetail_forward_8848066，最后访问日期：2023 年 11 月 18 日。

商事信贷业务不难，然而现实生活中存在大量自然人个人、组织和单位从事隐性高利贷经营活动，如何界定相关主体究竟是在进行普通民间借贷还是进行商事高利贷职业行为，是当前打击非法经营性高利贷活动的难题。[1]正因为我国实践中未有效区分偶发的民事借贷与经营性的商事信贷，不同客观危害性的高利贷发放行为不能得到区别规制，"由此带来的严重社会与法律问题是使得我国司法行政部门无法找准民间合法借贷规范的重点，无法实现对民间信贷金融的有效监管，民间商事信贷游离于常规的金融监管之外"。[2]当民间借贷实为经营性商事行为，则不能再单纯依靠民事法律对其借贷利率予以限制。换言之，如果确定个人是在从事专门高利放贷的经营行为，则应将其纳入常规的金融监管范围，即使个人没有进行工商登记也应当将其行为作为职业高利放贷行为认定，使其承担相应的行政、刑事法律责任。

二、职业高利贷的司法处置变迁

20 世纪 80 年代，我国刑法学界开始了针对高利贷入罪的理论研究。[3]但我国民间借贷法律规则以及非法金融业务规制条款的零散化和不协调，模糊了实务中处理相关纠纷案件时的合法性标准，加剧了我国民间借贷活动的制度性风险。[4]对于如何划清职业高利贷行为的刑事处罚界限在 2019 年《非法放贷意见》出台前一直处于司法盲区。以往论述也往往在没有合理区分民间高利借贷与职业高利贷的前提下展开讨论，由此形成的结论只能是自说自话，观点各异。如有学者表示"动用刑法手段惩罚民间高利贷，则是忽视了非刑事法律对社会的调节功能，过于依赖刑法对社会关系的调整，其必然的后果就是对刑法功能定位的错位，从而导致刑法干预社会生活的过度和泛化"。[5]此种观点意在表明对于民间借贷性质的高利贷发放行为进行犯罪化处理并不

---

〔1〕 参见刘道云：《民间高利贷立法规制研究》，载《政法学刊》2015 年第 3 期。

〔2〕 刘道云：《民间借贷的法律类别及其区分意义》，载《新金融》2013 年第 1 期。

〔3〕 参见陈泽宪：《高利贷犯罪探讨》，载《政治与法律》1987 年第 2 期；邹伟、杨静：《应增设"放高利贷罪"》，载《现代法学》1988 年 2 期；陈兴良：《论发放高利贷罪及其刑事责任》，载《政法学刊》1990 年第 2 期。

〔4〕 席月民：《我国当前民间借贷的特点、问题及其法律对策》，载《政法论丛》2012 年第 3 期。

〔5〕 刘伟：《论民间高利贷的司法犯罪化的不合理性》，载《法学》2011 年第 9 期。

合理，但并没有阐述具有营利属性的职业高利贷行为是否应当进行刑法规制，因此结论存在以偏概全之嫌。

通过梳理我国关于高利贷发放行为的相关规定可见：20 世纪末，国务院《取缔办法》第 4 条规定，非法金融业务活动，包括未经央行批准，擅自从事的"非法发放贷款"活动。如何理解其中"非法发放贷款"活动成为当时司法实务中能否规制以及规制何种高利贷行为的关键。2001 年 4 月 26 日央行办公厅《关于以高利贷形式向社会不特定对象出借资金行为法律性质问题的批复》（以下简称 2001 年《批复》）明确指出，非法发放贷款行为是指"未经金融监管部门批准，以营利为目的，向不特定的对象出借资金，以此牟取高额非法收入的行为"，该行为客观上已经形成一种非法金融业务活动；而民间个人借贷本身不具有经营牟利的商业属性，无需国家金融监管部门批准，即使超过银行同类贷款利率的 4 倍（对应当前 2020 年《民间借贷修改决定》的 LPR4 倍的利率标准），也不认定为非法发放贷款。[1]由这一规定可以得出国务院以及央行打击的非法发放贷款活动专指职业高利贷发放行为，民间个人高利借贷属于普通民事借贷行为，排除在国务院《取缔办法》规制范围之外，由相关民事法律规范调整。

同时，国务院《取缔办法》第 22 条对于职业高利贷的规制作了具体规定："设立非法金融机构或者从事非法金融业务活动，构成犯罪的，依法追究刑事责任；尚不构成犯罪的，由中国人民银行没收非法所得，并处非法所得 1 倍以上 5 倍以下的罚款；没有非法所得的，处 10 万元以上 50 万元以下的罚款。"此条规定了职业高利贷的两种处罚措施，即行政处罚与刑事制裁：一方面，国务院《取缔办法》属于行政法规，对于职业高利贷破坏金融秩序的行政违法性进行行政制裁符合其法律属性；而严重高利贷发放实则侵害国家金融秩序稳定，应作为经济犯罪认定，而此条款实另一方面成为当时职业高利

---

〔1〕　2001 年《批复》同时对民间个人借贷作出解释，即"民间个人借贷应是个人之间生产、生活需要的一种资金调剂行为，即个人以其本人合法收入的自有资金出借给另一特定的个人，目的是帮助解决借入人一时的生产、生活需要，出借人为此获得一定利息回报，但借款人一般并不将此作为经常性的牟利手段"。因此该批复在一定程度上对民间个人借贷与属于非法金融业务的职业高利放贷作出区分。

贷入罪的附属刑法规定。

彼时关于如何对职业高利贷行为定罪处罚，司法实践中相异的处置方法引发学界广泛讨论，核心争议点在于将高利贷以非法经营罪定罪处罚的正当性问题，典型的如"涂汉江非法经营案"以及南京、上海等地陆续发生的案例。在2019年《非法放贷意见》出台之前刑法未就高利贷行为作出规定的情况下，[1]上述判决主要是依据涂汉江案办理过程中最高司法机关及其他部门的内部函复作出，这些内部文件也成为2012年以前以非法经营罪规制高利贷发放行为的主要司法认定依据。[2]值得注意的是，在当时尽管将职业高利贷入罪具有国务院行政法规的附属刑法规定作为依据，但将高利放贷行为与非法经营罪的构成要件等同一直为学界诟病，且面临在刑法条文中没有直接针对职业高利贷的罪名的情况下，附属刑法的空白条款规定违反刑法罪刑法定原则的质疑。[3]

然而，2012年最高人民法院《关于被告人何伟光、张勇泉等非法经营案的批复》指出，"发放高利贷的行为具有一定的社会危害性，但此类行为是否属于刑法第二百二十五条规定的'其他严重扰乱市场秩序的非法经营行为'，相关立法解释和司法解释尚无明确规定，故……不宜以非法经营罪定罪处罚"。此后，刑事司法如何规制职业高利贷发放行为又陷入无所适从的窘境。直至2019年《非法放贷意见》出台，对职业高利贷的司法处置终于有了明确的刑事规范。

---

〔1〕 2019年《非法放贷意见》出台之前《刑法》针对高利贷行为进行处罚的唯一罪名只有第175条高利转贷罪，并未直接将发放高利贷行为定性为犯罪。

〔2〕 2003年1月13日最高人民法院刑二庭给公安部经侦局《关于涂汉江非法从事金融业务行为性质认定问题的复函》中明确答复：涂汉江向他人非法发放高息贷款的行为，属于从事非法金融活动，所涉高利贷金额巨大，属于《刑法》第225条第4项所规定的"其他严重扰乱市场秩序的非法经营行为"，构成非法经营罪。此案中央办公厅发出的《关于贺胜桥公司非法从事金融业务活动性质认定的复函》以及公安部给湖北省公安厅的《关于涂汉江等人从事非法金融业务活动行为性质认定问题的批复》也都成为2012年以前司法实践中将高利贷发放认定为非法经营罪的重要依据。

〔3〕 有观点指出，在《刑法》分则没有明确规定的情况下对发放高利贷行为以非法经营罪论处无疑违背了罪刑法定原则，因而不应将发放高利贷行为视为犯罪行为。参见李腾：《论民间高利贷不应司法犯罪化》，载《法学杂志》2017年第1期。但高利贷行为不认定为非法经营罪与高利贷行为不应作为犯罪是两个性质截然不同的概念，得出合理解释结论的关键还是在于应对民间高利贷与职业高利贷的行为属性及社会危害性作更精细化的区分。

三、高利贷的刑民界分标准

高利放贷行为对公正性的违反及对社会经济秩序法益的侵犯，触发了民法与刑法的介入，厘清民刑事法律介入的一般标准成为设置高利贷"安全阀"的根据，并据此建立起民法与刑法的评价标准。

（一）民间高利贷与职业高利贷属性差异

高利贷活动的高发，既侵害了借贷主体的民事权益又扰乱了社会经济的平稳运行，民法与刑法都作出相应否定性评价，但是民法与刑法所评价的高利贷活动并非完全同一。

民法视域下的高利贷是一种借款利率超过法律保护最高限度的平等民事主体间的资金出借行为，剥离判断利率高低的面纱，其本质是一种民事借贷活动，具有偶发性、非公开性、规模有限的特征。民间借贷本身具有满足特定公民个体融资需求、促进社会经济发展的积极作用，但民法介入高利贷法律规制的法理根据在于，避免出借方对借款方的过度剥削，防止利率过高有违公平原则。民法据此做出对民间借贷中的高利率不予保护的处置方案。

刑法视域下的高利贷则是一种职业高利放贷活动，根据 2019 年《非法放贷意见》，职业高利贷是指违反国家规定，未经监管部门批准，或者超越经营范围，以营利为目的，以畸高的利率经常性地向社会不特定对象发放贷款，扰乱金融市场秩序，情节严重的行为。具体体现在对放贷人数、次数、时间、规模、对象、利率等综合因素的考察。[1]可以看出，职业高利贷具有高利率性、以放贷为常态业务的经营性、以不特定对象作为放贷对象的社会性、资金运作规模大的金融活动性等特征。其本质在于未经监管部门批准，实施了类似

---

〔1〕 根据 2019 年《非法放贷意见》规定，构成职业高利放贷刑事犯罪的入罪标准（罪量要素）包括三方面内容：一是经常性地向社会不特定对象发放贷款，即 2 年内向不特定多人（包括单位和个人）以借款或其他名义出借资金 10 次以上。如果只是偶尔向他人发放贷款，则不构成犯罪。二是以超过 36% 的实际年利率实施符合该意见第 1 条规定的非法放贷行为。三是具备上述条件的，还要达到情节严重的程度，具体是指：①个人非法放贷数额累计在 200 万元以上的，单位非法放贷数额累计在 1000 万元以上的；②个人违法所得数额累计在 80 万元以上的，单位违法所得数额累计在 400 万元以上的；③个人非法放贷对象累计在 50 人以上的，单位非法放贷对象累计在 150 人以上的；④造成借款人或者其近亲属自杀、死亡或者精神失常等严重后果的。

于银行等金融机构的资金放贷业务，隐藏于职业高利放贷行为背后的非法金融业务属性是刑法规制的根本原因。值得注意的是，具有职业放贷资格的银行业金融机构以及小额贷款公司、典当等非银行金融机构，因为具备金融监管机构批准经营贷款业务的主体资格，若只是存在业务操作过程中的违规行为，包括不合规的高利率贷款发放，其行为也不应作为非法经营罪规制对象的职业高利贷进行认定。但金融机构如果超越经营范围从事高利放贷活动，那么虽然具有金融从业资质，依然会被认定为具备职业高利放贷的客观构成要素。[1]

（二）利率决定论：民事法律介入高利放贷行为评价的形式标准

就形式标准而言，利率高低成为决定高利放贷行为法律规制标准的通常界限，但在不同时期民刑法律对利率高低认定的标准并非完全一致，法律规范适用层面具有相对独立性。

具体而言，民法与刑法除了在评价对象的高利贷行为属性上存在差异之外，对于利率高低认定的标准也并非完全一致，法律规范适用层面具有相对独立性。民法通常以对民间借贷设定最高保护利率的上限，作为对此类行为法律评价的方式，其认定标准通过司法解释加以规定，且处于变动之中。纵观民法对于民间借贷利率保护上限的认定标准，在不同时期出台的司法解释中一直处于变动状态，主要认定模式有：

1. 固定浮动保护上限模式

1991 年《借贷意见》第 6 条规定"最高不得超过银行同类贷款利率的四倍（包含利率本数）。超出此限度的，超出部分的利息不予保护"，这是我国司法机关最早明确民间借贷保护利率上限的规范性文件。

2. 固定保护上限模式

2015 年《民间借贷司法解释》确定借贷利率 24% 和 36% 为基准的两线三区，细化不同利率区间司法保护态度，将司法认可的民间借贷利率的保护上限最高调整为 36%。

----

〔1〕 参见陈兴良：《高利放贷的法律规制：刑民双重视角的考察》，载《华东政法大学学报》2021 年第 6 期。

3. 市场化浮动保护基准模式

2020 年《民间借贷修改决定》对于民间借贷利率的认定标准再次进行调整，结合我国利率市场化改革的现状，将借贷利率保护的上限规定为"一年期贷款市场报价利率四倍"，超过此标准的即为高利贷，不受民法保护。如前文所述，2020 年《民间借贷修改决定》对于民间借贷利率"一年期贷款市场报价利率四倍"保护上限的最新规定实质是向 1991 年《借贷意见》所规定的"银行同类贷款利率的四倍"的回归。虽然相比较 2015 年两线三区借贷利率划分的标准有一种模糊倒退的感觉，但在利率保护限度上的降低，体现了民事裁判者对于民间借贷利率保护上限又转向从严克制，这是出于法律对民间实体经济保护的政策考量。

（三）属性决定论：刑事法律介入高利放贷行为评价的实质标准

基于职业高利贷违反金融管理法律的非法金融业务活动属性，刑法对于职业高利贷的认定应遵从行政犯二次违法性原理。违法性判断主要依据行政法规与相关金融监管文件，如国务院《取缔办法》第 4 条规定，非法金融业务活动，包括未经央行批准，擅自从事的"非法发放贷款"活动。2001 年《批复》规定，"民间个人借贷应是个人之间生产、生活需要的一种资金调剂行为，即个人以其本人合法收入的自有资金出借给另一特定的个人，目的是帮助解决借入人一时的生产、生活需要，出借人为此获得一定利息回报，但出借人一般并不将此作为经常性的牟利手段"。该批复虽然法律位阶不高，但对民间个人借贷与非法金融业务的职业高利贷作出了区分，实践指引功能不可小觑。

行政前置法虽然以附属刑法形式确定了职业高利贷的行政责任与刑事责任，但当时对于职业高利贷的利率边界并没有明确规定，刑法也未明文规定适用的罪名，将相关行为作为犯罪认定的刑事裁判尺度并不统一，对刑法罪刑法定原则产生一定冲击。这也促使 2012 年最高人民法院《关于被告人何伟光、张勇泉等非法经营案的批复》指出，"发放高利贷的行为具有一定的社会危害性，但此类行为是否属于刑法第二百二十五条规定的'其他严重扰乱市场秩序的非法经营行为'，相关立法解释和司法解释尚无明确规定，故……不宜以非法经营罪定罪处罚"。直至 2019 年《非法放贷意见》将实际年利率超过 36% 的放贷行为作为入罪标准并以非法经营罪定罪处罚，刑法惩治职业放贷行为在利率边界以及行为要素认定方面的法律依据才得以最终确立。

由此可见，当前民事法律与刑事法律对于各自规制的高利贷行为在利率适用边界、行为属性上并不一致，这是由不同法律语境下作为所规制对象的高利贷活动内在本质属性差异所决定的。

四、职业高利贷的刑法规制立场

在 2017 年受到社会高度关注的山东"辱母杀人案"中，追根溯源，酿成该案悲剧的罪魁祸首实则为地下钱庄经营性质的职业高利放贷行为。因此，具备营业性的高利放贷行为本质上属于非法金融业务活动，危害金融安全、妨害社会经济健康发展，有动用刑罚惩治的必要性。[1]例如，在高发的"套路贷"活动中，职业高利放贷人通过签订虚假借款协议、虚增借贷金额、恶意制造违约等放贷，采用暴力威胁等手段索要贷款最终实现非法占有他人财产的目的。我国刑法当前并没有针对职业高利贷行为进行单独定罪，司法实践中根据放贷人实施的手段、有无采取暴力等情形分别以诈骗罪、故意伤害罪、非法拘禁罪等不同罪名进行处罚。根据 2019 年 4 月 9 日施行的《关于办理"套路贷"刑事案件若干问题的意见》以及针对该司法解释的官方解读，对于具有职业高利放贷本质属性的"套路贷"应当与民间借贷相区别，从整体上予以否定性评价。[2]即在我国开展的扫黑除恶专项斗争中，加大对具有职业高利放贷本质的"套路贷"违法犯罪行为的刑罚惩治力度，一方面确认了职业高利放贷人黑恶势力行为的性质，强调其严重的社会危害性；另一方

---

〔1〕 参见线杰、宋丹、杨建军：《非法发放贷款行为的刑法规制》，载魏昌东、顾肖荣主编：《经济刑法（第十八辑）》，上海社会科学院出版社 2018 年版，第 272 页。

〔2〕 参见《"两高两部"负责人就办理扫黑除恶案件的四个意见有关问题答记者问：为依法严惩黑恶犯罪提供更加坚实法治保障》，载 https://www.spp.gov.cn/zdgz/201904/t20190410_414213.shtml，最后访问日期：2023 年 11 月 20 日。

面就"套路贷"的骗术设计而言，确认了职业放贷人引诱、威逼借款人签订一系列借新还旧的连环借款协议、故意垒高债务的连环套路贷行为具有庞氏骗局的诈骗属性，与正常的民事借贷存在本质差别。

随着扫黑除恶专项斗争的深入推进，对于"套路贷"违法犯罪分子的严厉惩处，实质上就是对于职业高利放贷行为加大刑事打击力度。在此基础上，有观点指出，为应对打击职业高利贷犯罪的现实需要以及实现罪刑法定原则的要求，应当在刑法中专门设立职业发放高利贷罪，并针对相应严重情形，如暴力催债、讨债，与黑社会组织相勾结，为他人犯罪行为提供资金周转以及专门为参赌人员提供赌资等情形设立加重处罚标准。[1]在比较法层面，对于具有职业高利放贷属性、单纯诱骗借款人签订连环套路贷的庞氏骗局，不涉及其他暴力犯罪情节，日本刑法规定可采用独立适用罚金或没收财产方式进行财产处罚，以达到以钱制钱之效果。[2]

为依法惩治非法放贷犯罪活动，维护国家金融市场秩序与社会和谐稳定，防范因非法放贷诱发涉黑恶以及其他违法犯罪活动，2019年《非法放贷意见》作为指导性文件，将实际年利率超过36%的放贷行为作为入罪标准并以非法经营罪定罪处罚。[3]这一法律文件无疑为司法实践规制职业高利放贷行为明确了操作标准，有利于司法机关统一裁判。职业高利贷行为本身违反当时具有法律效力的国务院《取缔办法》，符合非法经营罪"违反国家规定"的前置法认定要求，并非在开展扫黑除恶专项斗争中将高利贷行为用非法经营罪作为口袋罪任意入罪。而将职业高利贷入罪尚未明确的问题是，将借贷利率入刑标准规定为36%是否合理、其是否与相关法律文件关于借贷利率合法性认定区间相冲突。在2019年《非法放贷意见》出台以前，2015年《民

---

〔1〕　徐德高、高志雄：《增设"职业放高利贷罪"确有必要》，载《人民检察》2005年第18期。

〔2〕　参见杨怡敏：《中日高利贷比较与法律控制》，载《前沿》2011年第6期。

〔3〕　须注意的是，"两高两部"联合发布的指导性文件与"两高"发布的司法解释性质并不相同，即公安部、司法部不具有最高司法机关属性，其会同"两高"制定的法律政策文件不属于司法解释范畴，虽然从扫黑除恶专项斗争开展角度而言，相关文件制定的目的在于解决法律不明确、法律适用不统一、依法严惩不精准问题，但从法律权限而言，此类多部门共同制定发布的指导性文件将高利放贷行为入刑并以非法经营罪定罪量刑，是否越权、是否对罪刑法定原则产生冲击不无疑问。

间借贷司法解释》将年借贷利率 24%—36% 区间作为借贷双方意思自治区间，法律既不保护也不打击。而对于借贷率超过 36% 的区间，并无法律将其作为违法行为认定，即没有明确法律规定将其纳入行政监管法律打击规制范畴。而 2019 年《非法放贷意见》直接将借贷利率超过 36% 的借贷行为作为犯罪认定，缺乏前置非法放贷行政违法行为认定标准，致使刑罚打击前置、完全挤压行政法律对于高利借贷违法行为认定空间，违背了经济犯罪作为行政犯二次违法性认定的原则。

而 2020 年《民间借贷修改决定》又使得刑法对于职业高利放贷的认定与打击更落入边界不明的境地。虽然民间借贷与职业高利放贷的内涵差异并非形式上利率高低差别，而是是否具有职业放贷的金融活动属性。但界定以经营为业的高利放贷活动的利率边界尚不明朗仍会给司法实务造成一定阻碍。最新发布的 2020 年《民间借贷修改决定》否定了 2015 年《民间借贷司法解释》区分制的保护立场，只是单纯规定民间借贷中利率最低的保护界限，[1] 并未明确民法保护与刑法规制高利贷的边界，无法得到高于一年期贷款市场报价利率（LPR）4 倍的借款利率就属于刑法上认定的职业高利放贷范畴的结论。从现实的危害性角度考量，以 2020 年 7 月 20 日发布的一年期贷款市场报价利率 3.85% 的 4 倍为例计算，则民间借贷利率的司法保护上限为 15.4%，如果将超过借贷本金 15.4% 的利息收益行为一律认定为刑法高利贷犯罪，将过于扩大刑法的打击范围，与刑法谦抑理念不符，同时对民间融资活动会造成刑法的不当干预。甚至，基于个人房贷利率与 LPR 挂钩而房地产市场交易持续低迷的情况，至 2024 年 1 月 22 日，各金融机构为继续推动实际贷款利率稳中有降，1 年期 LPR 下降为 3.45%，民间高利贷利率的界线 LPR 的 4 倍为13.8%，即超过 13.8% 即认定为高利贷。相较于以往司法实践银行同类贷款利率的 4 倍即 24% 为认定民间高利贷的划分标准，一年期贷款市场报价利率

---

〔1〕 最高人民法院《关于审理民间借贷案件适用法律若干问题的规定（2020 年第二次修正）》第 25 条规定：出借人请求借款人按照合同约定利率支付利息的，人民法院应予支持，但是双方约定的利率超过合同成立时一年期贷款市场报价利率 4 倍的除外。此处所称"一年期贷款市场报价利率"，是指央行授权全国银行间同业拆借中心自 2019 年 8 月 20 日起每月发布的一年期贷款市场报价利率。

（LPR）4 倍的实际认定标准既在认定的幅度上不稳定，又使利率标准过于严苛，降低了高利贷的司法认定标准，扩大了高利贷的认定范围。此外，以 LPR 为基准认定高利贷的利率边界变动性更大，不同时间点由于利率浮动导致相同行为可能出入罪结果并不相同，司法实践认定与操作困难较以往更大。

而问题的根源之一在于民间借贷与职业高利放贷法律规制体系中仅存在民法保护与刑法规制两种极端，缺乏作为中间过渡性地带的行政监管，即对于应属制裁空间的高利放贷活动缺少应有的行政规范，使得刑法对于高利放贷活动的范围与性质拿捏不定，如何进行职业高利放贷刑事认定无所适从，造成司法判决十分混乱的窘境。

2021 年 3 月 1 日正式施行的《刑法修正案（十一）》增设第 293 条之一："有下列情形之一，催收高利放贷等产生的非法债务，情节严重的，处三年以下有期徒刑、拘役或者管制，并处或者单处罚金：（一）使用暴力、胁迫方法的；（二）限制他人人身自由或者侵入他人住宅的；（三）恐吓、跟踪、骚扰他人的。"对于高利放贷的暴力催收行为作为"催收非法债务罪"单独刑事入罪，通过刑事打击高利贷催收手段一定程度上可以实现对职业高利放贷行为的遏制，但基于高利放贷的刑事打击边界本身不明，仍无法直接起到规制职业高利贷的刑事惩治效果。

五、高利贷法律规制体系的完善策略

尽管民事、刑事以及行政金融监管文件均在不同程度上对于高利贷行为属性、利率界限予以确定，但在司法裁判中仍存在一定程度的认定混乱，表现为高利贷刑民属性认定过于分裂，大量应当由行政、刑事处罚的职业高利放贷行为被民间普通借贷合同所掩盖，而民法的"权利本位属性"决定了通过民事审判仅能表达对高利贷单纯的不保护态度，并不能通过否定性的惩治机制对此加以处置。相当数量的高利贷案件在以普通民事借贷案件审理后并没有被深究其背后所隐藏的具有关联属性的职业高利贷的存在，后续行政违法认定以及刑事犯罪追究在民事判决后被人为分割消解，行政处罚形同虚设。

因此，在司法实践中，民法禁止的高利贷与刑法规制的职业高利贷的行为属性以及刑民规制的边界仍然存在混淆的风险，面对高利贷行为，有必要建构全面而系统的法律规制体系，破除不同法域片段化、分阶段治理的缺陷，进行更具建设性、根本性的策略选择。

首先，应当揭开借贷利率高低面纱，而去探寻其背后是否具有职业经营活动本质，以区别适用不同法律规范。即针对判断利率标准适用的法律依据而言，民事判决应当依据民事司法解释，刑法、行政法对于违法金融活动的惩治应当依据刑事、金融监管文件，利率标准无需追求形式统一。

其次，应当更新金融行政监管模式，将传统分业监管模式下的机构监管转变为混业经营环境中的行为监管与功能监管。我国传统金融监管模式聚焦于具有从事金融业务资质的正规金融机构，对此类主体从事的违规金融活动进行相应监管制裁，而对于未经监管部门批准、不具有准入资格的民间主体从事的职业高利放贷行为存在监管盲区，这也是职业高利放贷活动行政法监管缺位，行民、行刑衔接不畅的重要原因之一。基于此，金融监管部门有必要从以下三个方面完善监管模式：一是降低对从事金融行为的机构的准入标准，更大范围地将从事民间、商事金融行为的主体通过设定准入申请程序，纳入监管之中。二是对于没有金融牌照违法从事金融业务的主体同样应当进行实质违法性判断，从行为监管、功能监管角度强化行政惩治力度。三是为金融监管机关行使监督权配置必要的法定职权。

最后，还应当创新不同法律规制手段间的协作机能。例如，国务院《取缔办法》虽然规定了职业高利贷的行政处罚措施，但基于不同法律规范之间的衔接不足，对职业高利贷的金融监管措施在现实生活中并没有得到真正施行。因此，可以建立民事程序发现机制，当民事审判过程中发现高利贷涉嫌金融违法活动时主动移送金融监管机关，启动行政调查程序，抑或将行政执法向民事审判程序靠拢，实现上下游法律规范的共通共融，强化中间重要环节的金融监管效能，避免选择性执法，落实行民、行刑有效衔接，真正实现高利贷法律监管民事、行政、刑法三位一体的综合法律治理。

第四节　洗钱的刑法规制立场

洗钱作为地下金融的主要活动类型，是指将违法犯罪所得通过地下钱庄、金融通道转移、转换，实现赃款由"黑钱"向合法资产的身份转变。近年来我国洗钱规模呈激增态势，不仅为犯罪分子提供销赃、毁灭证据的出路，妨害司法追赃秩序、助长上游犯罪气焰，同时冲击着政策金融市场秩序，影响金融政策的有效性及合法金融机构正常业务的开展。更为严重的是，地下钱庄洗钱行为影响着国家对国际收支统计的准确性，干扰国家宏观政策制定，造成国家经济失控或者结构失调，严重危害国家经济安全与社会稳定。因此，无论从道义上抑或法律上，洗钱行为完全背离了市场经济的规范和法治的要求，成为世界各国的打击对象。[1] 此外，基于加强对洗钱活动打击的国际化要求，我国《刑法》洗钱罪名体系的构建形成以第 191 条洗钱罪为核心罪名，以第 312 条掩饰、隐瞒犯罪所得、犯罪所得收益罪和第 349 条窝藏、转移、隐瞒毒品、毒赃罪为补充的三罪鼎立局面。从规制对象范围、法益侵害属性、打击洗钱犯罪的功能、罪名适用规则等不同维度分析，洗钱罪名体系内部存在不同面貌的规制特征。在司法适用中，洗钱罪与赃物犯罪存在行为方式认定混乱、法益识别功能丧失、以上游犯罪范围区分致使逻辑错误等问题，导致洗钱罪名体系内部理论逻辑难以自洽。国际公约与国外典型国家刑法对洗钱罪的规制内涵与我国广义洗钱范畴一致，但在法益保护目标上，与我国规制洗钱罪以保护金融监管秩序与司法机关正常活动的复合法益认定存在重大差异。金融管控的秩序法益观在维护国家经济安全层面具有不可或缺的功能，刑法规制洗钱活动维护货币流通安全属于典型情形。洗钱罪侵害金融秩序法益认定应当落脚为特定上游犯罪所得资金转化为合法资金的金融监管失控结果或者抽象危险，同时拓宽对国家经济运行产生侵害的上游犯罪类型，以更符合我国刑法洗钱罪立法体例与对金融监管秩序的保护要求。

---

〔1〕　黎友焕编著：《揭秘地下钱庄》，经济日报出版社 2011 年版，第 184~185 页。

一、我国洗钱罪名体系

洗钱是指通过转移、转化等方式掩饰、隐瞒犯罪所得及其收益的行为，即通常说的"洗黑钱"。[1]从我国《刑法》洗钱犯罪罪名体系构建的历程来看，是以传统赃物犯罪为基础，结合现代洗钱犯罪的行为手段与国际条约要求，逐步形成以第 191 条洗钱罪为核心罪名，以第 312 条掩饰、隐瞒犯罪所得、犯罪所得收益罪和第 349 条窝藏、转移、隐瞒毒品、毒赃罪为补充的三罪鼎立局面。受制于立法技术成熟度、重视上游犯罪打击与依赖对赃物犯罪罪名适用的司法习惯等，我国洗钱罪名体系内部罪名适用极不平衡，洗钱核心罪名在司法实践适用方面长期处于较低数量水平，成为我国反洗钱刑事打击力度长期受到国际组织质疑的主要原因。[2]

（一）我国洗钱罪名体系制定历程

1. 洗钱罪

基于特定历史时期的经济制度环境，我国 1979 年《刑法》没有洗钱罪的相关规定，只有针对妨害司法机关正常活动的赃物犯罪，即第 172 条窝赃、销赃罪"明知是犯罪所得的赃物而予以窝藏或者代为销售的"。1989 年 9 月 4 日第七届全国人大常委会第九次会议通过《关于批准〈联合国禁止非法贩运麻醉药品和精神药物公约〉的决定》，该公约要求缔约国在国内法中将隐瞒或掩饰贩毒犯罪收益确定为刑事犯罪，由此在 1990 年 12 月 28 日第七届全国人大常委会第十七次会议通过《关于禁毒的决定》（已失效），其中第 4 条第 1 款规定："……掩饰、隐瞒出售毒品获得财物的非法性质和来源的，处七年以下有期徒刑、拘役或者管制，可以并处罚金。"我国立法机关首次针对毒赃实施的清洗活动规定为掩饰、隐瞒毒赃性质、来源罪，虽然没有使用"洗钱"的"名"但已经具备洗钱活动所要求的改变犯罪所得"非法性质和来源"的

---

〔1〕 参见张义健：《〈刑法修正案（十一）〉的主要规定及对刑事立法的发展》，载《中国法律评论》2021 年第 1 期。

〔2〕 See FATF, "Anti-money Laundering and Counter-terrorist Financing Measures—People's Republic of China", *Fourth Round Mutual Evaluation Report*, https://www.fatf-gafi.org/media/fatf/documents/reports/mer4/MER-China-2019.pdf, 最后访问日期：2023 年 12 月 3 日。

"实"，体现我国立法机关积极履行国际公约义务，意图切断下游经济血脉以遏制日益猖獗的上游毒品犯罪，具备现代意义洗钱罪的雏形。[1]1997年《刑法》在《关于禁毒的决定》基础上独立设立洗钱罪，规定在《刑法》分则第三章第四节"破坏金融管理秩序罪"一节中，将上游犯罪明确为毒品犯罪、黑社会性质组织犯罪与走私犯罪三种类型，在罪名体系布局、法益侵害属性上与赃物犯罪产生彻底分化。随后在2001年《刑法修正案（三）》和2006年《刑法修正案（六）》进一步扩大洗钱罪上游犯罪范围，扩充至恐怖活动犯罪、贪污贿赂犯罪、破坏金融管理秩序犯罪与金融诈骗犯罪等7类犯罪类型，以配合国际反洗钱合作的需要。[2]由此可见，我国洗钱犯罪的设立主要源于履行《联合国禁止非法贩运麻醉药品和精神药物公约》（以下简称《联合国禁毒公约》，又称《维也纳公约》）的义务，对既有赃物犯罪条文改造形成，这一外源性应激立法与基于国内犯罪案发现状作出的内生性回应立法在罪名制定与修正机理上存在较大差异，也使得洗钱罪与传统赃物犯罪的认定关系产生紧张冲突。2021年3月1日正式施行的《刑法修正案（十一）》虽然没有进一步扩充洗钱罪上游犯罪的类型，但是将原条文中具有帮助属性的"协助"表述删除，意图将上游犯罪本犯的自洗钱行为纳入刑法规制范围，同样是基于国际反洗钱评估要求作出的配合性修正，一改以往我国洗钱罪作为下游犯罪事后帮助犯的属性，成为该次刑法修正案对于我国狭义洗钱犯罪认定与结构变革的最大亮点；同时，对洗钱罪条文进行实质性结构修改，意在改变我国以往司法实践重上游犯罪打击轻洗钱犯罪规制，重掩饰、隐瞒犯

---

〔1〕《关于禁毒的决定》第4条第1款同时规定了"为犯罪分子窝藏、转移、隐瞒毒品或者犯罪所得的财物的"窝赃行为，说明立法机关在规制毒品犯罪赃款赃物之初即区分"窝赃"与"洗钱"行为的差异。

〔2〕根据相关国际公约要求，洗钱罪的上游犯罪应当包括所有严重犯罪，通常为刑期最低6个月或者1年的犯罪。基于我国洗钱罪名体系，《刑法》第312条掩饰、隐瞒犯罪所得、犯罪所得收益罪规制范围涵盖所有上游犯罪类型，我国立法机关认为实质上符合国际公约要求，只是具体罪名不称为洗钱罪。参见安建：《关于〈中华人民共和国刑法修正案（六）（草案）〉的说明——2005年12月24日在第十届全国人民代表大会常务委员会第十九次会议上》，载《中华人民共和国全国人民代表大会常务委员会公报》2006年第6期。

罪所得罪适用轻洗钱罪认定的局面，加大适用洗钱罪的理念转变。[1]

2. 掩饰、隐瞒犯罪所得、犯罪所得收益罪

掩饰、隐瞒犯罪所得、犯罪所得收益罪脱胎于 1979 年《刑法》窝赃和销赃两种赃物犯罪类型，即第 172 条规定："明知是犯罪所得的赃物而予以窝藏或者代为销售的，处三年以下有期徒刑、拘役或者管制，可以并处或者单处罚金。"1992 年 12 月 11 日最高人民法院、最高人民检察院《关于办理盗窃案件具体应用法律若干问题的解释》第 8 条规定，"窝藏，既包括提供藏匿赃物的场所，也包括为罪犯转移赃物；代为销售，既包括把赃物卖给他人，也包括以低价买进、高价卖出的行为。买赃自用，情节严重的，也应按销赃罪定罪处罚"。可以看出，窝赃和销赃本质上给司法机关追缴赃物活动增加了困难，妨害了司法机关的正常活动。[2]1997 年《刑法》第 312 条将窝藏、转移、收购、销售赃物罪规定为"明知是犯罪所得的赃物而予以窝藏、转移、收购或者代为销售的"，相比较洗钱罪对上游犯罪范围的限制，本罪上游犯罪涵盖所有犯罪类型，适用情形更加宽泛；在行为方式认定上，将 1979 年《刑法》窝赃、销赃两种行为进一步分解为"窝藏""转移""收购"和"代为销售"四种行为，将具有积极作为的"转移"赃物的行为从单纯消极的隐藏、保管的窝藏行为中分离出来。通过"明知是……而予以……"的条文表述明确了赃物犯罪的事后帮助犯属性，上游犯罪本犯实施的自窝赃行为基于吸收犯原理，不单独评价赃物犯罪。2006 年《刑法修正案（六）》将本罪犯罪对象由"犯罪所得的赃物"修改为"犯罪所得及其产生的收益"，罪名变更为掩饰、隐瞒犯罪所得、犯罪所得收益罪，同时增加了兜底性罪状表述"以其他方法掩饰、隐瞒"，在原法定刑基础上增设第二档"情节严重"的加重法定

---

[1] 虽然近年来我国金融监管部门不断加大对反洗钱监管与查处力度，但对于洗钱涉罪刑事案件判决数据分析，以 2019 年为例，全国人民法院一审审结涉嫌洗钱案件 5734 件，生效判决 13 878 人。其中，以《刑法》第 191 条"洗钱罪"审结案件 77 件，生效判决 83 人；以第 312 条"掩饰、隐瞒犯罪所得、犯罪所得收益罪"审结案件 5623 件，生效判决 13 700 人；以第 349 条"窝藏、转移、隐瞒毒品、毒赃罪"审结案件 34 件，生效判决 95 人。参见《中国反洗钱报告 2019》，载 http://www.pbc.gov.cn/fanx-iqianju/resource/cms/2020/12/20201229184257537536.pdf，最后访问日期：2023 年 11 月 18 日。

[2] 马克昌主编：《百罪通论（下卷）》，北京大学出版社 2014 年版，第 993 页。

刑。2009 年《刑法修正案（七）》增设了单位犯罪的刑事责任。从本罪修正历程来看，虽然具有赃物犯罪的遗传基因，但在罪名与罪状表述上都不再显现"赃物"称谓，在行为构造上呈现出与洗钱罪"掩饰、隐瞒"手段趋同样态。

3. 窝藏、转移、隐瞒毒品、毒赃罪

1990 年《关于禁毒的决定》规定了窝藏毒品、毒赃罪和掩饰、隐瞒毒赃性质、来源罪，前者属于毒品赃物犯罪，后者属于毒品洗钱犯罪。1997 年《刑法》将窝藏毒品、毒赃罪罪名修改为第 349 条窝藏、转移、隐瞒毒品、毒赃罪，保持赃物犯罪属性，[1] 未将原条文"掩饰、隐瞒出售毒品获得财物的非法性质和来源"这一罪状规定在本条之中，主要是考虑将掩饰、隐瞒毒赃性质、来源罪的行为方式纳入到第 191 条洗钱罪中进行规制，由此在立法层面将毒品、毒赃的窝藏行为与掩饰、隐瞒犯罪所得性质来源行为在法律属性上予以明确界分。[2] 依照立法说明，《刑法》第 349 条窝藏、转移、隐瞒毒品、毒赃罪与第 312 条掩饰、隐瞒犯罪所得、犯罪所得收益罪属于赃物犯罪中的特别法与一般法，前者完全能为后者所包容，属于包容性法条竞合关系。就本罪选择性罪名结构而言，包括实施"窝藏""转移""隐瞒"中的一种或者多种手段行为，也包括针对"毒品"与"毒赃"的对象选择：对于犯罪对象"毒品"而言，不论实施何种选择性手段，只能使得赃物"毒品"产生物理属性上状态改变，无法改变其作为犯罪赃物的法律属性；对于犯罪对象"毒赃"而言，立法者设立本罪时有意将本罪行为方式与掩饰、隐瞒毒赃性质、来源的洗钱行为相区分，基于对窝藏、转移、隐瞒手段的传统理解，一般只涉及对毒赃的物理状态改变，不涉及毒赃"黑钱"身份属性的改变，与洗钱罪在性质上存在本质区别。

---

〔1〕《刑法》第 349 条规定了包庇毒品犯罪分子罪与窝藏、转移、隐瞒毒品、毒赃罪两个罪名，前者是针对走私、贩卖、运输、制造毒品的犯罪分子实施的包庇行为，后者是针对上述犯罪分子实施"走私、贩卖、运输、制造毒品"等特定毒品犯罪进行的"窝藏、转移、隐瞒毒品、毒赃"的行为。

〔2〕参见王爱立主编：《中华人民共和国刑法释义与适用（下册）》，中国民主法制出版社 2021 年版，第 1414~1415 页。

4. 其他相关罪名

从反洗钱的实践面向来看，洗钱与恐怖主义融资密切相关，有观点将《刑法》第 120 条之一的帮助恐怖活动罪纳入我国当前反洗钱罪名体系，认为我国洗钱犯罪体系包括 4 个罪名。[1] 虽然恐怖活动的实施高度依赖利用金融通道输送的资金支持，资助恐怖活动行为与反洗钱规制高度关联，共同成为刑法打击的对象，但从洗钱本体构造而言，洗钱是将犯罪所得通过"清洗"使其表面合法化，属于将"黑钱"变为"白钱"的过程，清洗后的犯罪所得一般用于合法用途。对于资助恐怖活动的行为构造正好相反，是将原本合法的资产通过掩饰其来源和用途最终资助恐怖主义犯罪活动，属于将"白钱"变为"黑钱"的过程，可以称为"逆洗钱"。可以看出，作为资助犯罪的逆洗钱和洗钱构造并不相同，刑法规制资助恐怖活动行为的立法目标在于遏制恐怖主义犯罪使其失去实施犯罪的经济基础，并非对于上游犯罪所得的追赃。因此，两者在行为构造与立法目标上存在较大差异，没有必要将我国帮助恐怖活动罪直接纳入打击洗钱罪名体系范畴。当然，洗钱与逆洗钱在相关犯罪中往往存在交织，如黑社会性质组织一方面将其犯罪所得通过各种渠道洗白，进行表面合法化，另一方面将洗白后的资金投入犯罪组织维持日常违法犯罪活动。

从触及洗钱活动的最广义角度来看，可以认为为掩饰、隐瞒犯罪资金流转痕迹所采取的一切手段都属于洗钱行为，如通过地下钱庄对特定上游犯罪赃款进行境内外货币汇兑，通过第三方支付、第四方支付等互联网结算通道将犯罪资金转移至境内外账户等，涉嫌非法经营罪；明知他人利用信息网络对犯罪资金进行支付结算，为其提供互联网接入、服务器托管、通信传输等技术支持，涉嫌帮助信息网络犯罪活动罪。虽然不同业务领域触及洗钱行为的罪名具有多样性，但从立法者制定罪名规制的直接目的以及相关罪名实现法益保护的社会功能考虑，我国《刑法》规制掩饰、隐瞒赃款赃物行为主要依靠第 191 条洗钱罪，第 312 条掩饰、隐瞒犯罪所得、犯罪所得收益罪和第

---

[1] 参见王新：《总体国家安全观下我国反洗钱的刑事法律规制》，载《法学家》2021 年第 3 期。

349 条窝藏、转移、隐瞒毒品、毒赃罪这 3 项罪名展开。

（二）我国洗钱罪名体系内部关系

我国《刑法》中洗钱罪名体系内部 3 项主要罪名在不同维度呈现不同面貌的规制特征：首先，从规制对象范围来看，第 312 条掩饰、隐瞒犯罪所得、犯罪所得收益罪规制一切赃物犯罪的掩饰、隐瞒行为，规制对象最为广泛，第 191 条洗钱罪和第 349 条窝藏、转移、隐瞒毒品、毒赃罪是针对特定上游犯罪类型实施的掩饰、隐瞒行为，规制对象具体且范围局限。其次，从法益侵害属性而言，第 312 条掩饰、隐瞒犯罪所得、犯罪所得收益罪和第 349 条窝藏、转移、隐瞒毒品、毒赃罪本质属于窝赃行为，侵害的是司法机关追究犯罪的正常活动，第 191 条洗钱罪主要利用金融工具、金融机构等金融通道对 7 类特定类型犯罪所得进行清洗，改变特定犯罪所得赃款"黑钱"属性，侵害的主要法益是国家的金融管理秩序与国家金融安全。再次，从打击洗钱犯罪的功能来看，第 191 条洗钱罪与第 349 条窝藏、转移、隐瞒毒品、毒赃罪是针对特定上游犯罪类型所制定的特殊条款，尤其是第 191 条洗钱罪承担起我国打击洗钱犯罪的核心功能，第 312 条掩饰、隐瞒犯罪所得、犯罪所得收益罪作为传统的赃物犯罪，属于一般条款，在司法适用中起到对于无法适用特殊洗钱罪名规制的补漏作用。最后，从罪名适用规则来看，2009 年 11 月 4 日最高人民法院颁布的《关于审理洗钱等刑事案件具体应用法律若干问题的解释》（以下简称 2009 年《洗钱罪司法解释》，已失效）第 3 条规定："明知是犯罪所得及其产生的收益而予以掩饰、隐瞒，构成刑法第三百一十二条规定的犯罪，同时又构成刑法第一百九十一条或者第三百四十九条规定的犯罪的，依照处罚较重的规定定罪处罚。"在司法机关看来，尽管存在不同维度的区分标准，对上游不同类型犯罪所得赃款、赃物的掩饰、隐瞒行为在现实中可能产生相同的法律效果，三罪名在行为手段或者法益侵害性上存在交叉竞合情形，主流观点将交叉竞合情形认定为法条竞合的特殊形态，应采取重法优于轻法的适用原则，[1]2009 年《洗钱罪司法解释》也是基于此种认定原

---

〔1〕　参见王作富主编：《刑法分则实务研究》，中国方正出版社 2007 年版，第 587 页。

理作出适用规定，同时根据三罪名的法定刑规定，在涉及对上游犯罪赃款进行清洗的行为只能适用法定刑最重的《刑法》第191条洗钱罪。[1]这一结果在客观上也满足在洗钱罪名法律体系内部应优先适用核心、特殊罪名以实现对特定法益保护的要求。

二、我国洗钱罪名体系适用困局

（一）洗钱罪名体系内部行为方式认定混乱

洗钱罪名体系内部存在罪名行为方式认定混乱的情形。从《刑法》条文规定看，第191条洗钱罪与第312条掩饰、隐瞒犯罪所得、犯罪所得收益罪以及第349条窝藏、转移、隐瞒毒品、毒赃罪在罪状表述上都具有"掩饰、隐瞒"的行为手段特征。具体而言，第191条明确列举的第1至4项主要通过金融机构或金融工具实现对上游犯罪所得进行"转移""转换"，从而改变赃款的来源与性质，符合洗钱罪侵害金融秩序法益的本质属性。基于洗钱方式的复杂性与多样性，在第5项规定"以其他方法掩饰、隐瞒犯罪所得及其收益的来源和性质"的兜底条款，严密对洗钱手段的认定，强调洗钱掩饰、隐瞒上游犯罪所得性质和来源的效果。第312条掩饰、隐瞒犯罪所得、犯罪所得收益罪在罪状上具体列举了"窝藏、转移、收购、代为销售"等掩饰、隐瞒手段以及"或者以其他方法掩饰、隐瞒"的兜底规定，只改变赃款、赃物物理状态并不改变"黑钱"的法律属性。第349条窝藏、转移、隐瞒毒品、毒赃罪将行为手段表述为"窝藏、转移、隐瞒"犯罪所得，"窝藏""转移"可以涵盖为"掩饰"的具体表现方式，从"窝藏、转移、隐瞒"发生的效果而言，通常只是改变毒赃物理存放状态，故该罪属于传统赃物犯罪范畴。

理论上而言，我国洗钱罪名体系内部对于狭义洗钱罪与窝赃罪区分标准

---

〔1〕 比较《刑法》洗钱罪名体系三罪名基础刑与加重刑的规定可知：第191条洗钱罪基础刑为5年以下有期徒刑或者拘役，并处或者单处罚金；情节严重的，处5年以上10年以下有期徒刑，并处罚金。第312条掩饰、隐瞒犯罪所得、犯罪所得收益罪基础刑为3年以下有期徒刑、拘役或者管制，并处或者单处罚金；情节严重的，处3年以上7年以下有期徒刑，并处罚金。第349条窝藏、转移、隐瞒毒品、毒赃罪基础刑为3年以下有期徒刑、拘役或者管制；情节严重的，处3年以上10年以下有期徒刑。三罪名中不论基础刑抑或加重刑，包括附加刑的配置都是洗钱罪处罚最重，罪名适用中出现重合情形时原则上只能以洗钱罪进行规制。

较为明确，主要体现在是否通过金融手段对上游犯罪赃款属性进行改变。但从各罪名"掩饰、隐瞒"表现的行为样态来看，行为方式存在非定型化特征，产生的法律效果既包括物理意义上的窝赃，也包括对"黑钱"身份属性的清洗，导致从行为方式上无法区分洗钱罪名体系内部各罪名之间的关系以及各罪名对于法益侵害属性的差异。尤其是司法解释对各罪名行为方式的认定加剧理解上的混乱，不具有罪名适用的指引功能，表现在2009年《洗钱罪司法解释》第2条对洗钱罪兜底条款进行解释时，列举了6种具体通过非金融手段将犯罪所得及其收益进行"转移、转换"的行为以及一个双重兜底条款，[1]将《刑法》第191条第5项洗钱兜底条款中的"掩饰、隐瞒"认定方式具体化为"转换、转移"行为。从词语表达含义来看，"转换"一般具有改变财产身份属性的功能，对于司法解释中规定的"转移"行为是否一律可以改变赃款的身份属性作为洗钱手段认定不无疑问。相对《刑法》中明确的金融工具手段洗钱，2009年《洗钱罪司法解释》对洗钱行为方式与内涵上进行了扩张，涵盖各类非金融手段洗钱方式。有观点指出：现今的《刑法》第191条已然打破了洗钱犯罪必须侵害金融管理秩序的壁垒，其设立之初旨在打击利用金融领域清洗特定上游犯罪所得的行为，与当下洗钱犯罪的情形已不相符。[2]与此相对，对于赃物犯罪的行为方式认定，2021年4月15日施行的最高人民法院《关于审理掩饰、隐瞒犯罪所得、犯罪所得收益刑事案件适用法律若干问题的解释》（以下简称《赃物罪司法解释》）第10条第2款规定："明知是犯罪所得及其产生的收益而采取窝藏、转移、收购、代为销售以外的方法，如居间介绍买卖，收受，持有，使用，加工，提供资金账户，协助将财物转

---

[1]　2009年《洗钱罪司法解释》第2条规定，具有下列情形之一的，可以认定为《刑法》第191条第1款第5项规定的"以其他方法掩饰、隐瞒犯罪所得及其收益的来源和性质"：①通过典当、租赁、买卖、投资等方式，协助转移、转换犯罪所得及其收益的；②通过与商场、饭店、娱乐场所等现金密集型场所的经营收入相混合的方式，协助转移、转换犯罪所得及其收益的；③通过虚构交易、虚设债权债务、虚假担保、虚假收入等方式，协助将犯罪所得及其收益转换为"合法"财物的；④通过买卖彩票、奖券等方式，协助转换犯罪所得及其收益的；⑤通过赌博方式，协助将犯罪所得及其收益转换为赌博收益的；⑥协助将犯罪所得及其收益携带、运输或者邮寄出入境的；⑦通过前述规定以外的方式协助转移、转换犯罪所得及其收益的。

[2]　周锦依：《洗钱罪立法进程中的矛盾解析》，载《国家检察官学院学报》2016年第2期。

换为现金、金融票据、有价证券，协助将资金转移、汇往境外等，应当认定为刑法第三百一十二条规定的'其他方法'。"该司法解释突破传统窝赃行为认定方式，将改变赃款"黑钱"属性的洗钱行为作为赃物犯罪认定，直接导致洗钱与传统赃物犯罪认定方式混同，扩大了赃物犯罪的适用范围。

因此，对于《刑法》洗钱罪名体系的行为方式认定，第191条洗钱罪包括金融手段的掩饰、隐瞒行为以及非金融手段的清洗活动，第312条掩饰隐瞒犯罪所得、犯罪所得收益罪手段既包括传统的物理性窝赃行为，也包括通过经济活动、金融工具的掩饰、隐瞒活动，在手段上已经没有差别，洗钱罪与窝赃犯罪在行为手段上完全混同，无法识别。对于《刑法》第349条窝藏、转移、隐瞒毒品、毒赃罪的法律属性与行为认定，基于对象与实施手段的差别，其并非如传统观点认为的单纯属于赃物犯罪范畴。其中，窝藏、转移、隐瞒毒品属于传统窝赃行为，掩饰、隐瞒毒赃的非法性质和来源在法律效果上已突破传统赃物犯罪属性，属于洗钱行为，即是否隐瞒毒赃的非法性质和来源，成为确认行为法律属性与罪名选择的关键因素。随着金融产品的繁衍与网络技术的发展，"转移""隐瞒"等在传统观念中仅能对赃款物理空间进行改变的犯罪手段在内涵与法律效果上不断发生突破，借助金融通道、电子支付工具实现财产的账户间、跨境转移，进而实现洗钱罪所要求的赃款身份转化、功能转换，转移、隐瞒毒赃行为随着时代的发展完全可能符合洗钱罪的行为样态、实现赃款清洗效果，与洗钱罪相融合。上述行为方式的混同与法律效果的交织，最终导致《刑法》第349条窝藏、转移、隐瞒毒品、毒赃罪兼具传统赃物犯罪与现代洗钱犯罪的血统，其与《刑法》第191条洗钱罪以及第312条掩饰、隐瞒犯罪所得、犯罪所得收益罪的关系更加复杂。

（二）洗钱罪名体系内部法益识别功能丧失

刑法规定具体罪名的规范保护目的体现在法律体系的编排位置，基于罪名在法律体系中的实然地位决定了立法者意图保护的法益内容，不同罪名的形式体例编排决定了法益保护实质内容的区别，由此赋予法益具有犯罪分类机能，法益属性不同决定了罪质的差异，根据法益的性质与地位可以划清不同犯罪类型的界限。[1]因此，刑法不同章节规定的罪名在法益保护内容上存在本质区别，出现国家法益、社会法益、个人法益等不同内容的法益分类标准，使得具体罪名在类型划分时具有形式上与实质上的判断依据。同时，法益具有对犯罪构成要件解释的指导机能，即对犯罪构成的解释结论，必须使符合这种犯罪构成要件的行为确实侵犯了刑法规定该罪所欲保护的法益，从而使刑法规定该犯罪、设立该条文的目的得以实现。[2]法益对构成要件的解释机能使得不同罪名基于保护目标的实质差异在构成要件内涵尤其是客观行为方式上具有显性差别。在不同法益保护类型犯罪中，法益保护内容的差别导致行为构成要件必然不同；在同种法益保护犯罪类型中，不同罪名构成要件的区别主要体现为行为手段上的差异，如盗窃、诈骗、抢劫、故意毁坏财物罪等，作为保护财产法益的体系性罪名，法益保护内容上具有同质性，但不同罪名保护目标上存在立法差异，在法益保护解释机能的前提下应区别不同行为对财产法益侵害所实施的行为手段差别。

对于洗钱罪侵害的法益属于国家金融管理秩序的单一法益，抑或还包括司法机关正常活动等社会管理秩序甚至公私财产所有权等复合法益，理论界存在不同学说观点，主流观点认为本罪侵犯复合法益，包括国家金融管理秩序和司法机关对特定上游犯罪赃款赃物追缴的正常活动。[3]也有观点认为洗钱罪侵害单一法益即国家金融管理秩序，立法者设立洗钱罪是从维护金融管理秩序、保障金融安全角度，针对一些通常可能有巨大犯罪所得的严重犯罪而对为其洗钱的行为所作的特别规定，尽管社会生活中的洗钱有多种途径，但我国刑法规制的洗钱行为仅限定于金融领域，其他领域洗钱活动并不在我国刑法适用范围之内，洗钱罪保护法益不包括司法机关的正常活动，由此以区别于传统赃物犯罪保护法益。[4]上述观点将刑法规制的洗钱活动仅限于金

---

〔1〕 参见韩轶：《法益保护与罪刑均衡——法益保护之优先性与罪刑关系的合理性》，中央民族大学出版社 2015 年版，第 8 页。

〔2〕 参见张明楷：《法益初论（上册）》，商务印书馆 2021 年，第 262 页。

〔3〕 参见王作富主编：《刑法分则实务研究（上）》，中国方正出版社 2013 年版，第 488 页。

〔4〕 参见刘宪权：《金融犯罪刑法学原理》，上海人民出版社 2020 年版，第 437~439 页。

融领域洗钱失之偏颇，与司法实践规制的洗钱范围并不一致。同时基于洗钱罪脱胎于赃物犯罪，是由赃物犯罪中分离出来的一种新型金融犯罪，虽然立法者将本罪独立规定在破坏金融管理秩序罪中，与单纯延续赃物犯罪属性的掩饰、隐瞒犯罪所得、犯罪所得收益罪等相剥离，但其法益侵害性仍具有传统赃物犯罪所承载的妨害司法秩序法益的基因，使得新型洗钱与传统赃物犯罪两者互补、彼此分工，共同形成我国刑法打击洗钱活动的罪名体系群。同时上述学者对洗钱侵害法益在最新论述中有所修正，认为"洗钱罪除侵犯了司法机关正常的管理活动之外，还侵犯了金融管理秩序"，即洗钱罪侵害了金融管理秩序和司法机关正常管理活动的复合法益，正是洗钱罪相较于传统赃物犯罪溢出的对金融管理秩序法益的侵害，使得"洗钱罪与传统赃物犯罪的社会危害性不可同日而语"。[1]

纵观洗钱罪名体系中各犯罪法益侵害的特性，立法者将洗钱罪规定在《刑法》分则第三章第四节破坏金融管理秩序罪中，根据本罪所处的体系位置可以认定立法者保护的主要法益是金融监管秩序。同时，基于洗钱罪脱胎于赃物犯罪，其手段具有清洗赃款的掩饰、隐瞒犯罪所得的效果，侵害了国家司法机关对赃款追查的正常活动，属于特殊的赃物犯罪。由此，洗钱罪具有侵犯金融管理秩序与司法活动秩序的复合法益犯罪属性，金融监管秩序属于主要法益。[2]第 349 条窝藏、转移、隐瞒毒品、毒赃罪作为毒品犯罪衍生的特殊赃物犯罪类型，侵害的同样是复合法益，包括国家毒品管制秩序和司法机关正常活动，位于《刑法》分则第六章第七节走私、贩卖、运输、制造毒品罪中说明该罪侵害的主要法益是国家毒品管制秩序。[3]第 312 条掩饰、隐瞒犯罪所得、犯罪所得收益罪作为传统规制赃物犯罪的核心罪名，规定在《刑法》分则第六章第二节妨害司法罪中，保护的法益单一，主要是司法机关追查犯

〔1〕 参见刘宪权、陆一敏：《自洗钱入罪司法适用的疑难解析》，载《检察日报》2021 年 5 月 12 日，第 3 版。

〔2〕 参见赵秉志主编：《〈刑法修正案（十一）〉理解与适用》，中国人民大学出版社 2021 年版，第 156 页。

〔3〕 参见古加锦：《洗钱犯罪与赃物犯罪之间的界限及法条关系辨析》，载《江西警察学院学报》2015 年第 4 期。

罪、追缴犯罪所得及其收益的正常活动。[1]从洗钱罪与赃物犯罪的实质区分而言，手段是否具有对赃款的洗白作用即是否通过金融工具、金融机构等手段改变赃款赃物的"身份性质"成为关注的核心，体现在法益侵害性上的区别即是否对金融管理秩序的侵害。

《刑法》第191条洗钱罪规定在破坏金融管理秩序罪中的最后一条，其法益侵害本质应当认定为对国家宏观经济安全层面一国中央银行对货币流通安全管控的超个人法益。[2]传统观点认为，洗钱罪侵害金融管理秩序主要体现为通过金融工具或者金融机构实现对特定上游犯罪所得进行赃款身份转换。通常而言，特定上游犯罪本犯与下游洗钱者之间可以理解为特定主体间的金融交易活动，但此种"黑钱"清洗交易活动并非正常经济流通领域中生产、分配、交换环节所允许的商品交易行为。加之《刑法修正案（十一）》将自洗钱行为单独入刑，即上游犯罪本犯可以自主实施洗钱行为，使得传统下游帮助犯属性的洗钱行为与上游犯罪本犯两者之间的违法金融交易活动消解，自洗钱活动将上游犯罪法益侵害独立性与货币流通环节赃款违法身份转换的法益侵害复合性相结合。

基于《刑法》第191条洗钱罪规定的上游犯罪限定为7种犯罪类型，对于经济运行中高发的其他犯罪类型如电信诈骗、网络赌博、传销骗局等犯罪所得通过金融工具、金融机构实施掩饰、隐瞒犯罪来源和性质的行为，如提供银行账户、支付结算服务进行赃款清洗行为，虽然侵害了金融监管秩序，实现了将赃款"漂白"的功能，但根据《刑法》规定无法作为第191条洗钱罪进行认定，只能以第312条赃物犯罪属性的掩饰、隐瞒犯罪所得、犯罪所得收益罪进行处罚，作为打击洗钱犯罪的广义罪名认定。司法解释对于《刑法》第312条的"其他方法"以列举方式进行扩充，将利用金融工具实施的赃款"漂白"行为作为窝赃行为认定，客观上起到对洗钱犯罪体系中其他罪名补充打击的作用，实现广义洗钱罪名的补漏功能。但此种划分方式弊端极

---

[1]　参见马克昌主编：《百罪通论（下册）》，北京大学出版社2014年版，第993页。
[2]　参见时方：《我国经济犯罪超个人法益属性辨析、类型划分及评述》，载《当代法学》2018年第2期。

为明显，即放弃了原本应由洗钱罪承担打击犯罪的职责，交由赃物犯罪进行规制，混淆了洗钱与窝赃在行为方式与法益侵害属性上的差异：对于涉及金融工具实施的掩饰、隐瞒行为如通过金融票据、有价证券、支付结算等实施资金转移，超出了窝赃犯罪对司法机关正常活动秩序的法益侵害属性，更主要体现侵害金融监管秩序，以赃物犯罪认定并没有对金融监管法益这一本质特征进行全面评价，这也使得将上述罪行作为赃物犯罪认定在刑罚处罚上相较洗钱罪更为轻微，没有实现罪刑相均衡原则。

（三）洗钱罪与赃物犯罪区分逻辑错误

依据上游犯罪的种类而非行为方式区分，存在认定洗钱罪与赃物犯罪的逻辑错误。基于洗钱罪与赃物犯罪行为方式的混同与法益侵害识别功能的缺失，对于洗钱罪与赃物犯罪的区分，刑法与司法解释的立场是通过上游犯罪规制范围差别进行内部各罪名适用的划分，如《刑法》第 191 条洗钱罪规制 7 类特定上游犯罪所得实施的掩饰、隐瞒赃款属性的行为；《刑法》第 312 条掩饰、隐瞒犯罪所得、犯罪所得收益罪规制所有上游犯罪实施的窝赃行为以及 7 类特定上游犯罪以外罪名实施的犯罪所得清洗行为；《刑法》第 349 条窝藏、转移、隐瞒毒品、毒赃罪规制毒品犯罪所得实施的窝赃与清洗行为。最高司法机关在解释相关罪名适用时指出：三罪名行为方式的差异逐渐淡化甚至趋于一致，主要区别在于犯罪对象范围不同，针对不同类型犯罪的洗钱行为，三个罪名在具体行为方式与行为性质上的差异并不存在实质区分。[1] 由此产生的疑问是，只通过上游犯罪的类型而非具体行为方式，如何确定下游掩饰、隐瞒行为是否侵犯了金融秩序抑或是司法秩序？

区分洗钱罪与其他赃物犯罪，应以手段行为是否达到"清洗黑钱"效果以及侵害何种法益为考察重点，而非通过上游犯罪的类型决定。虽然《刑法》第 312 条规制的传统赃物犯罪承载了洗钱罪名体系的新职能，充当广义洗钱罪的兜底条款，但与核心洗钱罪的关系上，两者不应当仅是上游犯罪的范围

---

〔1〕 参见刘为波：《〈关于审理洗钱等刑事案件具体应用法律若干问题的解释〉的理解与适用》，载《人民司法》2009 年第 23 期。

差异，在洗钱行为方式与法益侵害属性上仍存在本质差异，不应混淆洗钱与窝赃行为的手段差异。有观点指出，传统赃物犯罪是对上游犯罪事后消极处分行为，赃物处于"物理反应"状态，洗钱是使赃款赃物发生"化学反应"，改变赃款赃物的"黑钱"身份属性，强调将"黑钱清洗、漂白"变"干净"的动态过程。[1]相反，上游犯罪发生的领域、属性并不能决定下游洗钱或者销赃犯罪侵害的法益属性，无法决定下游掩饰、隐瞒行为产生的法益侵害是侵犯金融秩序抑或只是妨害司法机关正常活动，只有对下游具体行为方式进行认定，判断是洗钱或销赃行为才能决定自身犯罪的行为属性。片面关注上游犯罪范围作为罪名认定的标准，也是传统立法、司法"重打击上游犯罪，轻洗钱（赃物）犯罪"造成的逻辑结果。根据上游犯罪的严重属性、是否属于特定7类犯罪决定是构成洗钱罪抑或赃物犯罪，但是很多上游犯罪如毒品犯罪、恐怖主义犯罪、黑社会性质组织犯罪、贪污贿赂犯罪本身并不涉及金融活动，无法侵害金融法益，如何决定下游不同行为样态的掩饰、隐瞒行为是否属于侵犯金融秩序法益的洗钱犯罪？对于7类犯罪以外的犯罪类型实施的通过金融工具等掩饰、隐瞒犯罪所得性质、来源的行为本质属性是将"黑钱"转变为"白钱"的洗钱行为，将其作为赃物犯罪而非洗钱罪认定，与赃物犯罪法益侵害本质相违背，导致洗钱罪名体系内部逻辑混乱。

三、我国洗钱罪法益的重新认定

我国刑法洗钱罪名体系内部适用混乱的困局与洗钱罪法益认定模糊存在根本联系，即如何理解刑法规制洗钱活动保护的法益目标，洗钱行为如何对金融监管法益产生侵害？传统观点认为是洗钱手段侵害了金融管理秩序，即通过金融工具或者金融机构实现对上游犯罪"黑钱"的清洗效果，集中体现在《刑法》第191条洗钱罪第1至4项规定的掩饰、隐瞒行为，以区别赃物犯罪只改变物理存放位置的窝赃效果。但是，随着洗钱方式日益多元化，非通过金融工具实施的各类交易活动以及跨境转移资产行为都具有将赃款、赃物转换为合法财产的清洗效果，集中体现在2009年《洗钱罪司法解释》对于

---

[1] 王新：《总体国家安全观下我国反洗钱的刑事法律规制》，载《法学家》2021年第3期。

《刑法》第 191 条第 5 项兜底条款的适用规定，立法者设立本罪之初所保护的金融秩序法益逐渐脱离洗钱行为方式的认定。有观点认为，洗钱犯罪的本质在于行为人意图切断犯罪所得与犯罪间的联系以逃避惩处，国际反洗钱运动的目的在于追缴犯罪所得以断犯罪动机，我国刑法相关罪名的设立与修正并非本国适用之需要，而是为了配合国际打击之需要。[1]因此，洗钱罪是为掩饰、隐瞒原生犯罪违法所得及其产生收益的来源和性质，使非法资金披上合法外衣，本质上是为掩饰、隐瞒先前犯罪行为，属于赃物犯罪范畴，侵害法益只包括司法机关追究犯罪行为的正常活动。[2]此种观点将洗钱罪法益认定为司法机关追究犯罪的正常活动，回归到传统赃物犯罪法益属性，没有探究洗钱罪脱离赃物犯罪独立设立在法益侵害性方面存在的本质差别。从洗钱渠道的扩张性而言，非通过金融手段实施的洗钱活动并没有对国家金融管理秩序产生侵害，只是侵犯了司法机关对赃款追查的正常活动，但此类行为客观上实现改变上游犯罪"黑钱"属性的洗钱效果，应当与窝赃行为进行区分，如何认定洗钱罪对于金融监管秩序法益造成侵害，已无法通过手段方式得以完全识别，需要重新寻求认定标准。

（一）洗钱罪保护法益的域外检视

1. 国际公约对洗钱罪规制目标的转变

回溯国际反洗钱历程，金融秩序法益在国际公约以及域外法律规定中处于动态变化过程。20 世纪 70 年代至 20 世纪 90 年代，全球范围内的洗钱活动主要是通过金融机构进行，而且手段比较单一，国际社会和世界主要国家一直将反洗钱的重心放在金融机构上。[3]如 1988 年联合国在维也纳通过的《联合国禁毒公约》，作为联合国颁布的第一个涉及毒品犯罪反洗钱的国际公约，旨在通过剥夺犯罪利益打击有组织贩毒行为，从而保护合法的经济与金融循环方式，实现对金融监管秩序的维护。基于金融机构经常被利用洗钱的情况，

---

〔1〕 参见周锦依：《洗钱罪立法进程中的矛盾解析》，载《国家检察官学院学报》2016 年第 2 期。
〔2〕 参见刘飞：《反洗钱金融立法与洗钱犯罪》，社会科学文献出版社 2005 年版，第 86~87 页。
〔3〕 王新：《〈刑法修正案（十一）〉对洗钱罪的立法发展和辐射影响》，载《中国刑事法杂志》2021 年第 2 期。

为确保欧洲金融体系安全与稳定，欧洲共同体委员会于 1990 年 4 月向欧洲议会提交了一项立法建议，最终欧洲议会暨欧盟理事会于 1991 年 6 月 10 日制定了《关于防止利用金融系统洗钱指令》，维护金融监管秩序与金融安全稳定是其最为显性的特征。随后，基于相关国际组织强调洗钱犯罪已经从原有的利用金融系统转到非金融系统的职业以及单位，指出非金融机构承担可疑交易报告义务的必要性以及扩充上游犯罪的类型，由此 2001 年欧洲议会暨欧盟理事会修正《关于防止利用金融系统洗钱指令》，一方面最大程度扩大上游犯罪范围，另一方面要求除了银行、非银行金融机构承担反洗钱义务外，应将反洗钱义务扩及其他部门。[1] 此后，在 2000 年 11 月 15 日第 55 届联合国大会审议通过的《联合国打击跨国有组织犯罪公约》（又称《巴勒莫公约》）、2003年 10 月 31 日第 58 届联合国大会审议通过的《联合国反腐败公约》等多个涉及反洗钱国际公约，将洗钱行为方式归纳为 7 种主要形式：转换、转让、隐瞒、掩饰、获取、占有、使用等。[2] 其中，前 4 种为强制性要求，后 3 种为选择性要求，缔约国可以选择将"获取、占有、使用"作为本国洗钱方式入罪。例如，《联合国反腐败公约》规定 3 类行为可以构成洗钱犯罪：①转换或者转移犯罪所得；②处置、转移犯罪所得的所有权或者相关权利；③获取、占有或者使用犯罪所得。这表明对于诸如腐败犯罪洗钱行为的认定并不要求"掩饰或者隐瞒该财产的非法来源"的目的，对于犯罪所得财产的获取、占有、使用等行为都构成洗钱行为，在行为样态上不要求通过金融支付工具等手段实施洗钱，也不要求对赃款"洗白"改变其属性，其核心法益由金融监管拓展到经济秩序安全稳定，同时对于司法秩序的正常活动予以保护。金融秩序法益在诸多国际公约中并非洗钱罪保护的显性内容，国际公约实质上将一切窝赃、销赃行为都规定为洗钱犯罪，从最广泛意义上进行洗钱认定，表明国际司法对洗钱犯罪最严厉的打击态度。

---

〔1〕 参见马跃中：《经济刑法——全球化的犯罪抗制》，元照出版有限公司 2021 年版，第 145 页以下。

〔2〕 参见王新：《国际视野中的我国反洗钱罪名体系研究》，载《中外法学》2009 年第 3 期。

2. 国际组织 FATF 对洗钱罪规制目标的认定

作为当前世界上最具影响力且最重要的国际反洗钱组织，1989 年成立的政府间反洗钱组织 FATF（反洗钱金融行动特别工作组，Financial Action Task Force on Money Laundering）在《FATF40 条建议》中将洗钱定义为：凡是隐匿或掩饰犯罪所得的财物性质、来源、地点或流向以及转移，或协助任何与上述非法活动有关的人规避法律责任的，都是洗钱。[1]可以看出，FATF 对洗钱行为的定性十分广泛，行为方式包括改变犯罪所得赃款属性的狭义洗钱，也包括隐匿赃款地点、流向的窝赃行为，以及对上游犯罪人的包庇行为，对应我国刑法广义洗钱行为以及对犯罪人的包庇行为。FATF 规制洗钱重犯罪性质轻犯罪行为，不要求行为方式侵害金融法益，主要基于妨害司法调查、追赃角度，且洗钱行为方式多样，既包括掩饰、隐瞒犯罪所得及其收益性质、来源的核心洗钱行为，也包括单纯隐瞒犯罪所得的转移窝藏行为。

3. 域外刑法规定

德国洗钱罪规定在《德国刑法典》第二十一章"包庇与窝赃犯罪"之中，其中第 259 条规定窝赃罪，第 260 条规定职业性窝赃与结伙窝赃罪，第 261 条规定洗钱罪。[2]《德国刑法典》将赃物犯罪与洗钱罪规定在同一章节中，洗钱罪属于特殊的赃物犯罪类型，其保护法益主要是上游犯罪侵害的利益和国内司法秩序，并未要求对金融秩序法益产生侵害。[3]如《德国刑法典》第 261 条第 1 项规定："就来源于下列犯罪之标的物加以隐藏、掩饰其来源、阻扰或危及标的物来源之侦查、发现、追征、没收或保全，处五年以下自由刑或并科罚金：①重罪；[4]②《德国麻醉物品法》第 29 条第 1 项第 1 款之轻罪；③犯罪结社（《德国刑法典》第 129 条）成员所犯之轻罪。"可以看出，《德国刑法典》规定的洗钱上游犯罪类型较为广泛，既包括有期徒刑 1 年以上

---

[1] 参见"FATF Recommendations 2012"，载 https://www.fatf-gafi.org/media/fatf/documents/recommendations/pdfs/FATF%20Recommendations%202012.pdf，最后访问日期：2023 年 11 月 18 日。

[2] 参见《德国刑法典》，徐久生译，北京大学出版社 2019 年版，第 181 页。

[3] 参见王新：《德国反洗钱刑事立法述评与启示》，载《河南财经政法大学学报》2012 年第 1 期。

[4] 根据《德国刑法典》第 12 条第 1 项规定，重罪是指最低刑为 1 年自由刑的违法行为。

的重罪，也包括特定罪名的轻罪。当然，也有德国刑法学者认为洗钱罪侵犯法益具有经济犯罪的特殊性，如哈塞默尔将德国刑法第 261 条洗钱罪保护的法益解释为合法的财政体制、经济体制的稳定性与纯洁性。[1]

《俄罗斯联邦刑法典》将洗钱罪规定在第二十二章"经济活动领域的犯罪"中，第 174 条洗钱罪包括他洗钱与自洗钱，行为手段包括将他人或者自己实施犯罪所得资金和其他财产通过金融业务或者其他法律行为予以合法化。[2]其中金融业务包括与货币流通或者资金管理有关的任何货币行为，如转账汇款、支付结算、购买有价证券等行为，其他法律行为包括设立、变更、终止民事权利义务以及虚假设立、转移民事权利义务的行为，如通过买卖、典当、投资等商业手段实现非法资金或者其他财产的合法化。从俄罗斯洗钱罪立法内容可以看出，其规制内容既包括金融手段的洗钱行为，也包括非金融手段对赃款的清洗行为，与我国《刑法》第 191 条洗钱罪行为方式的规定较为相似；从罪名所处章节来看，是对于经济运行活动中的整体法益进行保护，即通过防止对上游犯罪资金或者财产进行非法交易致使犯罪"黑钱"以合法身份流转社会生活或者流出国内经济运转系统，以保护国家正常的经济制度，对我国洗钱罪法益认定具有一定借鉴参考价值。[3]同时，《俄罗斯联邦刑法典》第 175 条规定了销赃犯罪，即购买或者销售明知是犯罪赃物的财产。在立法体例上与《德国刑法典》一样，将洗钱罪与赃物犯罪规定在同一章节中，不同的是，《俄罗斯联邦刑法典》将洗钱罪与赃物犯罪共同作为经济活动领域的犯罪行为，在法益侵害性上并非定位为对司法秩序抑或财产法益的侵害，也并非聚焦于对金融监管秩序法益的侵害，而是从社会广义经济交往运行中资金、财产流转的合法性着眼，其法益保护具有一定抽象性与难以识别性，无法区分洗钱与赃物犯罪的法益侵害差别。

---

〔1〕［德］哈塞默尔：《面对各种新型犯罪的刑法》，冯军译，载中国人民大学刑事法律科学研究中心组织编写：《刑事法学的当代展开（上）》，中国检察出版社 2008 年版，第 60 页。

〔2〕《俄罗斯联邦刑法典》，黄道秀译，中国民主法制出版社 2020 年版，第 110~111 页。

〔3〕参见许桂敏：《论俄罗斯洗钱罪立法：变迁与构成》，载《俄罗斯中亚东欧研究》2009 年第 5 期。

综上，通过比较国际公约、国际组织 FATF 以及德国刑法对于洗钱罪的规定，域外刑法主要立场是将洗钱罪作为赃物犯罪认定，在行为方式上包括不具有掩饰、隐瞒犯罪所得合法性来源的窝赃行为，保护的主要法益在于司法追赃活动秩序，不要求侵害特定经济与金融活动。《俄罗斯联邦刑法典》将洗钱罪明确为侵犯经济活动的犯罪类型，但并未将保护的核心法益限定为金融监管秩序，且将洗钱罪与赃物罪同时规定在经济活动犯罪的章节中，没有揭示两罪名法益侵害性之间的区别，与我国洗钱罪立法设置及法益认定存在较大差别。

（二）我国洗钱罪保护法益的具体认定

1. 金融管理秩序法益定位

随着我国市场经济开放程度的不断提升，参与经济交往活动的主体不断呈现多元化，金融活动已从国家垄断经营走入寻常百姓家，实现普惠金融、全民金融。以维护经济活动参与主体利益为导向的利益法益观、信用法益观逐渐兴起并受到追捧，[1]主张经济刑法应当摆脱政府纵向管控市场的思维桎梏，遵从市场生产、交易、分配等各流通环节的自发规律，其任务在于防范市场参与主体滥用支配地位的前提下构建横向平等交往的经济环境，经济刑法的机能应当"从管制主义迈向自治主义"。[2]由此，倡导经济自由、保障经济参与主体个体权益优位、打破国家金融管控秩序的呼声不断高涨，只有经济自由才能作为经济刑法的保护法益，经济秩序不具有成为刑法法益的当然性。[3]基于上述观点，国家对经济活动的干预与监管是僵化腐朽的政府管理思维体现，阻碍了经济开放的发展潮流，成为与市场主体自由开展经济活动

---

〔1〕 参见魏昌东：《中国金融刑法法益之理论辨正与定位革新》，载《法学评论》2017 年第 6 期；钱小平：《中国金融刑法立法的应然转向：从"秩序法益观"到"利益法益观"》，载《政治与法律》2017 年第 5 期。

〔2〕 参见张小宁：《经济刑法机能的重塑：从管制主义迈向自治主义》，载《法学评论》2019 年第 1 期。

〔3〕 参见何荣功：《经济自由与刑法理性：经济刑法的范围界定》，载《法律科学（西北政法大学学报）》2014 年第 3 期；何荣功：《经济自由与经济刑法正当性的体系思考》，载《法学评论》2014 年第 6 期。

天然对立的敌人。上述观点对于促进经济刑法维护交易自由、防止不规范的经济交往活动沦为经济犯罪打击对象具有限缩犯罪认定边界的积极价值，一定程度体现刑法保障人权的机能。但以此否定国家对于经济秩序的管控职能、抹灭经济刑法在维护经济秩序中的功能难免偏颇。经济自由确有活跃市场交易的积极面，但不受监管的经济交往活动的危害性同样无法忽视：看似自由的交易环境实则无法保障参与主体的交易安全，相反会将风险累积，从微观层面侵害特定交易主体的法益蔓延至中观层面破坏有序的市场交易规则，进而对宏观整体经济运行稳定以及国家的经济安全产生威胁与侵害，而这一系列的危害后果最终将导致经济活动中每一参与主体成为抽象层面集体法益项下个体法益受到间接损害的承担者。

政府纵向构建金融管控体系的目的并非抑制经济交往活动，而是在构建有序稳定的经济交易环境前提下实现经济交往活动的安全，尤其是随着总体国家安全观的体系构建，国家经济安全成为传统政治安全、军事安全、领土安全等国家安全体系之外新兴的法益保护目标。与此相应，刑法尤其是经济刑法对于市场经济违规活动的规制与参与者合法权益的保障不应局限于狭隘的特定个体经济自由的实现抑或某一经济交往领域的秩序维护，即经济刑法对于国家经济安全的维护应当体现其应有的时代使命与制度保障功能。虽然金融管控的秩序法益观具有一定抽象性与行政主导性，也难免与参与主体的行动自由形成一定的紧张冲突，但对于面临国际金融风险冲击、维护境内外货币收支平衡、确保境内货币流通安全等一系列国家安全法益保障而言具有不可或缺的功能。对于洗钱活动而言，犯罪资金的属性转化及其在经济运行中的监控属于典型政府纵向管理范畴，不涉及也无法还原为经济交往活动中的生产、分配、交换等流通环节参与主体自由交易权利，属于利益法益观无法触及之领域，作为国家经济安全保障视域下的金融管理对象有其独立设定的正当性与必要性。

2. **法益侵害性认定路径：手段金融工具化转向金融监管失控结果**

我国《刑法》虽然在立法体例中将洗钱罪与赃物犯罪分别规定在不同章节中，将洗钱罪规定在第三章第四节破坏金融管理秩序罪之中，体现法益侵害属性的差别，但从洗钱罪产生的来源以及罪名间的内在逻辑来看，洗钱罪原本包容在赃物犯罪中并从赃物犯罪中分解出来，天然包括对司法机关正常活动秩序产生侵害。对于特定上游犯罪以外的犯罪类型通过金融手段掩饰、隐瞒犯罪所得的来源、属性，同时侵犯了金融秩序法益与司法活动对赃物追缴的正常秩序，在应然层面应当作为洗钱行为认定。只是在实然层面，我国刑法对洗钱罪与赃物犯罪的上游犯罪范围作出界分，选取部分犯罪类型作为洗钱罪的上游犯罪，以此过滤出在立法者看来对社会经济整体运行不产生严重侵害的犯罪类型，对犯罪所得的掩饰、隐瞒行为只以赃物犯罪认定，通过《刑法》第 312 条这一广义上的洗钱罪名进行规制。在我国司法实践层面，通过金融工具实施的洗钱行为并非洗钱活动的唯一行为方式，非金融手段实施的掩饰、隐瞒行为得到刑法与司法解释的确认，只是行为方式对于金融秩序法益侵害认定日益模糊，不具有绝对性，相反对于特定犯罪赃物追缴的司法秩序侵害性更为明显，如何明确此种洗钱类型对金融秩序法益的侵害性存在较大争议。

传统洗钱罪对金融秩序法益侵害的认定依据在于洗钱手段的金融工具化，即将洗钱罪界定为破坏金融监管秩序的实质是基于洗钱方式。2009 年《洗钱罪司法解释》改变了传统洗钱方式必须通过银行、证券、支付结算等途径转变资金属性，通过各类非金融工具实施的掩饰、隐瞒赃款行为以及跨境物理转移犯罪所得都作为洗钱手段认定，无需通过金融工具同样可以实现洗钱效果，单从行为手段来看没有侵害到金融管理秩序。因此，有观点指出：对于单纯转移资金或财产的转移类洗钱行为，包括将上游犯罪所得资金转移到他人账户或国外账户，或将犯罪所得及其收益携带、运输、邮寄出入境等，此类行为仅仅将上游犯罪所得在有限的账户之间流动，没有使其流入金融市场，转移犯罪所得仅是对上游犯罪的追查造成阻碍，妨碍了司法机关的正常活动，侵犯了社会管理秩序，财产转移类洗钱没有侵犯金融管理秩序。[1]此种观点

---

〔1〕 参见赵桐：《自洗钱与上游犯罪的处断原则及教义学检视》，载《西南政法大学学报》2021年第 5 期。

一方面形式化区分洗钱手段中的"转移"与"转换"方法差别，在法益侵害实质判断上没有分析"转移"行为是否实现"转换"的清洗效果，进而对不同手段清洗行为是否侵害金融秩序法益后果产生误判，对于洗钱手法的"转移"与"转换"区分流于形式。另一方面，认为转移型洗钱只是妨害了司法机关的正常活动，转移类自洗钱本质上属于窝赃行为，不具有单独评价的可罚性，同样混淆了洗钱罪与掩饰、隐瞒犯罪所得、犯罪所得收益罪两者之间的法益属性差异以及在我国刑法立法体例中的实然区分。

对于洗钱罪保护的金融秩序法益认定应从行为本位的手段金融工具化转向结果本位的金融监控脱管化，即从掩饰、隐瞒行为的金融监管后果而言，特定犯罪所得的赃款流入经济流通领域，致使"黑钱"转变"白钱"的合法身份不受监管，大量赃款纳入合法的经济活动之中，实现洗钱结果的金融危害化。"经济刑法保护的法益主要不是经济者个体的个人利益，而是国家的整体经济秩序，以及经济的有序过程。"[1]赃款身份属性的转换结果脱离有效金融监管，使得金融监管对资金正常流转得以削弱甚至成为不可能，对金融监管秩序造成侵害的判断路径不单纯是要求洗钱手段通过金融途径，"黑钱"转化"白钱"的金融脱管结果，使得本不应该进入市场经济领域的"黑钱"任意流通，同样是对金融监管法益的侵害。由此洗钱手段扩展至各类经济交往活动，如典当、租赁、投资、赌博等行为，都可以纳入洗钱范围，侵害了金融监管对犯罪赃款属性的资金监控。同样，物理空间转移赃款的窝赃行为原本不会改变赃款的犯罪属性，但涉及跨境时，由于脱离了跨越国边境双方金融监管体系，事实上实现了洗钱效果，削弱金融监管的控制力与发现力。如将犯罪所得携带、运输或邮寄出境或跨境转移，违法犯罪所得钱款不再是单纯物理位移，其"黑钱"身份属性在跨越国边境时实现了身份转化，得以清洗成为正常流通的资金，而大规模"黑钱"跨境流动一方面扩充地下金融规模，极大增加一国金融风险，国家金融监管部门在遭遇地下金融操控时将无

---

〔1〕〔德〕克劳斯·梯德曼：《德国经济刑法导论》，周遵友译，载赵秉志主编：《刑法论丛（总第34卷）》，法律出版社2013年版，第7页。

法有力抗衡，对一国金融安全产生严重侵害进而引发金融危机；另一方面脱离金融监管的非法地下金融涌动，极易引发其他各类犯罪，如"黑钱"转换合法资金后开展恐怖主义融资、间谍活动等其他犯罪，都成为跨境洗钱的主要目的，金融监管失控引发的更为严重后果是对一国社会稳定甚至政治安全造成危害。因此，洗钱活动引发的地下金融不断膨胀，对刑法上金融安全法益是否产生威胁与侵害的认定，应当从资金脱离金融监管的结果角度，既包括特定犯罪所得已经脱离金融监管的现实结果，也包括犯罪所得通过各类金融工具、交易通道产生脱离金融监管的抽象危险，并非单纯依赖传统行为手段与资金流转方式判断金融监管是否遭受侵害。

此外，区别于赃物犯罪上游犯罪范围的宽泛性与不设限，洗钱罪上游犯罪范围应当有所限缩，典型如盗窃、抢劫等传统普通财产犯罪作为赃物犯罪规制主要对象，犯罪产生的违法收益规模较小，无法直接对经济运行的平稳产生侵害。与此相对，洗钱犯罪上游犯罪在我国要求属于特定类型，资金量较大，清洗效果对金融秩序造成重大冲击，如贪污贿赂犯罪、金融犯罪数额往往巨大，清洗效果对国家经济运行、清洗流转对经济活动产生直接侵害，并且，此类易获取高额违法所得的犯罪类型具有更高概率实施赃款的合法化的清洗行为，应予以类型化关注。

因此，洗钱罪与赃物犯罪的区别不在于手段方式的金融工具化，而在于清洗结果对于金融监管效果的影响，特定上游犯罪产生的"黑钱"转换合法身份的结果侵犯了金融监管机构对资金流向的监控，造成针对特定犯罪所得资金转化为合法资金的金融监管失控，由此对金融监管秩序以及国家金融安全产生侵害。相反，普通赃物犯罪的掩饰、隐瞒手段通常而言不具有赃款"漂白"效果，即使司法解释通过对赃物犯罪掩饰、隐瞒手段的扩充，使得相关犯罪赃款的身份属性得以转换，即同样存在"黑钱"变"白钱"的赃款清洗效果，但基于此类犯罪的获利资金规模相比较洗钱罪特定上游犯罪的违法所得而言较小，无法对一国整体的金融监管产生实质威胁，因此在我国现行反洗钱刑法规制体系下，赃物犯罪作为广义洗钱罪名体系下的辅助性罪名规制更具合理性。

本章小结

影子银行与地下钱庄共同构成地下金融体系，对国家正规金融监管体系产生威胁与冲击。影子银行具有金融创新属性，对于社会资金融通有其积极一面，但巨额体量资金游离于金融监管之外极易产生金融风险，危害经济安全。地下钱庄在我国具有悠久发展历史，作为民间金融的一种表现形式，地下钱庄客观上满足民间融资需求，但与影子银行体系一样，数额巨大的性质不明资金游离于国家金融监管体系之外，其引发的经济、金融犯罪不仅仅侵害社会个人的财产利益，更主要体现为对国家金融稳定产生侵害，危及整体国家经济安全。

对于作为地下金融主要业务类型的高利贷放贷，《民法典》明确禁止高利放贷行为，民法上的高利贷与刑法规制的职业高利放贷在行为构造与内涵上并不相同，民法通常以对民间借贷设定最高保护利率的上限，作为介入对此类行为法律评价的方式，其认定标准通过司法解释加以规定，且处于变动之中。刑法对于职业高利贷的认定遵从行政犯二次违法性原理，主要依据是行政法规与相关金融监管文件。对于高利放贷的法律规制，应建立民事程序发现机制，当民事审判过程中发现高利贷涉嫌金融违法活动时主动移送金融监管机关，启动行政调查程序，抑或行政执法向民事审判程序靠拢，实现上下游法律规范的共通共融。

我国《刑法》已初步构建广义洗钱罪名体系，包括第 191 条核心范畴的狭义洗钱罪以及第 312 条掩饰、隐瞒犯罪所得、犯罪所得收益罪与第 349 条窝藏、转移、隐瞒毒品、毒赃罪为代表的传统赃物犯罪。在立法实然规定层面，洗钱罪名体系内部各罪名行为手段已经完全混同，均包含利用金融工具实施的改变上游犯罪赃款"黑钱"身份属性的清洗行为；在司法实践认定层面，无法通过行为方式区分洗钱罪名体系内部各罪名适用与法益侵害属性差别，这导致对洗钱罪金融秩序法益的认定应突破判断是否通过金融手段的固有思维局限，转向赃款流入经济流通领域实现身份合法化转变的金融监管失控结果。基于上游犯罪范围成为区分洗钱罪与赃物犯罪的司法适用标准，上游犯罪收益规模、实施洗钱活动的盖然性与密切性等直接对货币流通安全与金融监管产生影响，我国经济活动中不断高发的电信诈骗、网络赌博、传销骗局、税收犯罪有必要涵盖入洗钱罪上游犯罪范围中，适当扩充洗钱罪上游犯罪范围，与国际加大打击洗钱犯罪趋势相衔接协调。在我国当前积极构建总体国家安全观的时代背景下，经济刑法具有维护国家经济安全的法益保护目标，金融管控秩序法益观在维护国家经济安全层面具有不可或缺的功能，是对自由经济思潮盛行背景下利益法益观的有力补充与回应，刑法规制洗钱活动属于典型情形。

第三章

新型庞氏骗局的刑法规制立场

第一节　庞氏骗局的代际更新

"代际"是指具有衔接关系的事物之间的差异和冲突。"代际更新"是指具有衔接关系的新旧事物之间的更新发展。随着历次科技革命的爆发，人类社会生产力得到不断释放，以生产关系存在形式为基础的社会经济结构出现代际更新，即由传统农耕文明进入工业社会，再经历计算机、网络技术的重大变革之后，人类进入信息社会、数字社会。与此同时，经济犯罪手段同样日益更新，法益侵害性越发严重并发生本质改变，在外在形式与内在运行机理上呈现着延续性与变异性，出现由传统古典经济犯罪向现代经济犯罪转变的代际更新。[1]作为典型经济犯罪类型的庞氏骗局，在科技日益发展的当下同样突出，体现了代际更新的特征：一方面为运行模式、表现类型的代际更新；另一方面为法益侵害的代际更新。借助外在运行模式代际更新呈现的新型庞氏骗局在法益侵害性上产生质的变化，由单纯对个人财产法益侵害转向对国家经济安全造成侵害，对新型庞氏骗局代际更新的准确把握为进一步法律规制提供精准目标。

一、庞氏骗局内涵与特征

庞氏骗局（Ponzi Scheme）以意大利投机商人查尔斯·庞兹命名，作为一种古老而常见的投资诈骗，是指设局者向投资者许诺给予高额回报先行吸收投资款，通过滚雪球方式不断吸引新的投资者加入以返还报酬，在这一过程中并不存在实际的生产经营也不产生经营性利润与收益，是建立在非实体性经营基础上的单纯资本运作。因此，庞氏骗局的运作原理只是利用新投资者的钱来向老投资者支付利息和短期回报，以制造赚钱的假象进而骗取更多的

---

〔1〕 犯罪的代际更新是指某种类型的犯罪基于客观条件变化而出现从犯罪衍生原理、犯罪属性、犯罪类型、社会危害性、犯罪化标准、刑罚设置和刑事处遇等方面的整体性变迁，反映出犯罪与社会发展的适应性变化。新生代犯罪与旧生代犯罪的代际关系存在延伸与独立两种模式。我国经济犯罪的代际更新原理最先由魏昌东、钱小平两位学者提出，关于经济犯罪代际更新的基本原理，参见钱小平：《中国经济犯罪刑事政策研究》，法律出版社 2017 年版，第 12 页以下。

投资，当后加入者所投入资金不足以满足先前加入者支付的本金及收益时，不可避免将出现资金链断裂并最终导致骗局泡沫破裂。庞氏骗局具有以下显著特征：一是低风险与高回报的非正常投资收益规律；二是借新还旧的资金腾挪；三是玄而又玄的投资诀窍；四是投资者结构的金字塔特征，为发展下线而奖励成功"引资"者。庞氏骗局鼓吹稳赚不赔、高额回报且不受外在经济环境影响的项目骗局违背了商业投资所固有的经营风险客观事实，骗局本质上是不依赖于经营实体项目获得回报的单纯资本运作，因而投资者遭受损失是必然的结果，而金字塔上的任一环节受到客观经济环境或其他人为因素的介入与干扰都随时可能造成骗局崩塌。

庞氏骗局是对金融领域投资诈骗的一种概称，在中国又称为"拆东墙补西墙""空手套白狼"，设局者的目的就是获取投资者的投资款，而骗局得以实施的秘诀在于投资者相信会获得高额回报，当庞氏骗局发展到一定规模，不仅会使参与其中的投资者遭受巨额的财产损失，更会制造巨大金融风险危及国家经济安全稳定。尤其是当传统庞氏骗局运作机理与日新月异的互联网金融相结合，如在私募基金、P2P 网络借贷、区块链、数字货币、人工智能等新名词包装掩饰下，由此衍生的新型庞氏骗局变种更令社会民众眼花缭乱。就微观个体财产法益侵害而言，新型庞氏骗局方式花样翻新，一般投资民众更加难以识别，最终遭受更为严重的财产损失；就国家整体经济运行法益侵害而言，骗局不论在物理空间传播的广度还是制度层面对国家经济运行稳定与安全造成的危害深度都远超传统骗局所造成的法益侵害后果。

二、新型庞氏骗局类型的代际更新

（一）私募基金成为庞氏骗局新手法

随着我国市场经济体制不断成熟、金融制度愈加完善、私募市场的兴起与居民财富的不断积累，私募基金逐渐构成我国财富管理中的重要组成部分，其能否合法有效运行将在一定程度上影响我国金融市场的繁荣与稳定。根据中国证券投资基金业协会（以下简称中基协）官网数据，截至 2023 年 12 月，我国私募基金管理人数量共 21 699 家，私募基金产品数量共 153 698 只，存续规模高达 20.61 万亿元，资金体量日益膨胀。[1]私募基金行业日益繁荣的背后则是违法犯罪活动暗流涌动，私募机构频繁"爆雷"、失联。中基协《2022 年私募基金登记备案综述》显示，2022 年协会对 803 家私募管理人开展自律检查，注销私募管理人 2217 家，其中主动注销管理人数量为 2021 年同期的 2.2 倍，对 48 家机构、78 名基金从业人员作出纪律处分。[2]私募涉集资犯罪案件数量也日益增多，整个私募行业已暴露出明显的系统风险信号，法律风险呈蔓延之势。这不仅给投资者带来了直接或间接的财产损失，也严重破坏了我国金融监管秩序与金融市场的稳定。根据最高人民检察院通报的 2023 年检察机关惩治和预防金融犯罪工作情况，2023 年 1 月至 11 月非法集资犯罪数量居高不下，线上线下相结合，传统手段与新型手段相互交织，利用私募基金等市场热点的新型案件明显增加，利用私募基金进行非法集资成为庞氏骗局的新手段。根据 2023 年 12 月 26 日 "两高" 联合发布的依法从严打击私募基金犯罪典型案例数据：自 2021 年起，全国检察机关共起诉私募基金犯罪 2085 人。2022 年、2023 年，最高人民检察院挂牌督办两批 16 起重大私募基金犯罪案件，截至 2023 年末已有 13 起依法提起公诉，5 起已作出判决。

（二）P2P 网贷平台成为新型庞氏骗局重灾区

随着互联网科技的兴起和互联网金融的迅速发展，一方面，以网络平台方式进行的投资理财产品日益增多，如支付宝推出的余额宝、腾讯微信推出的理财通以及网络上各式品种繁多的金融理财产品，一定程度上拓宽了民众自有资金的投资增值渠道，有利于社会整体经济的发展与提升；另一方面，鱼龙混杂的金融理财产品背后更多的是借 P2P 网络借贷平台之名，行非法集资犯罪之实，对于我国金融市场的平稳运行和广大社会民众的财产安全造成巨大隐患。

在 P2P 网贷平台运作过程中，借款人通过互联网平台发布借款信息，资

---

〔1〕　数据参见中国证券投资基金业协会官网，载 https://www.amac.org.cn/sjtj/tjbg/smjj/202402/P020240223621514385507.pdf，最后访问日期：2024 年 2 月 26 日。

〔2〕　参见《2022 年私募基金备案登记综述》，载 https://www.163.com/dy/article/HQ6G1IJT05399RAW.html，最后访问日期：2023 年 8 月 10 日。

金的所有者则借助网络平台筛选出合适的借款者进行投资，借贷双方绕开银行等传统金融机构直接形成债权债务法律关系。P2P 网络借贷作为近年来兴起的互联网金融创新借贷模式，促进了资金在商业领域流通的效率与利用率，相比传统金融借贷有其特有的社会价值与功能。互联网 P2P 平台在其中只是对借贷双方信息进行核实、公布，通过相关信息的搜集整理对借款人的还款能力做出信用评级，进而为资金所有者的投资决策提供必要信息参考。因此互联网 P2P 平台在借贷双方之间只是起到信息中介的作用，并非进行信用担保，由此收取一定数额的佣金、服务费、管理费等维持平台的经营运转。

然而在现实生活中，众多 P2P 网贷平台以投资理财为名自融自保，自设资金池进行融资，违背信息中介的性质，在没有实际投资项目的情况下以高额回报率为诱饵，通过不断吸引新的投资款"拆东墙补西墙"偿还先期投资人的本金及利息。由单纯信息发布平台转变为信用担保机构进而自行融资，P2P 网贷平台在我国金融市场的实际运作模式背离制度设立初衷，发生根本异化。P2P 野蛮发展过程中不断涌现出的诸如钱宝、e 租宝、善林金融等网络平台，使得借助互联网实施的非法集资案件不论是资金规模、影响范围还是涉案群体数量等都是传统集资犯罪所无法比拟的，P2P 网络平台成为新型庞氏骗局的重灾区。[1] 如 2018 年 6 月开始曾接连发生的 P2P 平台"爆雷"潮，50 天时间 163 家 P2P 网贷平台出现兑付困难、老板跑路等情形。[2] 据不完全统计，2018 年 6 月之前，行业仍然有 1836 家平台存在。经过一波行业雷潮与多地多项政策先后颁布，截至 2018 年 10 月，正常运营平台仅剩 1231

---

[1] 继已经宣判的"e 租宝非法集资案"涉案金额高达 762 亿元，陆续进入司法程序的"钱宝案"与"善林金融案"涉案金额分别高达 1554 亿和 736 亿元，互联网平台涉非法集资、传销规模早已步入数百亿甚至千亿元规模，对国家整体经济运行的有效调控产生重大冲击；每一庞氏骗局涉案人数也都达到数十万甚至上百万人，案件造成的社会影响不再局限于个别省市的地方治安稳定，基于网络投资者众多并分散在全国各个省市，对社会秩序稳定的影响波及全国绝大多数省份，如南京钱宝案涉及集资参与人近 263 万人，未归还本金 323.93 亿。

[2] "爆雷"是 P2P 行业里惯用的说法，一般指的是 P2P 平台因为逾期兑付或经营不善未能偿付投资人本金利息，而出现的平台停业、清盘、法人跑路、平台失联、倒闭等问题。2018 年左右，曾出现 236 家 P2P 网贷平台相继"爆雷"，其中有 163 家是在 2018 年 6 月以来的 50 天内"爆响"，平均每天约 3.26 家。参见《50 天 163 家 P2P "爆雷"，未来只有大平台能生存？》，载 http://www.sohu.com/a/242948765_99932158，最后访问日期：2023 年 8 月 10 日。

家。数量缩减了近 1/3。[1]根据 P2P 网贷行业 2018 年公布年报，2018 年全年网贷行业成交量达到了 17 948.01 亿元，相比 2017 年全年网贷成交量（28 048.49 亿元）减少了 36.01%。在 2018 年，P2P 网贷行业历史累计成交量突破 8 万亿元大关。[2]P2P 网贷平台涉及公众投资金额高达数万亿元，大规模网贷平台集中性地倒闭、跑路、清盘不仅使得众多投资者个体、家庭血本无归，如此大体量的民间投资、借贷资金链断裂也对于国家整体经济运行安全产生巨大冲击，巨额资金体外运转更是对国家金融监管安全、社会秩序稳定产生严重威胁与侵害。[3]

（三）数字货币成为新型庞氏骗局主要形式

数字货币（Digital Currency）是运用区块链技术发行、管理和流通的货币，属于广义虚拟货币的一种表现类型。基于特定算法的去中心化、匿名性等特点使得数字货币可以由任何人发行，无需依赖于政府授权并脱离政府监管，数字货币市场获得广泛认可的数字货币主要包括比特币、以太坊等。

数字货币作为虚拟货币的一种表现形态，与早期特定网络企业发行出售的虚拟货币在内涵与运作机理等方面存在本质区别。[4]特定网络平台发售的虚拟货币（代币）同样作为互联网新生事物，是指用户使用法定货币按一定比例直接或间接购买，用于兑换发行企业所提供的指定范围、指定时间内的网络游戏服务，其本质属于以法定货币购买的商品服务，仍需要依赖特定的

---

〔1〕 参见《警惕，莫让"清退潮"恶化成又一波"暴雷潮"》，载 https://www.163.com/dy/article/E0O0FV7I0519ADGM.html，最后访问日期：2023 年 8 月 10 日。

〔2〕 参见《P2P 网贷行业 2018 年年报正式发布》，载 https://www.163.com/dy/article/E4D56KMC0519ADGM.html，最后访问日期：2023 年 8 月 10 日。

〔3〕 参见《42 天 104 家 P2P 爆雷！7 万亿资产、上千万受害人卷入！爆雷之后真的有晴天吗?》，载 http://finance.ifeng.com/a/20180719/16393903_0.shtml，最后访问日期：2023 年 8 月 12 日。

〔4〕 也有观点将数字货币和运营商发行的特定平台代币统称为虚拟货币，将法定货币之外的非真实货币作为广义上的虚拟货币理解，包括市场上存在的大量借助虚拟货币名头实施集资、传销犯罪的空气币、山寨币甚至传销币等。参见尹振涛：《虚拟货币市场风险》，载《中国金融》2018 年第 7 期。根据网络虚拟空间不同"货币"产生的机理区分为虚拟货币与数字货币，基于区块链底层技术运用的数字货币并非与虚拟货币含义直接等同，属于广义虚拟货币范畴之一。

发行平台进行信用担保，其流通范围也仅限于特定领域以及用途，如用于购买游戏装备、升级道具的网络游戏虚拟货币，用于支付会员服务费的虚拟货币等。虚拟货币在现实经济生活中只能单向流动，不能逆向兑换实物货币，因此不具备货币所要求的价值尺度和流通手段职能。早期的虚拟货币如腾讯公司开发的 Q 币等，获得国家的监管认可并且与一定现实金额的商品服务相等价，法律在一定程度上认可其虚拟财产属性。特定网络企业发行出售的虚拟货币，是一种商业销售创新模式而非金融科技产品，实质上是在特定场景使用的平台代币，含义较为狭隘。

随着对虚拟货币的不断炒作，有不法分子以发行虚拟货币为名，行诈骗之实，谎称投资虚拟货币只涨不跌，其中主要包括"山寨币""空气币""传销币"等表现形式。[1]例如，近年来具有广泛影响的诸如"五行币""亚欧币""维卡币"等网络传销案件中，不法分子借着虚拟货币、区块链为幌子，在实质上没有区块链作为底层技术的情况下进行概念炒作，以高额利益回报为诱饵进行非法集资、传销等违法犯罪活动，这成为新型庞氏骗局主要形式。根据国家互联网金融风险分析技术平台对假虚拟货币平台进行持续监测，截至 2018 年 4 月，累计发现假虚拟货币 421 种，其中 60% 以上的假虚拟货币网站服务器部署在境外，此类平台难发现、难追踪。当大量投资人入场后，虚拟货币发行者通过幕后恶意操纵价格走势、不断套现，导致投资人手中的虚拟货币呈现单边下跌的趋势。庄家在幕后对虚拟货币价格人为操纵、对投资者"收割韭菜"，较赌场有过之而无不及，充满欺诈与骗局。

（四）互联网金融传销具备庞氏骗局本质特征

传销活动自 1989 年从日本流入我国，在广东、广西等地迅猛发展并向全国各地蔓延。就传播手段与方法而言，我国传销有较为明显的南派、北派地域界分，其中南派多以资本运作为名进行自愿式洗脑，典型如广西北海

---

〔1〕"山寨币""空气币""传销币"等冠以虚拟货币幌子的发行销售行为，实质上是对具有区块链底层技术的数字货币进行的概念炒作，并未实际应用区块链技术；而相比传统平台代币的狭义虚拟货币而言，缺乏发行主体的信用支撑与应用场景，各类山寨虚拟货币本身没有实际价值，属于典型的庞氏骗局。

"1040 工程"等，以北部湾国家战略开发名义吸引社会民众参与其中；北派传销则在洗脑过程中常伴有非法拘禁、殴打等形式的暴力控制，典型案件如以"天津天狮"名号开展传销活动的北派传销组织，已发展成为全国分布最广、最具暴力性的传销派别。[1]随着南派传销大举北上，许多传销呈现出"南北融合"的趋势，发展手法软硬兼施，并且随着互联网金融科技的迅猛发展，传统物理空间发展传销组织下线的运作模式逐渐向隐蔽性更强的网络传销、金融传销发展。

消费返利作为一种新型网络传销活动，近年来充斥在经济生活领域中，其通过平台发展会员并许诺给予不同等级会员购物返利，鼓励会员在平台消费并推荐发展新会员，此种运营模式实则是通过后加入会员的入会费以及对支付商品金额提成实现先前会员返利，平台本身不以商品交易为主要目的，也无资金来源进行会员返利，平台组织者以收取会费和商品价款提成取得收益。如果后期加入会员较少将导致平台资金无法满足先期会员返利要求，庞氏骗局终将崩塌。2018 年 5 月广州警方摧毁的"云联惠"特大网络传销犯罪团伙，即是以"消费全返"等为幌子，采取拉人头、交纳会费、积分返利等方式引诱人员加入，骗取财物，严重扰乱经济社会秩序，涉嫌组织、领导传销活动罪。[2]新型传销活动组织同样瞄准数字货币、虚拟货币具有的市场投机前景，将其作为不断发展下线的新型金融传销运作套路，受到投机客追逐热捧。例如，全国首起虚拟货币网络传销"维卡币"案，国内涉及资金 150 亿元人民币，传销人员账号 200 多万个，涉及全国 20 多个省市。[3]该案组织者以加密货币和区块链为噱头、以高额回报利诱，要求参加者支付相应等级入会费，通过老会员推荐新会员入会并购买激活码获得加入会员资格，按照投资的金额及先后

〔1〕 参见《起底"天狮"传销：被指最暴力，9 年两千余起刑案致 155 死》，载 http://finance.ce.cn/home/jrzq/dc/201809/27/t20180927_30399169.shtml，最后访问日期：2023 年 8 月 12 日。

〔2〕 据报道，至 2018 年 5 月 8 日"云联惠"总部遭到广州警方查处时，云联惠累计交易金额为3300 亿元。参见《超千亿特大传销团伙"云联惠"被广东公安摧毁》，载 https://www.sohu.com/a/231097088_100144429，最后访问日期：2023 年 6 月 16 日。

〔3〕 参见《株洲破涉案金额近 150 亿传销案 警方披露维卡币案详情》，载 https://baijiahao.baidu.com/s? id=1600581723812358159 & wfr=spider&for=pc，最后访问日期：2023 年 8 月 16 日。

发展的顺序组成层级，呈现新型网络传销组织特征。此外，"五行币""克拉币"等都属于较为典型的利用虚拟货币进行传销活动案件。据不完全统计，截至 2023 年 8 月，公安机关查处的以"虚拟货币"传销案件中，涉及的"币种"就达 100 余种。[1]

此外，其他诸如股权投资、金融互助、微信手游等名义实施的消费、投资活动，形式各异、眼花缭乱，但都是通过承诺高额回报进而收取入会费，通过拉人头、发展下线等手段给予提成、返利，以此维持传销、集资活动的资金运作，但不论何种形式的骗局都是换汤不换药，具备庞氏骗局的本质特征。因此我国金融监管部门近年不断发出风险提示：一些不法分子打着"金融创新""区块链"的旗号，通过发行所谓"虚拟货币""虚拟资产""数字资产"等方式吸收资金，侵害公众合法权益。此类活动并非真正基于区块链技术，而是以"金融创新"为噱头炒作区块链概念行非法集资、传销、诈骗之实，本质是"借新还旧"的庞氏骗局，具有较强的隐蔽性和迷惑性，资金运转难以长期维系，民众投资应树立正确的货币观念和投资理念，切实提高风险意识。[2]

三、新型庞氏骗局法益侵害的代际更新

传统庞氏骗局只是单纯对投资者个人财产法益产生侵害，但当前借助各种网络、科技手段实施的新型庞氏骗局基于庞大资金体量对国家金融安全监管产生巨大冲击，对国家整体经济安全直接产生侵害。首先，以 2018 年 6、7 月份集中性爆发的 P2P 平台"爆雷"潮为例，其不仅对数以万计的民众财产损失产生直接侵害，更主要暴露出我国数以万亿的资金在金融监管体外循环，诸如钱宝、小牛资本等一家 P2P 公司倒闭就出现近千亿元人民币资金链断裂，整个 P2P 平台的资金总量可想而知，而这背后是数字惊人的影子银行、地下金融资本在中国同时畅通无阻地运行，对于这些资金的监管关系到金融体系

---

〔1〕 参见《公安部经侦局发布 7 类传销陷阱警示公众》，载 http://www.fh.gov.cn/art/2019/6/13/art_1229037542_359981.html，最后访问日期：2023 年 8 月 16 日。

〔2〕 参见《关于防范以"虚拟货币""区块链"名义进行非法集资的风险提示》，载 http://www.nifa.org.cn/nifa/2955704/2955770/2974282/index.html，最后访问日期：2023 年 8 月 16 日。

的运行稳定和资金安全，经济系统的有序运行，同时对于国家宏观经济政策调控、市场资源配置也产生举足轻重的影响。其次，当前以数字货币、虚拟货币为名头实施的新型庞氏骗局，相关领域监管漏洞使得其成为恐怖主义融资、洗钱、资本跨境输出流动等地下钱庄泛滥的快速通道，对国家金融监管产生系统性金融风险，而上述金融违法犯罪行为不论是从国家对内监管还是对外风险防范来看都将使我国经济安全面临巨大冲击与挑战。此外，以消费返利等其他形式实施的新型庞氏骗局类型，在我国当前刑法中主要通过传统非法集资类犯罪以及组织、领导传销活动罪进行认定、规制，在法益侵害性认识方面主要是作为对民众个人财产法益以及社会公共秩序稳定产生侵害的狭隘理解，并没有认识到相关行为对于国家金融监管、资金运行稳定这一国家经济安全产生的直接危害，由此也造成刑法对以新型庞氏骗局为代表的新型金融犯罪规制不足、刑罚供给不足、惩治效果乏力的被动局面。以"上海炳恒 P2P 平台爆雷案"（以下简称"炳恒案"）为例，行为人在实施手段上通过虚构理财项目、承诺高额回报诱惑、投放广告、名人站台等庞氏骗局经典手法，不到 4 年时间非法吸收资金 86 亿元，至案发时仍有 31 亿余元未兑付，该涉案资金数额巨大，就造成的法益侵害后果而言对于民众个人财产以及国家经济运行稳定同时造成侵害，但法院终审对于主犯只判决有期徒刑 9 年零 6 个月。与单纯侵犯个人财产法益的犯罪相比，按照现行司法解释量刑标准，对盗窃、诈骗百万元以上的财产犯罪所判处的刑期都会在 10 年以上，"炳恒案"在对民众个体财产法益造成侵害 30 亿元的基础上，对危害复数法益即侵害更为重要的经济安全稳定的庞氏骗局行为所判处刑罚如此畸轻，10 年以下有期徒刑使得在罪与罪之间形成了明显的不均衡，并未产生有效的刑法威慑与惩治效果。司法机关在认定以 P2P 平台为主的涉经济安全犯罪时并未考虑或认识到其对国家整体经济安全造成的侵害，刑罚裁判畸轻成为规制此类犯罪效果不佳的重要原因。[1]而这一切最主要归因于刑法对此类新型金

---

[1] 参见《30 多亿未兑付！上海炳恒案终审宣判，主犯苏国铭获刑九年半》，载 https://www.163.com/dy/article/DV3R1EVE0519CVFR.html，最后访问日期：2023 年 8 月 16 日。

融犯罪法益侵害属性认识不清。

在实际运营过程中，P2P 网络借贷平台突破其应然的信息中介运作模式，异化为非法融资平台，实质上具备了金融机构的运营属性，不仅严重扰乱国家金融管理秩序，危害国家金融安全，且因互联网的特性而不受时空限制，通常会在极短的时间里吸引众多投资者加入，能够迅速聚集大量资金，一旦金融风险降临，极易引发群体性上访事件，影响社会稳定。[1]就微观层面而言，新型庞氏骗局与传统欺诈行为无异，都将导致造成特定主体财产法益的侵害结果，法益侵害更加直观具体容易识别；但是新型庞氏骗局法益侵害本质更主要体现在宏观抽象层面，即金融监管之外巨额资金量对整体经济安全产生的风险与侵害，这并非简单个体财产法益的数额相加，而是超脱了对于特定个体法益侵害、某一地域的公共秩序维护抑或某一金融行业领域内部的管理秩序，由量变转为质变，侵害了国家整体的经济安全法益。

与传统政治犯意义上的危害国家安全犯罪不同，新型庞氏骗局对于经济安全法益造成侵害，行为人并不一定具有推翻国家政权的主观目的，其犯罪动机仍表现为经济犯罪的贪利性，即谋取经济利益。只是随着国家安全内涵的扩张，相关经济犯罪类型在客观上具有侵害国家经济安全法益的属性，客观上产生对整体经济安全侵害的结果或者造成危险。行为人实施相关犯罪虽然并不具有危害国家安全的直接故意，但基于犯罪行为客观上具有对经济安全的侵害与风险，行为人对此应具有概括的故意，或者存在放任心理，这是涉经济安全金融犯罪与传统颠覆国家政权的国家安全犯罪在主观故意上存在的区别。

第二节　庞氏骗局与庞氏经济活动

一、庞氏经济活动运作原理

庞氏经济活动作为一种经济运行模式，是金融创新的体现，其运作原理

---

[1]　参见国家检察官学院课题组、朱丽欣：《P2P 网络借贷平台异化的刑事规制》，载《国家检察官学院学报》2018 年第 1 期。

与庞氏骗局具有一定程度的内在相似性，在社会经济生活中存在较为普遍的运用，如股票、房地产投资等，本身可能促进经济发展，成为金融创新模式与工具。例如，股票，在初始阶段某一股票的价值可以依据企业的盈利能力来估算，而每交易一次，其所要求的收益率就必须提高一个水平。企业盈利能力不可能持续增长，所以股票升值必然是一个庞氏过程——前期投资者的高收益来自后期购买者的资金支付，如果后期没有投资者跟进接盘必然导致股票市值无法持续上涨。[1]

二、庞氏骗局对于庞氏经济活动的运用

刑法上对于庞氏骗局欺诈的认定标准以及容忍度与经济学中的立场不同，经济学上客观中立分析的庞氏经济运行制度在社会生活中广泛运用，在法律上也并非完全被排斥，如银行的吸储与放贷，证券市场投资等，具有非法盈利目的的庞氏骗局在经济学中更主要体现为一种不道德的商业行为。但庞氏经济活动被不法分子作为犯罪手段与工具，在非法占有目的支配下将特定经济运作模式、原理进行改变，将发生法律评价上的质变，演变为各类违法犯罪行为，如各类名目繁杂的非法集资、传销犯罪等。经济学只是对于运行模式的技术分析，而对合法性的评判需要法律进行规范评价。刑法对于具有庞氏运行原理的商业活动的客观危害性评判依据在于，庞氏骗局相比较庞氏经济活动，最本质的区别是没有切实可盈利的实体项目支持并以此实现事先所承诺的利益回报，基于庞氏骗局虚构的项目无法依托具有实际盈利能力的实体项目经营，并通过项目运作真实获益并返还给投资者，同时伴随着庞氏骗局运作模式的代际更新，新型庞氏骗局很多情况下并非如同传统骗局那样单纯实施借旧还新的资本运作，其往往也会运用所吸收资本进行相当数量的投资经营，但资金链的维持主要是依靠后续投资者资金的加入，经营收益本身不足以维持庞氏骗局的持续运转。

随着网络信息技术的日益发展，以往局限于特定区域依靠特定关系纽带实施的庞氏骗局活动已经打破地域空间限制，发展规模迅速膨胀，借助互联

---

〔1〕　参见钟茂初：《庞氏经济学与全球经济危机》，经济科学出版社 2009 年版，第 125 页。

网等传播媒介，庞氏骗局吸收投资款更多、速度更快、骗局实施更容易得手，由此也不断加剧设局者的运行风险与节奏：一方面，庞氏骗局吸收资金规模的扩大使得庞氏运营风险不断提升，为了返还不断高涨的投资回报，弥补巨额的前期资金回报缺口，设局者不得不想方设法进一步扩大骗取投资者的资金渠道，资金链断裂风险较以往庞氏骗局更为迅猛；另一方面，资金规模的扩大、投资人数的增多也导致庞氏骗局运营节奏加快，借新还旧的资金周转效率要求更高，这既需要设局者提升骗术水平，延缓早期投资者取现的节奏与周期，减少前期资金的抽取，同时设局者必须为进一步吸收更多投资款项争取时间，想方设法以更快的速度吸引后续资金，而在社会经济不稳定的环境中一个意外事件或者偶发的因素都将可能使庞氏骗局瞬间覆灭。[1] 就庞氏骗局现实运作周期而言，其往往都不能持续很长时间，一般在一至两年即泡沫破灭骗局崩塌，庞氏骗局的始祖庞兹运作的投资欺诈也仅仅持续一年，金字塔骗局即轰塌案发。[2] 新型庞氏骗局以交易虚拟货币、数字货币为噱头设局炒作，鼓吹升值空间巨大、回报收益丰厚，大量投机客在不清楚虚拟货币、数字货币是否真正有价值情形下，为获取高收益盲目跟风，即使发现投资内容不具有盈利可持续性，侥幸以为后面会有人跟进抬高价格而自己不会成为最后的接盘者，幻想将虚拟货币价格炒高后转手退出，多数没有理性投资意识的投机者最终往往成为该类庞氏骗局收割的"韭菜"。

三、庞氏骗局与庞氏经济活动的区别

庞氏骗局与庞氏经济活动的区分并不在于表面上的收益虚增，更主要体

---

〔1〕 如受房地产投资影响，2017 年南京河西地区多家楼盘集中开盘，导致钱宝网遭遇民众突发挤兑些造成资金链断裂风险，这是典型的偶发因素加速庞氏骗局面临破灭的事件。基于 2017 年南京市政府对房地产市场调控实施新房限价措施，限价令致使新楼盘销售价格严重低于周边二手房市场价格，"价格倒挂"刺激新楼盘交易火爆，这也使得开发商要求新房认购需要现场缴纳房产价格 80% 以上资金进行交易，由此导致众多钱宝网投资客出现挤兑，资金规模达到数亿元，此次突发事件使得钱宝平台面临倒闭风险，虽然通过资金周转度过危机，但钱宝随后修改了一系列取现规则，将资金赎回时间延长至 5 个工作日，以争取缓冲时间。

〔2〕 以北京市检察机关办理的非法集资案为例，通过借新还旧的庞氏骗局式非法集资案件运作时间正常为 1—2 年，从骗局开始至泡沫破裂的非法集资行为很少存续超过 4 年。当然，也存在像金融大鳄麦道夫维持庞氏骗局 20 多年而投资者完全不知，最终麦道夫因无法运营骗局主动投案的特例。

现在背后有无提供持续收益来源的实质项目支撑，这也是正常商业行为与投资欺诈的本质区别。不论何种商业行为，在对外宣传时夸大可能产生的收益回报本身无可厚非，并非只有庞氏骗局存在欺骗成分的虚高宣传。金融投资（投机）天然存在巨大风险，具有投资收益的不确定性，无法要求项目宣传方精准判断投资回报率，适当夸大项目的收益率对于任何商业经营行为而言都具有相当程度的期待可能性。项目的真实性应当是指具有实际运营的操作可行性并具有获得预期收益的能力，只要不是虚构项目基础内容纯粹编造高额回报的投资欺诈行为，即使在收益上有一定的夸张宣传，刑法也不能对于经营活动本身进行否定性评价。

就运行实质而言，庞氏经济活动虽然也会运用后来投资者的资金给予前期投资者回报，具有资金时空腾挪、错配的运作手法，但两者最本质差别在于背后是否有一套切实可行的收益回报项目予以支撑。如果在正常投资环境中所设计的商业方案具有较为客观的投资收益并且足以支付投资人的资金收益，则庞氏活动的经营者无需依靠吸纳社会其他民众投资款维持对前期投资者回报的补偿，具有更大的抗风险能力与运作可持续性，其不应当认定为庞氏骗局。正是由于项目的真实性以及运作的可持续性，庞氏经济活动往往能长时间维持，不会在短期内由于虚构的回报出现资金链断裂、骗局泡沫破裂的情形。但正如任何商业投资活动都具有经营风险，不存在只赚不赔的买卖，对于具有创新属性的庞氏经济活动不能只凭借项目最终是否成功、是否持续盈利判断是否构成具有欺骗属性的庞氏骗局。受客观经济环境或者商业投资风险影响而经营亏损与投资失败，并由此导致投资者钱款无法返还的情形不应一律认定为投资骗局，对于具有正常的运行风险尤其是具有实质创新模式的经营活动应当给予法律上的包容空间与试错机会。如以摩拜、ofo 等为代表的互联网共享单车产业，属于共享经济理念下创新运作模式之一，在发展过程中多家共享单车企业获得多轮风险投资，规模不断扩张，但随着整个行业的畸速发展与过度饱和，很多单车企业已经无法维持正常运行而纷纷破产，直接造成数以万计用户押金与充值款无法正常返还。据报导，截至 2017 年 8

月共享单车行业存量押金规模已达到 100 亿元。[1]基于单车骑行收益无法快速实现企业盈利并维持单车运行成本，押金成为单车企业主要收入来源，因此很多人直指共享单车实质是以收取押金形式非法集资，通过不断吸收押金维持企业运转的庞氏骗局。[2]尽管彼时新兴的共享单车行业面临困境，众多单车企业无法退回数十亿元押金造成用户财产损失，但一方面由于共享经济发展初期缺乏成熟的运作经验，较正常的经营活动存在更大的商业运行风险与盈利不确定性；[3]另一方面互联网单车行业具有真实的运行投入与切实的用户需求以及广阔的市场发展前景，共享单车商家收取车辆使用押金、提供租车服务，客户支付使用押金与对价，符合正常的商业交易习惯，资金的收取不存在庞氏骗局要求的利诱性特征。基于商业运行中的正常经营风险尤其是在新业态的运作模式下，经营不善或者外在政策环境变化导致的运行模式失败或者亏损倒闭结果，应给予其试错机会而非直接否定该创新经营模式，更不能武断将其定性为庞氏骗局作为违法犯罪活动打击，否则不利于培育激发经营模式的创新与发展。

庞氏经济活动作为一种技术运作手法本身没有对错之分，依靠借新还旧的错配模式并非庞氏经济活动与庞氏骗局的本质差别，庞氏骗局最终沦为违法犯罪的关键是其在庞氏经济活动基础上实施了具有实质利诱性的骗术，具有非法占有他人财产的目的。在金融创新风起云涌的高速发展时代，新型运

---

〔1〕 参见《共享单车企业占用押金涉嫌非法吸收公众存款》，载 https：//www.sohu.com/a/207343435_664394，最后访问日期：2023 年 8 月 22 日。

〔2〕 据报道，截至 2019 年 4 月 7 日，仅 ofo 一家单车公司就有 1600 万用户等候退还押金，每辆单车押金为 99 元或 199 元，据此计算押金未退还总额在 16 亿元以上，同时 ofo 公司对于上游生产商、物流供应商拖欠数亿元款项，被法院列入"限制消费"名单。参见《ofo 和戴威的至暗时刻：收法院"限制消费令"，还有 1000 万人等着退押金》，载 http：//www.nbd.com.cn/articles/2018-12-20/1283882.html，最后访问日期：2023 年 8 月 22 日；《ofo 半月退了 10 万个左右用户的押金，按这速度，押金退完需 6 年多》，载 https：//baijiahao.baidu.com/s？id=1630157990440353497&wfr=spider&for=pc，最后访问日期：2023 年 8 月 22 日。

〔3〕 随着越来越多的企业进入互联网共享单车领域，为瓜分市场份额、获得更多用户，很多单车企业推出免费骑行、骑行送红包等优惠活动，实则为招揽客户亏本经营，加之单车企业日常运行成本与单车维修养护成本高昂，烧钱大战的恶性经营环境不断加剧单车企业的生存压力。参见《混乱的共享单车市场，赢利点到底在哪里？》，载 https：//baijiahao.baidu.com/s？id=1563837533495267&wfr=spider&for=pc，最后访问日期：2023 年 8 月 22 日。

作模式应接不暇，新型庞氏骗局对司法办案人员提出了更高技术识别与违法判断的要求，需要穿透庞氏经济活动运作形式，对于庞氏经济活动背后具有欺诈属性的庞氏骗局运营原理进行准确判断，揭露其违法本质，从而实现降低金融风险、维护经济安全的目的。

第三节　经济安全与经济自由、金融创新的辩证关系

法律作为国家治理措施之一天然具有维护国家安全的职能与使命，即法律在创立防止国内混乱和预防外国入侵措施方面发挥着重要作用，就法律的安全目的而言，其有助于使人们享有诸如生命、财产、自由和平等等其他价值的状况稳定化并尽可能地维续下去。[1]刑法作为法律规范体系中惩罚手段最为严厉的法律部门，对于经济犯罪的惩治具有保护国家经济安全与保障民众个体交易自由的双重职责与使命，是刑法法益保护与人权保障功能的具体体现。刑法在打击危害国家经济犯罪的同时应遵循市场经济的运行规律，协调好经济安全与经济自由、金融创新等关系，在维护国家经济安全的基础上保障国家经济的繁荣发展与创新活力。

一、经济安全与经济自由的刑法价值选择

国家经济安全实现的前提是有序的经济秩序得以平稳运行。安全的维护需要稳定的秩序作为保证，而稳定秩序的构建需要以规范人们的行为即牺牲一定程度的行动自由为前提。对于秩序法益的创设与保护会间接影响到对其中个体法益的保护，其正当性依据应当是为个体成员福祉与利益考量，但是秩序设定本身会对其中个体行动自由造成一定的限制，因此两者间存在一定的紧张冲突。

关于我国经济刑法的立法导向是惩治侵害经济法益的行为以保护经济安全，还是保障经济自由与公平以促进经济的快速发展，学界对此产生较为激

---

[1]　[美] E. 博登海默：《法理学：法律哲学与法律方法》，邓正来译，中国政法大学出版社2004年版，第317页。

烈的争论。推崇绝对经济自由主义观点的学者指出："在现代自由经济体系下，经济犯罪的法益应当理解为经济自由，经济刑法的根本目的在于保护市场主体的经济自由。"[1]由此导致一段时期新自由主义主张经济领域的自由化、私有化和市场化，认为经济越自由，经济发展越好。但新自由主义过度强调市场作用也不可避免形成其自身局限，如世界范围内持续发酵的经济危机，与一些国家放弃或者缺乏对金融机构有效的监督分不开。对于市场经济下无序竞争的副作用，没有法律包括刑法对市场秩序的维护，矛盾和问题就会不断积累和扩大，从而威胁到整个经济秩序的安全。[2]

一方面，刑法保障经济自由的前提是维持稳定安全的经济环境，即国家经济安全前提下的经济自由，如果经济刑法设立的目标只是为单纯促进经济自由，那么刑法则没有必要存在，因为不设立任何法律规制才能使市场主体不受约束从而获得最大的行动自由。但此种无序状态下的行动自由既使得每一行为主体失去了经济交往活动中的安全保障，进而也就不存在按照个体自由意识实施行为的可能性，因为当每一主体都试图以自己意思实施行为时必然与其他主体的行动发生冲突，进而使得其中的每一主体的行动自由都无法得到满足，在不具有安全与秩序保障的前提下从而真正失去了交往自由。况且与实质经济无关的资本流动虽然满足了经济自由的形式要件，但大多属于投机性资本流动，不仅无助于实质交易与投资运动，反而成为实质经济不稳定与破坏因素。[3]

另一方面，对于刑法所要保护的经济安全应当基于法益规范性理解，并对传统经济刑法"秩序法益观"进行反思：其一，我国《刑法》分则第三章"破坏社会主义市场经济秩序罪"作为对经济犯罪打击规定的主要罪名内容，长期以来在法益理解与认定上存在一定偏差，即虽然对经济犯罪打击以保障国家经济安全与维护经济秩序作为基本立场，但是将金融机构的安全利益等

---

[1] 何荣功：《经济自由与经济刑法正当性的体系思考》，载《法学评论》2014年第6期。

[2] 参见孙国祥：《20年来经济刑法犯罪化趋势回眸及思考》，载《华南师范大学学报（社会科学版）》2018年第1期。

[3] 参见戴相龙：《关于金融全球化问题》，载《金融研究》1999年第1期。

同于国家金融利益存在理解认识上的偏差。其二，将国家金融机构内部运行
与管理等同于国家金融秩序，导致金融刑法成为维护金融机构内部运行规范
的保障工具，金融刑法沦为金融行政管理刑法。[1]对于经济安全保护基础的
经济秩序理解，既不应当空洞抽象，丧失刑法对经济自由运行的保障功能，
也不应当狭隘地理解为是对金融机构管理秩序的维护与金融机构垄断地位的
保障。如果刑法将抽象笼统的经济秩序作为主要保护目标，将既不利于市场
自发秩序的形成，也与我国经济体制改革的方向不符。[2]因此，对于经济安
全的维护并不意味片面地通过刑法手段过度介入与渗透干预正常的经济运行
活动，以抽象的安全保障为名实施过度犯罪化治理，对于经济刑法的刑事打
击同样应当以是否实质侵害到具体法益为依据。

综上，经济安全保障与促进经济自由运行总是呈现一定紧张关系，法律
作为国家维护秩序、保障安全的工具，如何防止过分利用法律惩治措施尤其
是刑法手段限制经济自由成为需要重点关注的内容。市场经济的本质特征在
于交易主体的行为自由，基于金融系统的复杂性、虚拟性以及与实体经济关
联性，不正当金融行为披上合法行为外衣或者打着金融创新旗号往往产生巨
大的金融风险，危害经济安全，由此与金融法律基础性原则的安全在价值理
念上存在天然冲突，使得世界各国金融监管机构与相关法律在自由与安全两
者之间寻求平衡。[3]"刑法规定的内容应当与当下社会保护法益的需要保持一
种最大限度的一致性，尤其是在'自由给安全让路'的观念已经深入人心的
现代社会，刑法更应当牢牢地当好各部门法的后盾，为个人的安全和社会的
秩序筑起坚实的防线。"[4]

二、经济自由与金融创新关系

自由通常是对个体行为而言，自由宽松的环境容易激发创新模式，经济
自由作为创新的原动力，金融创新模式的出现是市场主体对于经济自由追求

---

〔1〕　参见魏昌东：《中国金融刑法法益之理论辨正与定位革新》，载《法学评论》2017 年第 6 期。
〔2〕　参见刘仁文、陈妍茹：《论我国资本刑法的完善》，载《河南社会科学》2017 年第 5 期。
〔3〕　参见张宇润：《金融自由和安全的法律平衡》，载《法学家》2005 年第 5 期。
〔4〕　陈璐：《犯罪化如何贯彻法益侵害原则》，载《中国刑事法杂志》2014 年第 3 期。

的产物，其对于提高经济效率、促进经济交往的活跃与繁荣、实现财富迅速增值贡献巨大，经济自由催生的金融创新模式同样进一步促进实体经济的发展，必须坚持金融创新服务实体经济的本质要求才能对金融创新的边界进行合理有效把握。

第一，经济自由激发的创新是金融内在生命活力的体现。金融创新具有时代变革的正当合理性，尤其是在我国不断深化金融体制改革的当下，现行制度可能存在的不合理之处亟待创新模式进行变革，自由与创新代表了经济运行正确发展趋势。以公司资本制度改革变迁为例，1993 年《公司法》采用了最为严格的资本实缴制，从四个方面设定了严苛的出资管制规则：①有限公司股东或股份公司发起人需在公司成立前一次性缴足出资；②有限公司的注册资本按照其行业不得低于法律规定的最低限额，股份公司注册资本最低限额为 1000 万元；③无论是有限公司还是股份公司，股东的非货币出资比例均不能超过注册资本的 20%；④股东或发起人缴足股款后须经法定验资程序。严格的公司资本实缴制虽然维护了公司贸易往来过程中的交易安全，但公司无法根据复杂多变的现实经营需要增加或调整资本，公司运行灵活性缺失，不利于资本市场的健康发展。2005 年修订的《公司法》在坚持资本实缴制的基础上，放宽了对注册资本的管制，主要体现为两方面：一是允许有限公司股东、股份公司发起人分期缴纳出资，首期实缴出资不得低于注册资本的 20%，剩余认缴出资在 2 年内缴足，投资公司在 5 年内缴足；二是降低注册资本最低限额，有限公司为 3 万元，股份公司为 500 万元。

随着我国市场经济的发展完善，为能够更有效促进企业融资和经营自由，传统单纯出于维护交易安全需求的法定最低资本制和出资实缴制已不符合时代要求，在 2013 年修正《公司法》时采取了注册资本认缴登记制并且取消注册资本最低限额，致使刑法所规定的虚报注册资本罪和虚假出资、抽逃出资罪两项罪名在司法中适用空间大大减小，立法时所欲保护的法益也不复存在。[1]

---

[1] 参见施天涛：《公司法的自由主义及其法律政策——兼论我国〈公司法〉的修改》，载《环球法律评论》2005 年第 1 期。

相关制度变革体现当前我国政府主导型的经济体制已经逐渐被较为自由的市场经济体制取代，经济体制转型要求资本刑法对经济自由、金融创新及资本行为持更加宽容的态度。[1]随着市场经济环境的变化，"自 2014 年修改公司法实施注册资本认缴登记制，取消出资期限、最低注册资本和首期出资比例以来，方便了公司设立，激发了创业活力，公司数量增加迅速。但实践中也出现股东认缴期限过长，影响交易安全、损害债权人利益的情形"。[2]为保证交易自由的同时维护资本充实和交易安全，2023 年 12 月 29 日第十四届全国人大常委会第七次会议表决通过新修订《公司法》，对公司注册资本制度再次进行修改，将有限公司资本认缴制改为限期实缴制，[3]适用范围不仅包括新成立的公司，也包括存量公司，体现了交易安全前提下经济自由与金融创新在动态中寻求平衡的制度设计理念。

第二，经济自由激发的创新是对原有金融模式的突破。基于创新在本质上意味着不遵循守旧、对传统模式的变革与叛逆，金融创新往往是对现有经济运行模式以及法律监管制度的突破，因此存在很大的制度风险和法律规制风险。经济自由与创新如同双刃剑，经济主体行动自由超过一定的度将使得整体环境处于失序状态，加之创新模式本身是在挣脱固有体制的束缚，存在触犯现存制度结构的违法性风险，在监管缺失的情况下创新模式对自由和利益的过度攫取极易对整体经济运行造成系统性风险最终引发金融危机，经济安全的失守最终直接导致社会危机和政治动乱。

法律既要对破坏现行经济运行体制的违法违规行为进行规制打击，防止由此造成的制度性风险危害整体经济运行稳定以及对民众产生财产安全，同时也要保护金融创新，防止扼杀了经济的发展，这样人类社会才得以进步。庞氏经济活动本身具有一定的经济创新性，对于具有可行性的新型金融工具

---

[1]　参见刘仁文、陈妍茹：《论我国资本刑法的完善》，载《河南社会科学》2017 年第 5 期。

[2]　参见《公司法修订进入三审：拟规定股东认缴出资额五年内缴足》，载 http://www.npc.gov.cn/c2/c30834/202308/t20230829_431296.html，最后访问日期：2024 年 1 月 31 日。

[3]　2023 年新修订《公司法》第 47 条第 1 款规定："有限责任公司的注册资本为在公司登记机关登记的全体股东认缴的出资额。全体股东认缴的出资额由股东按照公司章程的规定自公司成立之日起五年内缴足。"

或金融运营模式，法律监管应保持一种鼓励开放的态度，促进社会经济持续有效发展。金融创新工具本身无善恶之分，但缺失监管规则约束、任其自由发展则容易异化甚至被利用成为实施违法犯罪的工具。P2P 网贷作为网络技术发展与贷款平台开发所催生的新型融资方式，具有典型的金融创新属性，极大提升资金利用效率促进实体经济发展，在初期得到了国家政策的支持与认可，但 P2P 网贷平台欠缺有效金融监管导致野蛮生长，被作为非法集资工具，发生模式变异形成新型庞氏骗局，具备了影子银行体系的本质，造成整个行业混乱无序。[1]

三、金融创新与经济安全的关系

金融创新具体包括金融制度的创新与金融工具的创新。[2]金融创新本身对于防范经济危险、维护经济安全能够起到制度保障与完善的功能，同时金融创新也可能脱离经济运行所允许的自由边界、冲破既有经济管理束缚的枷锁，造成风险危害国家经济安全，两者对立统一，关键要对金融创新进行合理引导与规范监管，实现在发挥创新功能促进经济发展的前提下保障经济安全。

首先，金融创新具有维护经济安全的正向功能。就金融创新所缔造的新型金融衍生工具与运行模式而言，金融创新本身并不制造新的风险，只是会对原有风险进行分配，具有重新配置风险的可能。且金融创新有利于降低交易成本，增加金融资产流动性，保障交易顺利进行，维护金融市场稳定性；同时金融创新可以减少逆向选择与道德风险等信息不对称局面，提升金融机构盈利水平，有助于提高金融效率，保障金融市场安全性。[3]因此金融创新客观上具有控制金融风险，保障金融安全的正向功能。甚至有观点指出“实现金融安全的根本途径在于促进金融创新的不断演进”。[4]此外，金融创新是

[1] 参见李雪静：《国外 P2P 网络借贷平台的监管及对我国的启示》，载《金融理论与实践》2013 年第 7 期。

[2] 参见林皑：《厉以宁：谈金融创新》，载《金融信息参考》1997 年第 5 期。

[3] 参见赵思雨：《金融创新对金融安全的影响研究》，载《西部金融》2013 年第 5 期。

[4] 张亦春、许文彬：《金融全球化、金融安全与金融演进——一个基于新兴古典范式的理论分析》，载《管理世界》2002 年第 8 期。

刺激政府提升监管水平的内在动因之一，客观上提升金融监管部门防范化解系统性金融风险的治理能力，间接维护金融稳定与国家经济安全。

其次，金融创新具有引发金融风险、危害经济安全的反向功能。金融创新和金融安全是通过金融风险相互联系，金融创新可能对金融机构和金融市场带来风险，而风险的产生则对金融安全构成威胁，风险的累积和爆发最终对经济安全造成侵害。"金融创新的目的之一是为了更好地处理实体经济中的风险，但是金融创新又不可避免地产生新的风险，并且更容易以系统性风险的形式爆发出来。"[1]有研究表明，金融创新在美国次贷危机爆发过程中扮演了十分重要的角色，只有在充分信息披露与有效监管的前提下才能够规避金融风险、保障金融安全。[2]"金融创新作为金融领域各种要素的重新优化组合和各种资源的重新配置，既有助于金融体系的稳定和金融安全，也有可能带来金融脆弱性、危机传染性和系统性风险，从而对金融安全产生负面冲击。"例如，金融创新使货币供应在一定程度上脱离了中央银行的控制，而越来越多地受制于经济体系内部因素的支配，从而严重削弱了中央银行对货币供应的控制能力和控制程度。[3]而金融创新初期法律规范缺失、金融监管滞后以及民众对金融创新工具投机跟风、盲目追从都是增加金融风险、危害经济安全的主要原因。

投资市场领域火热的首次代币发行 ICO（Initial Coin Offering）作为区块链底层技术应用形式之一，是近年来世界公认的金融科技创新模式，相比 IPO（Initial Pubic Offering）公开募股，ICO 代币发行行为进一步颠覆传统融资模式，通过互联网出售数字货币，融资时间更短，成本低廉且方式灵活，受到监管束缚少，能够激励个体投资者参与其中，在使用、交易数字货币时满足投资获益需求。但 ICO 过于自由的运作模式存在很多监管方面的诟病，作为

---

〔1〕 李鑫：《金融创新与风险：文献述评》，载《金融评论》2014 年第 4 期。

〔2〕 参见何德旭、范力：《切实保障金融创新中的金融安全——美国次贷危机中的教训》，载《上海金融》2008 年第 10 期。

〔3〕 参见何德旭、郑联盛：《从美国次贷危机看金融创新与金融安全》，载《国外社会科学》2008 年第 6 期。

金融创新的 ICO 融资模式严重冲击既有金融监管体制，在法律属性不明确前提下对监管主体、监管模式、监管手段等传统监管格局、框架形成挑战。随着数字货币概念的鼓吹，社会民众在缺乏对区块链底层技术基本了解以及对代币发行模式辨识能力欠缺的前提下蜂拥而至进行投机炒作，大量民间热钱迅速涌入代币发行领域，使得数字货币投资领域更加无序，对金融秩序产生破坏、形成融资风险；通过发行与区块链技术无关的虚假数字货币的投资欺诈泛滥，非法集资、传销等庞氏骗局横行严重，侵害投资者利益，利用加密数字货币洗钱、恐怖主义融资等犯罪活动挑战国家金融监管，金融风险的提升与监管失控严重危害国家经济安全。因此，金融创新产品结构复杂、缺乏信息透明度，投资者无从认识金融产品存在的风险；金融创新虽然提高了货币的流通性，但同样提升了风险的传递性，以往区域性、行业内部风险随着互联网金融流通性的提升迅速波及不同金融领域，受影响的投资者数量更是呈现"多米诺骨牌效应"几何级递增，风险的传导性大大增强。

最后，经济安全与经济创新并非总是对立冲突关系，两者同样具有相辅相成、相互促进的功能，刑法应当为经济创新预留合理的空间。金融监管虽然是以保障经济安全为目标，但其本质上也是为创新营造趋利避害的外部环境，提高金融监管力度与效率并非是要扼杀金融创新，金融创新在客观上也成为推动监管发展和完善的动力。就经济安全保障力度对于金融创新的反作用而言，过度强调对经济金融安全的保护并不利于金融创新，过度运用刑法保护金融创新也会引发一些借助创新模式实施的新型金融犯罪，因此应当关注金融安全与金融风险的平衡，在谨慎入罪与理性出罪两者之间做出合理判断与慎重处理。[1]

经济实力是国家安全的基本保障，没有经济实力就没有经济安全，当然也就没有国家安全，而经济实力取得的前提是经济的不断发展。注重经济安全并不意味着排斥经济自由与创新，经济发展的前提，则是经济自由创新，经济安全虽然可以在高度抑制下取得，但遏制创新的监管最终将引发金融不

---

〔1〕 参见郭华：《互联网金融犯罪概说》，法律出版社 2015 年版，第 120~121 页。

安全；由此应当鼓励创新，创新才能提高经济运行效率和生产力，同时防止行为主体过度自由造成的以金融创新名义实施的违法犯罪行为。不论是刑事立法抑或是刑事司法都应当防止动辄以经济安全保障之名约束经济主体的自由，遏制经济发展与创新。

四、经济安全与自由创新的当代选择

科技创新具有中立属性，既可以推动经济发展，也可能被犯罪分子利用成为犯罪工具，危害经济安全，这在互联网金融时代尤为明显。从各国维护经济自由与保障经济安全的历史发展来看，不同时代侧重不同，但在当前世界经济背景下，各国仍将经济安全保障放在优先考虑地位，在鼓励经济自由运行与金融模式创新的同时更注重对可能产生的风险进行严格把控，避免引发新一轮的经济金融危机。

经济自由与经济安全两者如何平衡成为不同历史时期监管者面临的难题困惑与艰难抉择，如美国对于分业经营模式与混业经营模式的交替适用实质上体现了监管者对于经济自由主义与金融安全理念的抉择摇摆。按照推崇经济自由的古典经济学派代表亚当·斯密的观点，经济的发展应当完全交由市场主体自行主导，无需政府的干预与指引，以实现资源的最优化配置。尤其是第三次科技革命带来的金融全球化浪潮使得金融自由理念深入人心，监管者逐渐放弃传统严格的分业经营模式，取而代之的是宽松的混业经营模式，热衷推进金融自由化与所谓金融创新，为影子银行的产生和发展培育了沃土，在创造大量金融财富的同时也带来潜在的金融隐患。[1]当政府放弃"守夜人"角色，加之市场自由运行的失灵，1929 年世界性经济危机爆发，极端的经济自由主义暴露了其无法弥合的缺陷，并且直至 2008 年之后世界范围内的金融危机，美国以及其他奉行金融自由政策的国家才摒弃所谓自由经济规律，强

---

〔1〕　如引发 2008 年美国金融危机的导火索——住房抵押贷款证券化（MBS，Mortgage-Backed Security，住房抵押贷款支持证券），作为一种金融创新产品，其对增强房贷资产的流动性以增加金融机构对个人住房贷款投放能力起到极大刺激作用，大幅提升房地产的市场价格，但由于金融监管机构缺乏对风险的有效控制，美国房地产市场泡沫持续增大并最终破裂，引发金融资本市场连锁反应，这也被认为是美国近三十年来加速推行的新自由主义经济政策所造成的最终苦果。

化金融监管并进行相应法律制度调整，目的在于保障国家经济与金融安全，体现了不同历史时期金融安全主义对过度自由的约束。[1]

当前世界经济格局处于不断变革之中，以经济自由为内在驱动的金融创新模式必须回归服务实体经济的本质，才能进一步维护经济安全，实现自由创新与经济安全的良性循环。"随着后工业社会的风险社会、信息社会到来，传统的形式理性至上的刑法理论已经难于回应复杂的社会矛盾，浸淫在个人自由传统上的刑法理论在应对社会风险中捉襟见肘，尤其是应对的滞后性，勾勒出传统刑法在当代社会的困境。"[2]虚拟经济的高度发展与实体经济的相对萎缩以及二者比例的严重失调，促使国家必须实行经济干预政策，以国家宏观调控为主导的凯恩斯主义在世界经济舞台大行其道已成为不争的事实，各国都在持续强化国家安全与经济利益至上的理念与策略，彰显金融稳定与安全高于其他一切利益，经济安全也成为优位于经济自由的国际共识。而经济自由主义则因主张公共服务私有化和减少公共与社会开支以及民族国家应当服从于经济自由等观念，在全球安全形势紧张的当下，已显得有些不合时宜。[3]

单从刑法对经济领域的规制目的而言，如果不是为了维护经济秩序的稳定与经济安全，则刑法没有制定的必要与意义，也没有必要出现在经济运行领域。国家之所以通过刑法这一最严厉的法律制裁手段规制经济运行中的失范行为，就是为了保障社会经济的有效平稳运行，维护国家经济安全，否则不规定任何强制性规范将使得经济主体获得最大的行动自由，而这种想法在任何国家的刑法中都不会得到认可与支持。对于经济刑法存在的价值而言，如果只是为维护经济主体的行为自由，那么经济刑法本身没有制定的必要，当没有法律约束时行为主体应该是最自由的，而这样的法律规范也并不可能真正起到保障经济主体行动自由的作用。从国外刑事立法目的来看，对于经

---

〔1〕 2010 年奥巴马总统签署的《多德—弗兰克法案》被视为自 20 世纪 30 年代大萧条以来最严厉的金融监管法案，其专门针对金融危机出台，出于对金融安全保障在内容上多体现对影子银行体系的规制，体现金融安全与经济自由两种制度理念的角力。参见王建文、刘灏：《影子银行的法律规制：金融自由与金融安全的平衡》，载《西部法学评论》2014 年第 2 期。

〔2〕 孙国祥：《四十年来中国刑法理论发展历程和展望》，载《人民检察》2019 年第 1 期。

〔3〕 参见田鹏辉：《经济安全与经济刑法立法模式选择》，载《法商研究》2018 年第 3 期。

济安全保护的落脚点最终是对公众资金安全、消费者利益保护而非简单强调保护抽象的金融秩序与安全。从刑法规制目标而言，在经济犯罪领域维护经济安全与保障其中个体投资者的权益两者规范保护目的具有同质性，并不矛盾。基于经济安全之于国家安全的核心价值，经济风险防范与控制受到各国前所未有的重视，包括经济刑法在内的经济法治建构，成为世界法治建构中最具活力的领域。[1]因此，经济运行领域中刑法制定的根本目标就在于对经济秩序的维护与经济安全的保障，而非其中个体的自由获取，个人主体经济自由的实现前提是经济运行的有序以及整体上经济安全的获得。

在我国，社会主义市场经济的重要特征之一就是国家对经济实行强有力的宏观调控，凯恩斯主义的宏观调控之手始终作为我国宏观经济管理的主要手段，在我国经济发展的过程中发挥着重要作用。与资本主义市场经济相比较，我国的社会主义市场经济本身就带有浓厚的管控色彩，无论是经济规则的确立还是作为经济运行外部监督规则的法律的制定，都无法避开政府的管控，因而也都具有机能主义的特征。[2]社会主义市场经济自由是在保障经济安全前提下的从属性自由，这决定了作为保障经济安全的经济刑法应当是建立在经济安全基础上兼顾经济自由的经济安全刑法。加之我国金融市场体系不成熟，在其发展过程中经常会出现违法违规现象，造成金融系统整体安全的严峻形势，有必要提高人们风险防范意识，加强监管，保障金融体系稳定，实现经济安全。[3]从加强经济安全保障的反面成效来看，相比较欧美等世界其他金融高度自由化国家在 2008 年金融危机中所遭受的重创，我国遭受的影响相对较小，对金融危机冲击实现的防御效果更为明显，这一定程度上体现了我国强势金融监管对于金融安全维护与金融体系稳定起到的积极作用。

---

〔1〕　参见魏昌东：《经济风险控制与中国经济刑法立法原则转型》，载《南京大学学报（哲学·人文科学·社会科学版）》2011 年第 6 期。

〔2〕　参见田鹏辉：《经济安全与经济刑法立法模式选择》，载《法商研究》2018 年第 3 期。

〔3〕　参见吴弘：《金融检察与金融安全法治》，载中国检察学研究会金融检察专业委员会编：《金融检察与金融安全：首届中国金融检察论坛文集》，上海交通大学出版社 2012 年版，第 44~45 页。

　　基于"当前我国国家安全内涵和外延比历史上任何时候都要丰富，时空领域比历史上任何时候都要宽广，内外因素比历史上任何时候都要复杂"[1]的历史阶段，在积极构建总体国家安全观的战略背景下，经济自由让位于经济安全是总体国家安全观战略下的政治抉择，加强经济安全法益保护应当成为经济刑法的基本立法理念，这也是刑事政策导向价值的体现，除此之外的任何有损经济自由的经济安全，以及在此名义下的刑事立法，都有悖于经济刑法的立法初衷及我国社会主义市场经济的整体战略。[2]因此，对于金融安全与自由创新的关系，必须是在确保金融安全的前提下，更深层次开放金融市场，鼓励金融创新，实现经济安全与经济自由创新的良性循环与动态平衡。

第四节　国家经济安全保障的刑事政策导向

一、经济犯罪刑事政策历史考察

　　随着我国宽严相济刑事政策的确立，刑罚轻缓化渗入到刑法各项罪名的规定，尤其是对于经济犯罪的处理，历次刑法修正案尤其是《刑法修正案（八）》，不论是针对经济犯罪量刑的总体趋势还是针对各具体罪名死刑的适用等方面，都明显呈现出降低刑法处罚力度的趋势。但宽严相济的刑事政策并非刑罚轻缓化的单方面表征，其本质上要求对不同社会危害性的犯罪类型做到区别对待，即当宽则宽，当严则严。严，就是要毫不动摇地坚持"严打"方针，集中力量依法严厉打击严重刑事犯罪，包括对危害国家安全犯罪、黑社会性质组织犯罪、严重暴力犯罪以及严重影响到人民群众安全感的多发性犯罪，必须从严打击，绝不手软。严表现在法网的严密程度以及对具体罪名的适用上，对于严重危害经济安全的金融犯罪类型应当从严从重惩治。对于经济犯罪的刑罚

---

　　〔1〕　宫力：《坚持总体国家安全观，走中国特色国家安全道路》，载《人民日报》2016 年 7 月 12 日，第 10 版。

　　〔2〕　参见田鹏辉：《经济安全与经济刑法立法路向选择》，载刘仁文主编：《刑法修正评估与立法科学化》，社会科学文献出版社 2018 年版，第 504 页。

惩治，学界主流观点认为，相对于暴力性、人身侵害性犯罪，经济犯罪属于轻罪，社会危害性相对较轻，应当采取宽缓的刑事政策，并使用较为轻微的刑罚措施，不使用极刑，尽量使用财产罚剥夺其再次实施经济犯罪的能力。也有观点指出，在金融犯罪入罪问题上，为防止国家动用刑罚手段干预正常的经济环境，压抑经济自由发展，不宜过多干预经济，严格执行谦抑的刑事政策，严格控制金融犯罪圈的划定问题，绝不随意扩张金融犯罪。[1]

回顾中华人民共和国成立以来我国对金融犯罪的惩治态度，党中央对于金融犯罪在内的严重经济犯罪一直秉承一项毫不动摇的刑事政策即依法从严惩治，从死刑的适用到严打政策都可以明确看出。基于我国 1979 年《刑法》并没有规定金融领域具体的诈骗类型，在市场经济活动中实施的欺诈行为都统一适用诈骗罪规定。1983 年 12 月 20 日中央纪律检查委员会、中央政法委员会联合发布《关于严惩严重经济罪犯的意见》（已失效），为了严厉打击严重经济犯罪活动，维护社会主义经济制度，保卫社会主义现代化建设，建议司法机关对该意见中的罪犯依法予以严厉惩处，其中第 5 条为"个人诈骗公私财物数额在二十万元以上的，或者个人所得在十万元以上的，应依法从严惩处。这些罪犯，兼犯走私、投机倒把、贪污、受贿、盗窃等罪行的，可按数罪并罚直至判处死刑。个人诈骗数额在十万元以上不满二十万元，或者个人所得在五万元以上不满十万元，情节严重并犯有走私、套汇、投机倒把、贪污、受贿、盗窃等其他罪行的，应按数罪并罚判处无期徒刑或者死刑。诈骗集团的首要分子，应按照集团诈骗的数额从重处罚。"从历史发展的眼光看，我国刑法打击经济犯罪采用的刑事政策以及规定的刑罚措施总体上由严厉走向逐渐轻缓，这既体现立法者对于经济犯罪刑法惩治理念的转变，是刑罚轻缓化大背景下的趋势使然，同时也是我国改革开放背景下经济体制改革在刑法治理理念中的体现，立法者更加注重市场经济中刑法的谦抑性与不主动干预，为经济领域的自主交易行为提供相对宽松的法治保障环境。但是，对经济犯罪的刑罚惩治并非具有轻刑化的原始基因，不同时期背景引发的经济犯

---

〔1〕　参见曲伶俐等：《刑事政策视野下的金融犯罪研究》，山东大学出版社 2010 年版，第 45 页。

罪类型在法益侵害属性上会存在本质差别，这决定了刑法对于经济犯罪不会像自然犯一样亘古不变采取相对稳定的刑罚措施，同时随着网络科技推动经济犯罪的迭代更新，即使在以经济发展为首要目的的当下，对于经济犯罪内部同样不会不加区分一味施以轻缓的刑事政策。如对于高发的各类非法集资犯罪，《刑法修正案（十一）》加大刑罚力度，将第176条非法吸收公众存款罪的自由刑最高刑期从有期徒刑10年提升到15年，同时提升罚金刑的处罚力度，由数额罚金制改为无限额罚金制，体现互联网金融时代加大对各类非法集资庞氏骗局的刑事政策打击力度，实现国家经济安全的刑法保护目标。

二、经济犯罪轻缓化刑事政策审思

一段时期，新自由主义主张经济领域中彻底的自由化、私有化和市场化，认为"离开了市场就谈不上经济，无法有效配置资源，反对任何形式的国家干预"。[1]即经济越自由，经济发展就越好。但是，新自由主义过度强调市场的作用，也不可避免地形成其本身的局限性。"生产力的发展还使各种经济组织和经济联系日趋复杂，经济形势变化莫测，各种机遇和风险大为增加，从而为经济犯罪提供了更为便利的条件。于是，西方的经济犯罪逐渐走出了上层社会的圈子，成为一种在社会中泛滥成灾的现象。"[2]如自20世纪末持续发酵的金融危机，与一些国家放弃或者缺乏对金融机构有效的监督分不开。市场经济下无序竞争的副作用，没有法律包括刑法对市场秩序的维护，矛盾和问题就会不断积累和扩大，从而威胁到整个经济运行的安全。因此，不断健全经济刑法具体内容，预防和惩治各种经济犯罪，是现阶段各国所采取的普遍措施。从这一意义上说，作为经济工具的经济刑法，本身附属于经济发展而发展，对于危害国家安全的金融犯罪给予刑法惩治本身具有天然的正当性与合理性。

对于经济运行领域的刑法过度介入，有持怀疑观点的学者指出，当前世

---

〔1〕 吴乐珺等：《新自由主义风光不再》，载《人民日报》2014年6月3日，第23版。

〔2〕 李岸曰、肖中华：《论刑法修正后适用的两个基本问题》，载《贵州大学学报（社会科学版）》2016年第4期。

界各国刑法对于经济领域的犯罪都有一种打击前置化、规制严厉化的趋势，善于将经济制度之运作、交易制度之信赖等抽象而集体性的概念作为保护法益而成为立法正当化的依据，呈现刑罚积极主义的倾向以及刑法基本原理机能退化的特征。[1]也有学者指出："如果脱离具体的社会情境，仅仅抽象地以刑法的谦抑性和刑法发展的整体趋势为价值依据，忽视经济生活现实的刑法调整需要，有失偏颇。站在封闭的刑法理论立场，从一般的原则论证中获得结论，并不困难，但结论是否科学以及是否符合社会对经济刑法现实需要则令人心生疑窦。因此，犯罪化或者非犯罪化的论证，必须结合广泛的社会背景以及从时代的社会关系出发，即刑法如何回应现代社会，如何在现代社会中发挥其功能，而不是通过刑法理论的所谓趋势而强加于社会的抉择。经济刑法的发展，不在于是否契合刑法整体的发展趋势，而应由自身的发展逻辑来决定，现阶段经济刑法的犯罪化进程有一定的合理性。"[2]例如，在德国经济犯罪领域，伴随着经济发展所衍生的诸多风险问题，经济领域中又产生了一股与整体刑法发展相反的运动，即犯罪化趋势。[3]因此，刑法宽缓化刑事政策并非意味着刑法面对经济运营中出现的违法违规行为应当放任不管，任其发展，尤其是在科技迅猛发展的当下，各类利用高科技手段实施的新型经济犯罪层出不穷，刑法同样不能消极怠工，需做好社会防卫的"守门人"角色。

三、涉国家经济安全经济犯罪的刑事政策选择

有观点指出，经济刑法成为屡次刑法修正关注的对象，且犯罪圈愈来愈大，这与契约主义刑法观的失守和机能主义刑法观的兴起有关，后者立足于积极的一般预防理论与目的合理的刑法体系的尝试，把刑法当成了一种社会控制的工具，从而带来了经济刑法的"肥大症"现象。[4]刑法在解决社会矛

---

〔1〕　谢煜伟：《检视日本刑事立法新动向——现状及其课题》，载《月旦法学杂志》2009年第2期。

〔2〕　孙国祥：《20年来经济刑法犯罪化趋势回眸及思考》，载《华南师范大学学报（社会科学版）》2018年第1期。

〔3〕　［德］克劳斯·梯德曼：《西德经济刑法——第一和第二经济犯罪法之检讨》，许玉秀译，载《刑事法杂志》1988年第2期。

〔4〕　参见刘艳红：《我国应该停止犯罪化的刑事立法》，载《法学》2011年第11期。

盾中的作用也是有限的，尤其是在经济领域，刑法不能过于前置，代替其他法规范的作用，易言之，不能动辄使用刑法。"从根本上说，各种经济关系与经济矛盾还是通过市场的自发调整得以解决，过分严厉的刑罚与市场经济的内在逻辑本身是矛盾的。"[1]在经济运行过程中，如何正确定位刑法的功能与职责确实存在两难境地：一方面，刑法应当在安全维护与经济自由之间寻求平衡，防止越位扰乱正常经济自由的发展。在国家的法益保护体系中，不同的法律所承担的任务应有合理的分配，对经济秩序的维护，经济刑法并非是主要手段，不应也不可能独挑大梁。另一方面，我国目前市场经济体系发展不成熟，经常会出现违法违规现象，加之监管能力有限，现有法律法规无法有效应对技术迅猛发展引发的新型金融犯罪类型，聚集的金融犯罪对于整体经济安全产生严重侵害与威胁，有必要提高风险意识、加强监管并加大刑事司法的打击力度。

就经济自由交易领域产生的法益侵害行为而言，多数学者主张此类经济犯罪的刑事政策应符合刑罚轻缓化的世界潮流，宽严相济刑事政策"宽"的一面也在经济犯罪的刑罚配置中体现。就宽严相济刑事政策在经济犯罪领域的贯彻落实，应当根据法益侵害的属性与严重程度进行区分，不应当一味适用宽严相济刑事政策"宽"的一面，对于市场经济领域平等交易主体的法益侵害行为，首先考虑由前置性法律如民法、行政法律法规进行处置，刑法尽量少介入并且刑罚措施尽量轻缓，给予经济交往过程中交易主体最大限度的自由与宽松环境，以促进经济自由交易为保障目标；对于超出单纯个体法益侵害，上升到对国家经济安全法益产生严重侵害的情形，对此类实质上是对国家法益的侵害的经济犯罪应当实行严厉的刑事政策，从刑法维护国家经济安全，防范系统性风险以及保障民众财产安全角度考虑，应当从严惩治打击。

虽然刑罚轻缓化是世界性潮流，对于经济犯罪轻缓化处理也符合刑法的预防目的，但由于当前经济犯罪的实际态势，如果一味笼统地要求对经济犯罪不加区别地进行轻缓化处理，则经济犯罪行为成本与收益之间的差距势必进一步

---

[1] 陈兴良：《走向哲学的刑法学》，法律出版社1999年版，第468页。

增大，并不利于预防与惩治犯罪。因此，对于经济犯罪的刑事政策不宜"一刀切"地要求贯彻绝对的刑罚轻缓化政策，而是需要去详细考察司法实践犯罪状况方能拟定。例如，2002 年"中科创业操纵市场案"中，主犯即核算过其所获得数以亿计的巨大收益与触犯该罪名当时最高法定刑仅 5 年有期徒刑之间的收益成本差。而该事件最终也促使刑事立法以修正案方式将可能产生巨大犯罪收益的资本市场相关罪名的法定刑由原来的 5 年有期徒刑提高到 10 年有期徒刑，增幅为 1 倍。我国对涉众型经济犯罪严厉惩治的刑事政策一直没有改变，根据刑事司法实践情况考察，我国对于聚集资金的民间融资行为一直保持着严格管控之势，从典型非法集资案件来看，对于民间融资行为采取了严厉的量刑措施。各级法院、检察机关的年度工作报告常强调对涉众型经济犯罪类型要"严加惩治"和"加大打击力度"，其原因并非仅是经济犯罪案件涉案数额巨大，更是强调经济秩序的稳定健康发展。[1]基于此，"刑法规定的内容应当与当下社会保护法益的需要保持一种最大限度的一致性，尤其是在'自由给安全让路'的观念已经深入人心的现代社会，刑法更应当牢牢地当好各部门法的后盾，为个人的安全和社会的秩序筑起坚实的防线。"[2]有效合理的刑事政策选择成为规制市场经济活动健康平稳发展的一门艺术。

本章小结

庞氏骗局对于经济安全的侵害体现为所形成的地下金融体系脱离国家正规银行金融监管。新型庞氏骗局代际更新体现在运行模式、表现类型、法益侵害等方面，借助互联网科技与金融创新模式，新型庞氏骗局突破物理空间的限制，其危害及传播力远远大于传统金融犯罪对特定公共安全法益所造成的影响与侵害程度，这也是互联网金融时代新型庞氏骗局法益侵害的本质体现。以私募基金、P2P 互联网借贷、数字（虚拟）货币等为幌子实施的非法

---

〔1〕　毛玲玲：《经济犯罪与刑法发展研究》，法律出版社 2017 年版，第 15~18 页。
〔2〕　陈璐：《犯罪化如何贯彻法益侵害原则》，载《中国刑事法杂志》2014 年第 3 期。

集资、互联网新型传销犯罪等，以及借助数字货币进行的恐怖主义融资、洗钱等行为都体现出地下金融活动摆脱金融监管、危害经济安全的本质特征，成为刑事法重点监管打击内容。

庞氏经济活动作为一种客观中立的经济运行模式，在社会经济生活中较为普遍运用，并体现金融创新原理，庞氏骗局与庞氏经济活动虽然都具有借新还旧的运作结构，但两者具有本质差别，即背后是否有一套切实可行、具有盈利可能的回报项目予以支撑，这也成为法律能否认定庞氏骗局的标准。法律在介入经济活动过程中，应当协调好经济安全与经济自由、金融创新的关系。国家经济安全与发展既需要通过打击违法犯罪予以法律强制力保障，同时需要法律对经济运行过程中的制度创新与技术手段创新保驾护航。对于新型庞氏骗局引发的金融犯罪，并非一刀切式适用轻缓化的刑事政策，应根据犯罪侵害的法益属性确立不同导向的刑事政策。对于单纯侵犯市场经济管理秩序以及投资者个人法益的金融犯罪类型，适用轻缓化刑事政策以保障市场经济高效运行符合世界刑法发展的要求；对于侵害国家经济安全法益的金融犯罪类型，应适用严厉的刑事政策加强刑法打击，实现国家经济安全保障任务。

| 第四章 |

私募基金庞氏骗局的刑法规制

利用私募基金进行非法集资是庞氏骗局的常见手段，然而在司法认定中刑法理论与私募金融知识存在较大程度的割裂，如何认定私募领域集资犯罪的"四性"特征具有较大争议，例如，已备案的私募基金产品是否可以排除非法性、如何区分私募产品允许宣传的范围与公开性等。同时，在行刑衔接的过程中，在实体上区分认定非法集资行政违法与刑事犯罪也存在难点，这导致实践中存在"有案不移"、"有案难移"、取证难等问题。本章在结合私募基金理论知识与法律法规的基础上，首先明确私募基金涉集资犯罪的"四性"认定标准，对于典型案例中存在的争议焦点问题进行分析与把握；其次针对实践中常见的"行刑"衔接问题，在实体上对行政与刑事认定标准进行区分，并在程序上提出解决方案，以期打破理论与实践上存在的适用僵局。私募基金作为金融投资产品天然具有投资风险，"只要危险不超越一定的范围，就应被社会所允许，如果完全不带危险性，会是一个过度镇静的、僵死的理性社会"。[1]根据风险社会理论，预防是刑法体系的首要目的，要求刑法充分发挥防卫社会功能，维护社会规范与秩序。[2]因此，刑法规制私募基金涉集资犯罪的过程，也是在探索如何在利益与风险、金融自由与金融犯罪、激发市场活力与维护金融市场秩序之间维系良性平衡，最终让私募基金真正回归"私募"与"投资"的本源。

第一节　私募基金的规范认识

一、私募基金的概念与分类

私募基金是指以非公开方式向合格投资者募集资金，由基金管理人进行管理，为投资者的利益进行投资活动的投资基金。[3]其与公募基金在我国资

---

〔1〕　林东茂：《一个知识论上的刑法学思考》，中国人民大学出版社2009年版，第41页。

〔2〕　参见毛玲玲：《经济犯罪与刑法发展研究》，法律出版社2017年版，第37~38页。

〔3〕　参见曹泉伟等：《2021年中国私募基金研究报告》，经济科学出版社2021年版，第2页。

产管理行业中均扮演着重要角色，但私募基金具有非公开募集、监管相对宽松、投资策略灵活、追求绝对收益、高风险等特点，"实质上是对证券市场中尚未被发现的投资价值的发掘和运用"。[1]与此相对，公募基金与私募基金在发行对象、信息披露、服务方式、监管原则和标准、投资策略及限制、双方关系方面存在差别。[2]因此，私募基金必须面向具备相应辨别和承受风险能力的"合格投资者"，以保证运作过程中信息的对称性、通畅性。证监会《私募投资基金监督管理暂行办法》（以下简称《私募暂行办法》）严格限定了"合格投资者"的标准：对于个人投资者，金融资产不低于 300 万元或近 3 年年均收入不低于 50 万元；对于单位投资者，净资产不低于 1000 万元。并且个人投资者和单位投资者，投资单只产品的金额不低于 100 万元。《关于规范金融机构资产管理业务的指导意见》（以下简称《资管新规》）进一步提高了合格投资者的门槛，明确家庭金融资产和家庭金融净资产的最低数额要求。关于合格投资者数量的限制，需视企业模式确定，有限公司或合伙制的合格投资者上限为 50 人，股份公司制为 200 人。[3]

表 4-1　公募基金与私募基金的差别

区别角度	公募基金	私募基金
发行方式	公开发行	非公开发行
发行对象	不特定的投资对象，多为中小投资者	少数特定投资人，多是资本规模很大的个人
信息披露要求	要求定期披露详细的投资目标、投资项目	投资存在隐蔽性，有关消息发布较少

---

[1]　参见夏斌、陈道富：《中国私募基金报告》，上海远东出版社 2002 年版，第 294 页。

[2]　翁良勇、余枫霜：《涉私募基金非法集资案件司法认定及证明路径》，载《中国检察官》2023 年第 16 期。

[3]　《证券投资基金法》第 87 条规定，合格投资者累计不得超过 200 人。《公司法》第 92 条规定，设立股份有限公司，应当有 1 人以上 200 人以下为发起人；第 42 条规定，有限责任公司由 1 个以上 50 个以下股东出资设立。《合伙企业法》第 61 条规定，有限合伙企业由 2 个以上 50 个以下合伙人设立；但是，法律另有规定的除外。

续表

区别角度	公募基金	私募基金
服务方式	投资决策主要基于管理公司的风格和策略	投资决策主要反映投资人的想法与需求
监管原则和标准	对基金管理人及基金投资活动有严格的要求和限制	金融监管比较放松，较少受监管和制约
投资策略及限制	各种性质的基金投资组合存在着不同的规定，对投资不同工具和市场具有限制性规定	投资组合和交易一般不会受到限制
双方关系	投资人被动接受，由基金发起人单独决定相关事宜	具有协议性质，投资人可和基金创始人磋商，并一起明确基金的投资方向和目标

私募基金主要分类标准之一是投资标的，可分为私募股权投资基金、私募证券投资基金、创业投资基金和其他私募投资基金。[1]其中，私募股权投资基金主要投资于未上市的成熟企业的股权或其他权益，通过被投资企业上市、并购或回购等途径退出，实现资本增值。[2]私募证券投资基金则主要投资于公开交易的股份有限公司的股票、债券、期货、期权、基金份额以及证监会规定的其他有价证券及衍生品种。这两类是私募管理人非法集资行为的高发领域，也是刑法需要集中规制的领域。此外，按结构设计的不同，可划分为结构化基金或非结构化基金；按组织形式的不同，可划分为公司型基金、契约型基金、有限合伙型基金。[3]

二、"伪私募"的界定

真伪并存、良莠不齐，是当前私募基金领域亟待解决的难题。在《中国证券报》等官方报道及司法实务中，经常出现"伪私募"一词，[4]但对其概

---

〔1〕　参见中基协发布的《有关私募投资基金"基金类型"和"产品类型"的说明》。

〔2〕　参见邹菁：《私募股权基金的募集与运作：法律实务与案例》，法律出版社2014年版，第3页。

〔3〕　参见洪灿：《私募基金刑事法律风险与合规管理》，中国检察出版社2020年版，第60页。

〔4〕　王宇露、王辉：《守牢合规底线，私募行业存真去伪》，载 https://www.cs.com.cn/tzjj/jjdt/202109/t20210906_6201679.html，最后访问日期：2023年8月20日。

念界定较为模糊。首先，区分私募与公募的重点在于证券发行方式，"私募"可理解为"监管者通过分析发行对象的特征、发行规模等，认为登记对社会的利益有限而豁免其发行登记，但不允许其公开宣传的一种证券发行方式"。[1]因此，私募基金最关键的特征在于募集方式的非公开性，从字面意义上来说"伪私募"即公开或变相公开发行了私募基金，违背了私募的本质。

对于"伪私募"的内涵，最为常见的定义是借用私募合法形式来实施非法集资行为，具体表现为私募基金未登记备案，或公开宣传推介，或承诺固定收益、保本保收益，或不开展合格投资者审核而直接吸收资金，实质上突破了私募基金的合规底线。根据《中国金融机构从业人员犯罪问题研究白皮书（2021）》，金融机构从业人员参与非法集资犯罪的新特点之一，就是"假借私募基金之名，行非法集资之实"，有学者称之为"虚假私募型非法集资犯罪"。[2]对于"伪私募"的外延，在2021年中基协第三届会员代表大会上，时任证监会主席易会满将其界定为："部分组织日益背离其本质的定位，以私募之名变相发行公募产品，随意设立资金池，违规变相吸储，甚至自行自融自用、侵占挪用基金资产。"[3]因此，变相开展借贷业务，名基实债；[4]或部分民间资本将"明股实债"产品包装成结构化股权投资产品等，通过高频率地更换其外形来以假乱真，[5]也属于"伪私募"的范畴。

综上，"伪私募"是指利用私募基金之名行非法集资之实，具体包括不具备开展私募基金资质、不具有私募基金实质投资内容却假借私募基金的名义进行非法集资，即形式上的"伪私募"；以及虽然在形式上满足私募基金管理人和产品的登记、备案要件，但募集、发行和资金运作中均违反私募基金管理法律规定，突破私募基金"私"的本质和投资风险自负的底线，以具有公

---

〔1〕 夏斌、陈道富：《中国私募基金报告》，上海远东出版社2002年版，第43页。

〔2〕 常秀娇、张志富：《私募基金与非法集资犯罪的法律边界》，载《南都学坛》2017年第4期。

〔3〕 韦夏怡：《易会满："五个更加"推进新时代基金业高质量发展》，载《经济参考报》2021年8月31日，第A01版。

〔4〕 参见洪灿：《私募基金刑事法律风险与合规管理》，中国检察出版社2020年版，第9页。

〔5〕 参见李华林：《撕掉"伪私募"的面具》，载《经济日报》2022年1月22日，第5版。

开性、社会性和利诱性的方式非法募集资金,[1]即实质上的"伪私募"。不论是名义上的伪私募抑或实质上的伪私募,均属于背离私募基金"私"的本质实施的非法集资违法犯罪行为,具有较强欺骗性与隐蔽性,严重危及投资人的合法利益,扰乱金融市场秩序,行为人应承担相应的行政或刑事责任。

第二节　私募基金运行中的法律风险

一、私募基金法律风险的原因分析

1. 管理人欠缺合规意识

私募基金存在过度杠杆化、利益冲突等风险,[2]同时由于信息披露程度较低、投资人对资金流向缺乏监督,管理人在具有灵活自主操作空间的同时,极易在利益诱惑下滥用控制权力,突破合规底线而为己谋利。[3]尤其是开放型私募中的投资者作为有限合伙人并不参与公司经营,部分管理人铤而走险,从事被法律严格禁止的、运作和交易结构极脆弱的"资金池"业务,与集团化经营风险交织,一旦爆发通常会演变为系统性风险。[4]

2. 投资者法律意识薄弱

我国社会融资规模日益膨胀,公众存款余量显著增加,更多投资者将目光投向私募基金产品。但由于涉及的金融知识专业性较强,部分投资者对私募基金本质认识不清,防范"伪私募"意识薄弱。不法分子通过成立无正当资质的"空壳"公司;或依托"黑中介",用虚假的高回报率迎合投资者逐利投机心理和普遍存在刚性兑付预期,在大肆敛财后即挥霍一空或溜之大吉,

---

〔1〕　参见《"两高"联合发布依法从严打击私募基金犯罪典型案例》,载 https://www.court.gov. cn/zixun/xiangqing/421622.html,最后访问日期:2023 年 8 月 26 日。

〔2〕　Christos S. Chrissanthis, Legal Aspects of Speculative Funds (Hedge Funds, Private Equity Funds), *Revue Hellenique de Droit International*, Vol. 63, 2010.

〔3〕　Henry Ordower, The Regulation of Private Equity, Hedge Funds and State Funds, *American Journal of Comparative Law*, Vol. 58, 2010.

〔4〕　参见郭雳:《中国式影子银行的风险溯源与监管创新》,载《中国法学》2018 年第 3 期。

给投资者造成重大损失，影响社会稳定。

3. 监管缺位与弱化

当前，我国繁荣活跃的私募基金市场与"掉队"的监管之间存在一定矛盾：[1]其一，我国缺乏统一的私募基金专业法律法规，现有法规相对滞后于私募基金发展且处罚力度严重不足，只有当监管实践出现较为明显漏洞时，才会对相关规定予以完善或出台新的文件，监管者在市场中充当"法律补丁"的角色。其二，私募基金底层资产不透明、资金流向不明、风险隐蔽性强，常规监管手段难以进行事先核查与防范，而各类责任主体在私募基金的综合管理中又存在权力交叉与重叠、监管信息不通畅等问题，难以形成有效监管合力。[2]

二、私募基金行政法律风险

1. 行政监管依据

在私募基金的行政监管体系中，证监会依法对私募管理人、托管人、销售组织及其他相关服务机构施行统一监管；中基协经证监会授权负责管理人登记，并对会员及登记机构的募资行为进行行业自律监管。此外，全国人大、央行、金融监督管理总局、国家发展和改革委员会也是私募监管体系中的责任主体。当前，私募基金的监管依据主要包括法律、部门规章与自律规则：2015 年修正的《证券投资基金法》确立了私募基金的合法地位；2014 年证监会发布的《私募暂行办法》是首个专门监管私募基金的部门规章，对管理人登记、合格投资者、募集方式等都做出了较为明确具体的规定。2016 年至2001 年，合规始终是私募行业发展的主旋律。[3]2017 年国务院的《私募投资基金管理暂行条例（征求意见稿）》强化了违法行为的法律责任，代表着行业的顶层设计即将落地。2020 年证监会出台的《关于加强私募投资基金监管的若干规定》（以下简称《若干规定》）总结监管经验，重申和细化了私募基金监管底线要求，旨在严厉打击各类违法违规行为。2023 年《私募投资基

---

〔1〕 参见谢向英：《私募基金涉集资类犯罪疑难问题探讨》，载魏昌东、顾肖荣主编：《经济刑法（第 19 辑）》，上海社会科学院出版社 2019 年版，第 76 页。

〔2〕 参见唐新波：《集资型犯罪理论与实务问题研究》，辽宁人民出版社 2019 年版，第 29 页。

〔3〕 参见曹泉伟等：《2021 年中国私募基金研究报告》，经济科学出版社 2021 年版，第 9 页。

金监督管理条例》（以下简称《管理条例》）由国务院正式发布，自 2023 年 9 月 1 日起施行，这是我国私募投资基金行业首部行政法规，有利于完善私募基金监管制度，将私募投资基金业务活动纳入法治化、规范化轨道进行监管。

2. 非法集资行政违法认定标准

私募基金管理人在募投管退各环节中都有可能违反上述规定而诱发法律风险，其中突出表现为以私募基金为名从事各类非法集资活动。[1]2021 年国务院发布的《防范和处置非法集资条例》（以下简称《集资条例》）第 2 条第 1 款规定："本条例所称非法集资，是指未经国务院金融管理部门依法许可或者违反国家金融管理规定，以许诺还本付息或者给予其他投资回报等方式，向不特定对象吸收资金的行为。"因此，行政违法的认定标准需要从"非法性""利诱性"与"社会性"3 个要件作出实质性判断，即使未通过公开途径宣传也可认定为非法集资行政违法。[2]因为处置行政违法重在防范，即防止违法违规行为进一步异化为非法集资犯罪，所以应以"打早打小"的源头治理为原则。同时，《集资条例》将"非法性"认定标准修改为"形式+补充"模式，"违反国家金融管理规定"成为未经依法许可的补充兜底规定，[3]主要涉及私募基金等不设行政许可的金融业态。综上所述，若管理人的集资行为符合行政违法要件，将由处置非法集资牵头部门会同有关部门实施相应的行政处罚与强制措施；若其行为同时符合非法集资犯罪的"四性"特征，则具有行政与刑事双重违法性，将同时被追究行政责任与刑事责任。

三、私募基金刑事法律风险

（一）非法集资刑法规制体系

2010 年最高人民法院出台《关于审理非法集资刑事案件具体应用法律若

---

〔1〕《私募暂行办法》第 5 条第 2 款规定："……建立健全私募基金发行监管制度，切实强化事中事后监管，依法严厉打击以私募基金为名的各类非法集资活动。"

〔2〕参见郭华：《非法集资行政处置权限配置及认定逻辑——〈防范和处置非法集资条例〉第 2 条、19 条和 39 条的展开》，载《法治研究》2021 第 3 期。

〔3〕参见郭栋磊：《非法吸收公众存款"非法性"之行刑认定的区分——以非法性的形式和实质认定为视角》，载《西南民族大学学报（人文社会科学版）》2022 年第 3 期。

干问题的解释》（以下简称 2010 年《解释》，已被修改），规定了非法集资的 4 个特征即非法性、公开性、社会性和利诱性。2014 年最高人民法院、最高人民检察院、公安部发布《关于办理非法集资刑事案件适用法律若干问题的意见》（以下简称 2014 年《意见》），明确了"向社会公开宣传""社会公众"等概念的认定标准。2019 年《关于办理非法集资刑事案件若干问题的意见》（以下简称 2019 年《意见》），阐明了关于"非法性"的认定依据、主观故意的认定等司法实务中常见的问题。上述规定间具有较强互补性，与《刑法》分则中具体的非法集资刑事立法相配套。《刑法修正案（十一）》将集资诈骗罪的法定最低刑提高为 3 年有期徒刑，并由原有三档法定刑调整为两档；非法吸收公众存款罪的法定最高刑提高至 15 年有期徒刑、取消了附加罚金上限。2022 年修正后的《关于审理非法集资刑事案件具体应用法律若干问题的解释》（以下简称 2022 年《解释》），调整了 2010 年《解释》的定罪量刑标准，进一步明确了有关法律适用争议问题，从而与《刑法修正案（十一）》的修改相呼应，为惩治非法集资犯罪织密法网。

（二）主要涉及的罪名

私募基金领域突出的非法集资犯罪主要有两类：一是部分私募机构以"私募基金"为幌子，实际从事非法集资活动；二是个别机构突破合格投资者底线，采取公开宣传的方式，从事非法集资犯罪活动。[1]通过在中国裁判文书网以"私募基金"为关键词进行检索，自 2011 年 1 月到 2023 年 9 月，共有已公开的生效刑事裁决 934 份，其中占比最高的罪名是非法吸收公众存款罪，其次是集资诈骗罪，这也是私募基金主要面临的两类刑事责任风险。

1. 非法吸收公众存款罪

在"上海天蔓投资管理有限公司非法吸收公众存款罪案"（以下简称"上海天蔓公司非吸案"）中，该公司以旗下多家有限合伙企业为募集主体，规避合伙制基金的法定人数限制，虽然其私募基金管理人均已登记，但案涉

---

〔1〕 参见《公安部召开新闻发布会就打击和防范非法集资等涉众型经济犯罪工作情况答记者问》，载 https://www.mps.gov.cn/n6557563/c6498374/content.html，最后访问日期：2024 年 5 月 31 日。

基金产品却未进行备案登记。通过第三方中介吸收资金时也未了解投资人的财产信息，对外承诺较高固定回报率，吸收不特定投资者认购有限合伙企业份额，募集资金共 13.59 亿余元。截至案发，尚有 6.04 亿余元未完全兑付，上海市第一中级人民法院经审理后，判决其构成非法吸收公众存款罪。本案争议焦点在于：其一，依法登记的管理人，具备募集资金的主体资格，是否构成免责事由，其发行的产品是否当然合法；其二，通过成立多家有限合伙企业的形式来规避合格投资者人数限制是否具有"社会性"。[1]

2. 集资诈骗罪

在"杭州金诚财富集团集资诈骗案"（以下简称"金诚案"）中，金诚集团利用 PPP 项目和自营项目发行超 300 只私募基金产品，通过设立子母基金、长期产品拆分成短期等方式将所募资金归集形成资金池。截至案发，金诚集团及关联公司非法集资 450 余亿元，造成损失 160 余亿元。2021 年杭州市中级人民法院一审认定：被告人韦杰以非法占有为目的，采用诈骗的方法向社会公众非法集资，构成集资诈骗罪，判处无期徒刑。本案争议焦点为：其一，编造概念向投资人虚假宣传，设置虚假项目和标的，是否属于在募资环节欺诈投资人；其二，以政府项目的名义为自身增信并变相承诺收益率，是否具有利诱性特征；其三，自身缺乏归还能力，仍将集资款用于还本付息、借新还旧及购置房产、奢侈品等个人挥霍，甚至将部分资金转移至境外进行高风险投资，可否认定为具有非法占有目的。[2]

上述典型案例中的争议焦点是司法实践中常见的控辩分歧与思维误区所在，同时也是私募基金涉非法集资犯罪刑事认定标准中应重点展开研究的领域。

第三节　私募基金庞氏骗局的认定要素

一、私募基金庞氏骗局客观要素认定

结合前文典型案例的争议焦点问题及 2022 年《解释》规定，对私募基金

---

〔1〕　上海市第一中级人民法院（2017）沪 01 刑终 1793 号刑事判决书。

〔2〕　浙江省杭州市中级人民法院（2020）浙 01 刑初 99 号刑事判决书。

涉集资犯罪客观方面的认定需考察行为的非法性、公开性、社会性及利诱性（即"四性"特征），且四个特征必须同时具备、整体把握。

（一）非法性认定

2022年《解释》第1条规定了"非法性"形式与实质上的双重判断标准，形式标准即"未经有关部门依法许可"，实质标准即"借用合法经营的形式吸收资金"。2022年的修改将2010年《解释》中的"批准"一词改为"许可"，是因为"批准"在我国并非纯粹的法律概念，[1]而"许可"则是行政法学上的术语，[2]表述更准确规范、更能凸显法治思维，同时也与《集资条例》的规定实现统一。[3]但我国私募基金采取的并非许可制，而是私募基金管理人登记加私募基金备案制度。因此其非法性主要体现为募集主体未经基金管理人登记而不具有募集资格，或私募基金产品未依法备案，或基金管理人虽已登记但假借合法经营形式进行非法私募。对于私募基金涉非法集资犯罪认定时应重点注意以下三个方面：

第一，认定"非法性"应以国家金融管理法律法规作为依据。2019年《意见》在一定程度上扩大了"非法性"中"法"的外延，不仅包含2010年《解释》第1条中的"国家金融管理法律规定"，还可以参考央行、金融监管部门、证监会等行政主管部门以此为依据制定的部门规章或规定、办法、实施细则等规范性文件。[4]具体到私募领域，应重点参考《证券投资基金法》《私募暂行办法》《管理条例》《若干规定》等规定。

---

〔1〕 参见郭华编著：《防范和处置非法集资条例解读与适用指南》，中国法制出版社2021年版，第15页。

〔2〕《行政许可法》第2条规定："本法所称行政许可，是指行政机关根据公民、法人或者其他组织的申请，经依法审查，准予其从事特定活动的行为。"

〔3〕《集资条例》第2条第1款规定："本条例所称非法集资，是指未经国务院金融管理部门依法许可或者违反国家金融管理规定，以许诺还本付息或者给予其他投资回报等方式，向不特定对象吸收资金的行为。"

〔4〕 2019年《意见》第1条规定："……对于国家金融管理法律法规仅作原则性规定的，可以根据法律规定的精神并参考中国人民银行、中国银行保险监督管理委员会、中国证券监督管理委员会等行政主管部门依照国家金融管理法律法规制定的部门规章或者国家有关金融管理的规定、办法、实施细则等规范性文件的规定予以认定。"

　　第二，需进一步判断管理人是否取得了发行私募基金的资格，即是否已向中基协申请并完成私募基金管理人登记。虽然《私募暂行办法》第 5 条规定私募基金"不设行政审批"，但行政审批的豁免并不意味着任何主体都可以发行私募基金。《若干规定》明确了私募基金管理人在中基协完成登记为法定前置程序，否则其不得开展私募基金相关的任何业务。若管理人未申请登记，或申请被驳回，或因违法违规行为被注销登记，或提供虚假的登记材料以骗取登记，即不具有发行私募基金的资格。

　　第三，管理人登记与私募基金备案只是私募基金合规的前提之一，并不能阻却"非法性"，并不必然代表着运作过程与集资手段的合规性、合法性。[1] 私募基金管理人经登记、私募基金经备案或者部分备案，不影响对非法集资行为"非法性"的认定。[2] 需特别注意的是，在完成募集后，管理人销售的任何私募基金产品都应办理备案手续。在"上海天蔓公司非吸案"中，虽然管理人经过登记而具有发行私募基金的资格，但涉案基金产品未进行备案登记，并且管理人实际控制、支配着资金去向，法院认定其不属于正当合法的私募行为。因此，不能单纯从形式上的掩护行为来判定募集资金行为是否合法，而应看掩护行为之下的行为实质，据此进行非法性的认定。[3] 司法机关应对管理人的募集过程、募集对象、信披程度等节点进行实质性穿透审查。[4] 若存在以"合法经营"之名行非法吸收公众存款之实的——主要表现为涉案基金产品未在中基协进行备案，或以备案产品为增信手段来销售未备案产品，或表面以备案基金为宣传对象实则销售其他未备案基金产品，在后续各环节中突破合规底线而符合公开性、社会性、利诱性等特征，实质上实施了非法集资的行为，仍然可以推定其具有非法性。

---

　　[1]《私募暂行办法》第 9 条规定："基金业协会为私募基金管理人和私募基金办理登记备案不构成对私募基金管理人投资能力、持续合规情况的认可；不作为对基金财产安全的保证。"

　　[2] 参见《"两高"联合发布依法从严打击私募基金犯罪典型案例》，载 https://www.court.gov.cn/zixun/xiangqing/421622.html，最后访问日期：2023 年 12 月 28 日。

　　[3] 参见胡启忠等：《非法集资刑法应对的理论与实践研究》，法律出版社 2019 年版，第 63 页。

　　[4] 参见吴昕栋、吴韵凯：《私募基金纠纷裁判规则精选精析》，法律出版社 2019 年版，第 604 页。

（二）公开性认定

公开性是指"通过网络、媒体、推介会、传单、手机信息等途径向社会公开宣传"。如果说非法性是危险源，那公开性就是使其拓展为真正金融风险的"重要推手"，是其中的关键一步。危险源借助发达的现代通信技术迅速传染复制，一旦任其发展，会产生扩大化、复杂化的严重后果。[1]

首先，是公开途径的认定。2022年《解释》进一步修改完善了向社会公开的方式，增加了"网络"途径，并将"手机短信"修改为"手机信息"。此外，中基协《私募投资基金募集行为管理办法》（以下简称《管理办法》）第25条增加了公开出版资料、电影、未加入特定对象程序的宣传网站、微信朋友圈等途径，以及"法律、行政法规、中国证监会规定和中国基金业协会自律规则禁止的其他行为"这一兜底性规定，以便灵活应对"互联网+"时代背景下可能出现的各种新兴手段。其中，"特定对象程序"是管理人向投资者宣传推介私募基金的前置程序，需采取问卷调查、互联网在线等方式审查、评估投资者的财务状况、投资经验和风险偏好等，判断其是否满足合格投资者标准。若管理人未经该前置程序而直接进行宣传推介，导致不具有合格投资者的一般投资人直接进入到私募基金的风险领域中，应认定具有公开性。反之，若管理人通过合法途径公开宣传的是品牌、投资策略、管理团队或已备案私募基金的基本信息等，或已履行了特定对象程序而针对特定投资人进行宣传推介，则不具有公开性。

其次，是"向社会公开宣传"的认定。2014年《意见》第2条不再沿用2010年《解释》的列举方式，转而采用概括性规定，[2]进一步明确了公开宣传的内容是吸收资金的信息，方式是主动传播与放任扩散。对于"口口相传"的方式，要审查行为人是否对投资者的来源进行核查，传播范围是否固定、封闭。如果行为人对范围不予限定，或是放任基金产品信息传递至不特定人，

---

〔1〕 参见翟呈群：《非法集资犯罪研究与律师实务》，法律出版社2021年版，第22页。

〔2〕 2014年《意见》第2条规定："……'向社会公开宣传'，包括以各种途径向社会公众传播吸收资金的信息，以及明知吸收资金的信息向社会公众扩散而予以放任等情形。"

并对其投资予以接受的，应认定具有公开性。公开宣传对于向社会不特定对象吸收资金会产生促进作用，使得公开性与社会性具有手段与结果的关联性。

（三）社会性认定

社会性是指向社会公众即社会不特定对象吸收资金，关键在于吸收资金对象的不特定性，使不具有风险识别承受能力的非合格投资者落入陷阱，造成其财产损失。根据《私募暂行办法》第 12 条、第 13 条，合格投资者可分为经确认为合格的投资者和法律直接规定的投资者。《管理办法》第 27 条、第 29 条明确规定，管理人负有审查投资人是否为合格投资者的义务，应要求投资者提供必要的资产证明或收入文件。只有在完成合格投资者确认程序，确认对方符合合格投资者标准后，才能签署私募基金合同。若私募基金管理人未实质履行该前置程序，突破"合格投资者"的法律底线，而直接与不特定投资者签署了合同，则具有社会性。

社会性是公开性逻辑发展的结果，通过电视、互联网、媒体等途径向社会公开或变相公开进行宣传，通常就会面向社会不特定对象，可推定具有社会性。但对象是否特定与实际涉及人数的多少两者间并不存在必然关系，即使并未通过公开宣传而仅面向小部分人群，也存在着对象不特定的可能性。根据 2014 年《意见》第 3 条，即使是面向亲友或单位内部人员，但明知对方向不特定对象吸收资金而放任的，也会导致对象的开放性、不特定性，可认定具有社会性。如果是面对同事或原来的客户等联系不密切的对象进行销售，需进一步审查双方认识、交往的基础，是否以高额利息或其他回报为诱饵，是否存在提成、佣金等奖励，是否鼓励对方向更多的人进行宣传。[1]总之，认定对象是否不特定应坚持主客观相结合，首先，看行为人主观上是否明确了吸收资金对象的范围；其次，看行为人是否将实际集资对象控制在事先确定的范围内，蔓延至社会后是否设法阻止。[2]如果事先不限定、事中不控制、

---

〔1〕 参见北京市朝阳区人民检察院编、张朝霞主编：《金融犯罪检察实务》，中国检察出版社 2019 年版，第 65 页。

〔2〕 参见胡启忠等：《非法集资刑法应对的理论与实践研究》，法律出版社 2019 年版，第 80 页。

事后任其蔓延，面向社会不特定对象并产生严重社会危害性，应认定该行为为具有社会性。

此外，私募机构还应确保单只基金产品的投资者人数总计不得超过法律规定的 50 人（有限公司、合伙制形式）或 200 人（股份公司）。实践中，行为人通过拆分转让私募基金份额，或为单一融资项目设立多只私募基金，或设立嵌套型有限合伙，或代持、循环出资、交叉出资、隐瞒关联关系等手段，规避合格投资者的人数限制。前文"上海天蔓公司非吸案"中，被告即成立了多家有限合伙企业，只要投资人愿意出资的都加以接受，而未经任何审查程序，因此其与投资人间的关系仅具有利益联系性，总人数早已突破合格投资者人数限制，具有社会性特征。根据《私募暂行办法》第 13 条规定，对合格投资者应进行穿透核查，并合并计算投资者人数。[1]针对股东内部股权结构，应逐层核查直至穿透披露至最终持有人，即使是二级投资者也需满足合格投资者要求。若投资者累计人数不符合法定要求，即使面向的投资者是特定对象，也符合社会性特征。

（四）利诱性认定

利诱性是指承诺在一定期限内以货币、实物、股权等方式还本付息或给付回报，包括有偿性和承诺性两方面。作为高风险高收益的投资基金，《私募暂行办法》第 15 条明确规定禁止私募基金管理人及销售机构向投资人承诺本金不受损失或最低收益。《管理办法》第 15 条、第 26 条专门要求管理人在签署基金合同前重点向投资者揭示私募基金风险，并签署风险揭示书；在回访时再次确认投资者了解风险。

实践中常见的利诱性表现有：其一，淡化风险提示，在宣传资料、基金合同中使用"保本""零风险""高收益""本金无忧"等词，承诺本金不受损失或固定比例损失、按固定利率标准支付利息；其二，借助传销手段，通

---

〔1〕《私募暂行办法》第 13 条第 2 款规定："以合伙企业、契约等非法人形式，通过汇集多数投资者的资金直接或者间接投资于私募基金的，私募基金管理人或者私募基金销售机构应当穿透核查最终投资者是否为合格投资者，并合并计算投资者人数……"

过线下体验形式营造企业经营良好的假象，强化投资人对基金产品具有高收益高回报的内心确信；其三，签订对赌协议，将目标公司未来实现的业绩或目标对赌；其四，签订溢价回购协议，以约定的溢价购买投资者的份额。在前文提到的"金诚案"中，金诚公司即以投资项目是政府扶持为噱头，多次向投资者公开宣传涉案基金产品的预期收益率、基准收益率，变相承诺保本保息。因此，"利诱性"可理解为利诱投资，行为人以投资之"利"引诱投资者盲目投入资金。在具体实践中，应实质审查出资人参与投资的动机，不论是明示或默许承诺私募基金产品的回报率，不论是否有形式上的风险提示函，只要集资人的承诺实质上导致投资者丧失理性并误认为投资产品具有保底保收益的特征，违反了风险共担、收益共享的基本原则，即可认定该行为具有利诱性。

二、私募基金庞氏骗局主观要素认定

（一）违法性认识抗辩

作为法定犯，部分行为人以不具有违法性认识、行政法规变化大等为抗辩理由，意图逃避刑罚。从犯罪构成要件要素的功能而言，法律认识错误并不阻却犯罪故意，且私募基金属于专业金融领域，募资时必然要收集相关法律信息。若行为人不符合法定条件且未按法定程序进行，只要其主观上明知自己的行为具有社会危害性，即对投资人财产损失的巨大风险有明确认知，应成立故意犯罪。[1]此处的"明知"不仅包括自认明知，还包括推定明知，即根据行为人的专业背景、从业经验、文化水平、社会经历等情况，推定行为人应当知道。[2]实践中，应依据行为人的不同职务进行判断：私募基金管理人、销售负责人、实际控制人等，一般具有金融、投资相关经验知识和教育背景，对于金融监管规定及实际的运营违规行为均明确知情，应重点审查；而对于机构内部听从指挥安排、处于从属地位的普通工作人员，在其认识到管理人已登记或产品已审批的情况下，应考虑存在缺乏违法性认识的可能性。此外，

---

〔1〕　参见薛瑞麟主编：《金融犯罪研究》，中国政法大学出版社 2000 年版，第 122 页。

〔2〕　参见孙国祥、魏昌东：《经济刑法研究》，法律出版社 2005 年版，第 45 页。

还应考虑行为人有无因同类行为受到行政处罚或者刑事犯罪记录，是否使用虚假身份信息对外开展业务，是否在募集资金后逃匿或故意毁损合同、账簿、数据材料等，是否受过应对逃避监管的话术培训等情况，综合全案证据分析判断。

（二）非法占有目的认定

"非法占有目的"包含利用与排除意思，即意图对所募集资金无合法根据地控制与支配，并永久性排除权利人控制，[1]这也是集资诈骗罪与非法吸收公共存款罪区分的关键点。而主观目的一般需要根据客观行为来推定，2022年《解释》第7条就将行为人对集资款的处置方式作为司法推定依据[2]。但目前司法解释采取的只是由果溯因的单向正面认定标准，存在较大认定问题，可以适时建立相应反证标准来"排除合理怀疑"，或允许犯罪嫌疑人就其不具有非法占有目的进行反驳，若确有证据可以证明的，应否定集资诈骗罪的成立。

此外，应特别注意，即使管理人向部分投资人归还了本息，或最终非法占有的资金数额未达到较大数额，也不能当然否认其非法占有目的，这可能只是为了诈骗更多资金的基本手段之一。[3]有关部门应对私募基金的组织形式、业务流程、项目运行模式、资金流等要素进行穿透审查，[4]从而判断管理人是否虚构投资项目、经营方式是否有可持续性、行为人负债情况与实际偿还能力。其中，集资款的最终用途是重要认定依据，可以调取管理人的账户交易记录、财务数据、股权数据等进行数据穿透审查，[5]对私募机构的运

---

〔1〕 参见石奎：《集资诈骗罪"非法占有目的"司法认定的实证研究》，法律出版社2016年版，第41页。

〔2〕 2022年《解释》第7条第2款规定："使用诈骗方法非法集资，具有下列情形之一的，可以认定为'以非法占有为目的'：（一）集资后不用于生产经营活动或者用于生产经营活动与筹集资金规模明显不成比例，致使集资款不能返还的；（二）肆意挥霍集资款，致使集资款不能返还的；（三）携带集资款逃匿的；（四）将集资款用于违法犯罪活动的；（五）抽逃、转移资金、隐匿财产，逃避返还资金的；（六）隐匿、销毁账目，或者搞假破产、假倒闭，逃避返还资金的；（七）拒不交代资金去向，逃避返还资金的；（八）其他可以认定非法占有目的的情形。"

〔3〕 参见张明楷：《刑法学（下）》，法律出版社2021年版，第1026页。

〔4〕 参见王枫梧、何雷：《涉私募基金非法集资犯罪打防对策研究——以"金诚"私募基金案为例》，载《公安学刊（浙江警察学院学报）》2020年第6期。

〔5〕 参见宋利红：《数据穿透在办理非法集资犯罪案件中的运用》，载《公安学刊（浙江警察学院学报）》2020年第6期。

营成本、投资人返利、业务员返佣或第三方渠道的提成等逐一列项，查明每一笔资金的最终去向。在"金诚案"中，行为人自身缺乏归还能力却将集资款用来个人挥霍，部分资金甚至被转移至境外进行高风险投资，从集资款最终用途可以推定出行为人存在非法占有目的。虽然金诚公司在接受行政处罚后向部分投资人返还了本息，但其通过编造概念向投资人虚假宣传，虚构项目和标的对投资者进行欺诈，主观恶意较大，不能否认其行为存在非法占有目的。

第四节　私募基金庞氏骗局刑法规制路径

一、加强私募基金"行刑"法律衔接

一段时间以来，已登记的私募机构突破合规底线，从行政违法恶化为非法集资犯罪的案件日益增多。我国对非法集资采取行政处罚与刑事惩治的双重规制模式，[1]但私募基金涉集资行为的行政违法与刑事犯罪间存在着割裂性的适用僵局。实体上，未把握好行刑认定标准，存在行政机关有案不移、以罚代刑，或司法机关的刑事认定越位干预行政认定等问题；程序上，存在着未严格遵守程序规定、证据衔接不畅、检察机关调取行政处罚案件信息存在障碍等问题。

（一）实体上明晰认定标准

非法集资行刑认定标准的区分，实质上即对于行政违法和行政犯罪进行区别，对此德国学界有"质的区别说""量的区别说"及"质量的区别说"等不同观点。其中"质量的区别说"更为全面，即二者在社会危害性程度上有"量"的不同，且行政犯罪在质上具有较深度的伦理非价内容与社会伦理的非难性。[2]具体而言，首先，违反了金融管理法规；其次，符合犯罪构成要件该当性而违反了刑法规范，具有双重违法性。[3]根据《集资条例》认定

---

〔1〕　参见毛玲玲：《经济犯罪与刑法发展研究》，法律出版社 2017 年版，第 473 页。

〔2〕　参见林山田：《论行政犯罪与行政违法行为》，载林山田：《刑事法论丛》，台大法学院图书部出版社 1997 年版，第 32 页。

〔3〕　参见刘艳红：《论法定犯的不成文构成要件要素》，载《中外法学》2019 年第 5 期。

非法集资行政违法需从"非法性""社会性"与"利诱性"三个要件作出实质性判断，即使未通过公开途径宣传也可认定；而构成非法集资犯罪则必须同时具备"四性"，缺一不可。在办理非法集资案件的实践中，2022年《解释》第3条提高了非法集资犯罪的入罪门槛，将非法吸收公众存款罪第一档数额提高到100万元、存款对象人数提高为150人、给存款人造成直接经济损失数额提高到50万元。按照从旧兼从轻的原则，若数额与人数未达立案标准的，将不再构成集资犯罪，视其是否符合《集资条例》中的行政违法要件，予以自律监管或行政处罚。

在"质量的区别说"的基础上，还应结合私募基金的募投管退各环节，对一般业务违规、行政违法、刑事犯罪的违法性程度进行区分，以探究自律监管、行政处罚与刑事规制的权限边界，避免空泛认定"四性"而过度降低入罪门槛，违反过罚相当原则。募集环节是防范私募违规风险的第一防线，也是集资犯罪的高发环节，涉及"四性"的判断，其中"公开性"要素对区分并无影响：①"非法性"：若募集过程中登记备案信息不准确，发生重大事项未及时备案，未报送年度财务报告等，属于一般违规行为，未对私募监管制度造成实质损害；若管理人募集完毕后未进行产品备案，或选择性办理部分产品备案以逃避监管，或违规委托"黑中介"代发"保壳"基金，视情节严重程度由中基协书面警示、暂停受理备案，或由证监局责令改正、出具警示函；若管理人未备案且未履行信息披露义务，并从事了违背私募运作规则的非法集资行为，导致危害性蔓延，可综合在案证据认定具有非法性特征。②"社会性"：若管理人在宣传时存在夸大、片面性宣传，或未进行问卷调查等评估、未对产品风险评级、未签署风险揭示书、没有进行适当性匹配等，属于未履行投资者适当性义务的一般违规行为；若投资者已表明自己的投资金额无法达到合格投资者标准，销售人仍以"拼单""凑单""份额拆分转让""代持股"等方式煽动投资，则属于严重违规行为；若达到了前述事先不限定范围、事中不控制、事后任其蔓延失控的恶性程度，应认定为具有社会性特征。③"利诱性"：若销售经理为冲业绩而承诺本金不会损失，在合同中写入了保底或差额补足条款，但附加了风险条款也履行了披露义务等，不具有引诱投资人的利益上的有偿性，未导致其误信必有回报，属于业务违规，则不符合利诱性特征；若其承诺最低收益或高额回报，明示或暗示集资行为具备有偿性，实则通过后期募集资金填补前期收益，使投资者误信有保底保收益效果而盲目投入资金，则符合利诱性特征。

在投资环节，若管理人不公平对待基金产品或投资者，[1]或未约定相关投资风险防范机制，或在信息披露时存在重大纰漏、披露不充分等现象，属于一般业务违规。若管理人存在混同运作、短募长投、分离定价、期限错配、隐瞒关联关系等"资金池"操作，不同程度上侵害了金融秩序的稳定性，在滋生违法违规风险的同时，极易成为非法集资犯罪的温床。同时，私募合同中一般会明确标注资金用途，若按合同约定专款专用，但因投资运作不规范而未能兑付，属于一般业务违规；若管理人未如约使用募集资金，或擅自改变资金用途，将资金用于《若干规定》明确禁止的投资活动等，属于严重违规违法行为；若其用于集团自融或编造虚假项目诱骗投资人、进行借新还旧等操作，则极可能触犯非法集资罪。

在管理环节，若管理人兼营有利益冲突的业务，或未经正当程序授权进行决策，或委托不具有资格的托管人，或向关联方出借资金等，都属于未尽谨慎勤勉管理义务的违规失信行为。该环节中，管理人将直接支配资金，极易通过利益输送、诱骗投资者将款项汇入非募集账户、与固有财产混同等手段侵占资金，若监管部门及时发现并处理，管理人也能将挪用的基金款项归还，仅涉及行政处罚；[2]但若行为进一步恶化造成更加严重的社会危害，则可能涉及非法集资或挪用资金等罪名。

（二）程序上落实与细化

针对当前行刑衔接程序存在的不畅问题，首先，应建立综合研判会商机制和争议解决机制。对于高风险机构，证监会应会同地方政府对其约谈、督

---

〔1〕《私募投资基金备案指引第 2 号——私募股权、创业投资基金》第 10 条第 2 款："私募基金管理人不得在私募股权基金内部设立由不同投资者参与并投向不同资产的投资单元或者基金子份额，但因投资排序等机制导致前述情形的除外。"

〔2〕参见洪灿：《私募基金刑事法律风险与合规管理》，中国检察出版社 2020 年版，第 320 页。

促整改，降低风险规模。证监会在决定移送前，应会同公安部门联合研判风险，并就刑事认定标准、证据标准等问题咨询司法机关。若公安机关认为移送的案件不应立案的，应及时说明理由，必要时会同证监会、检察院、法院等相关部门就专业问题共同研究，把握好法律评价的一致性。[1]

其次，应加强风险监测与应急处置，建立高效的案件线索移送机制。由于行政前置程序的调查普遍耗时较久，部分关键证据或资金链条可能中断或被隐匿，对司法机关侦办产生负面影响。因此在前端，中基协应将发现的疑似风险机构、僵尸机构名单及时通报各证监局，证监局应提高发现风险线索能力，综合采取现场检查、地方政府风险检测平台等措施，进一步核查私募基金风险，在完成线索的检测、受理、甄别的基础上，将案涉材料作为处理非法集资犯罪的线索全部移送给公安机关。[2]

最后，应加强科技监管，建立完善的行刑工作信息共享平台，可以参考美国建立的涵盖金融、商业、金融监管机构的金融数据库，拥有访问权限的联邦调查局可以在几分钟内找到某个人的"数据画像"并展开侦查。[3]我国也可尝试将私募机构登记备案与披露的信息在平台中共享，并由行政主管部门设置风险预警阈值、建立信用"黑名单"，同时将央行、金融监督管理总局、证监会的数据进行整合，构建完善我国的金融行业分布式数据库，以打破信息壁垒，实现互联互通。

二、私募基金域外规制经验借鉴

（一）完善私募基金监管模式

私募基金具有的系统性金融风险也使西方发达国家开始重新审视其现有监管的充分性。[4]作为投资基金的发源地，英国倾向于更自由的监管和注册

---

〔1〕 参见孙树光：《私募股权基金管理人非法集资行为的定罪机制研究》，载《上海金融》2020年第4期。

〔2〕 参见张红、刘航：《执法资源有限视角下的行刑衔接程序问题研究》，载《行政管理改革》2019年第2期。

〔3〕 参见毛玲玲：《经济犯罪与刑法发展研究》，法律出版社2017年版，第269页以下。

〔4〕 Christos S. Chrissanthis, Legal Aspects of Speculative Funds (Hedge Funds, Private Equity Funds), *Revue Hellenique de Droit International*, Vol. 63, 2010.

方法，金融服务管理局（FSA，Financial Services Authority）是其唯一的全面监管执法机构，保证私募基金在自由市场力量的支持下健康发展。[1]德国坚持将私募基金等另类投资基金，按照共同基金模式进行监管。[2]日本施行横向金融商品规制体系，其《金融商品交易法》将债券、股票、投资信托等存在于各个金融领域的金融商品纳入统一规范对象，同时还包括金融商品交易业者、投资者、自律机构等相关主体的横向规制，构建了一套完整成熟的"横断规则"体系。[3]

我国对于私募基金监管采取多头分业模式，导致监管分工标准不明确、监管成本高、执法难度大等问题。因此，应加快建立"五位一体"监管协作机制：其一，在信息共享基础上，自律监管与行政监管协调配合，对集团化风险加强跨辖区监管，及时通报失联、异常经营、行政处罚等信息；其二，地方政府与证监会加强监管协作，强化排查与处置，建立部际联动、央地协作风险防范化解工作机制；其三，构建线上线下结合的监管体系，通过完善风险监测摸排机制，由公安机关协同央行、金融监督管理总局、证监会、中基协等相关机构对重点风险进行分主体多维度预警，提升监管效能、形成监管合力。同时，我国可以借鉴德日经验，将资本市场各类合伙、信托形式的基金统一进行横向规制，[4]建立并完善统一监管标准与制度。2018 年的《资管新规》开启了由央行、金融监督管理总局、证监会、国家外汇管理局对资产管理业务进行统一监管的初步尝试。

（二）严格犯罪要素认定标准

关于公开性，美国禁止管理人以任何广告方式推介私募基金，投资者可以通过熟知的基金经理人员介绍了解产品信息，或是经投行、证券公司直接

---

〔1〕　Marsh J，UK Financial Services Authority（FSA），Hedge funds：A Discussion of Risk and Regulatory Engagement，*Journal of Derivatives & Hedge Funds11*（3），2005.

〔2〕　D. Zetzsche，Die Europiische Regulierung von Hedgefonds und Private Equity-ein Zwischenstand，*Neue Zeitschrififtlr Gesellschaftsrecht*，2009.

〔3〕　参见郭锋：《呼吁制定金融商品交易法》，载《法制日报》2015 年 1 月 21 日，第 10 版。

〔4〕　参见杨东：《论金融法制的横向规制趋势》，载《法学家》2009 年第 2 期。

介绍等途径，签订基金合同。根据 1933 年《美国证券法》第 5 条（a）项，禁止任何人在州际贸易中以直接或间接方式利用任何公开的通讯媒介手段、工具，或任何说明书公开销售未经注册的证券。针对公开宣传销售的行为，美国证券交易委员会在收集到违法线索后，视情节轻重进行行政处罚或将案件移送司法部。关于社会性中的"合格投资者"，2020 年美国证券交易委员会通过修正案，允许自然人根据专业证书、称号、资格证书或得到认可的教育机构颁发的其他证书取得合格投资者的资格，突破了此前以净资产和收入为依据的硬性准入要求；并在"合格投资者"定义中增加"对等配偶（spousal equivalent）"一词，使符合一定财务要求的合格投资者配偶也可取得资格。[1] 上述修改能更有效地识别真正具备投资能力和经验的投资人，让其参与到私募基金市场的运作发展中。结合当前国内投资者投资理念不成熟、私募机构良莠不齐、社会诚信体制不健全的现状，我国关于合格投资者标准过低且分类单一。应根据不同私募基金类型进行差异化安排，体现专业化需求，从而更好地服务二级市场投资管理与一级市场实体经济融资需求。

关于利诱性，通过高额利息诱使公众参与集资最早体现为"庞氏骗局"：作为一种投资欺诈，组织者经常承诺投资者能在出资较少且无风险的情况下获得高回报，并将募集到新投资者的资金支付给现有投资者。[2] 根据 1933 年《美国证券法》第 17 条（b）项，任何人在销售过程中未充分履行信息披露义务，而直接或间接导致投资人误信交易带来的保底对价，是违法的。美国还于 2010 年出台了《庞氏骗局投资者保护法》，要求证券投资者保护公司（SIPC，Securities Investor Protection Corporation）颁布法规，以尽力挽回庞氏骗局中投资者的部分净权益。《日本出资法》第 1 条也明确规定，行为人不得明示或默示不特定多数人，使其支付全部或超过全部出资金额的金钱，作

---

[1] U. S. Securities And Exchange Commission, SEC Modernizes the Accredited Investor Definition, SEC. gov（Aug. 26, 2020），see https：//www. sec. gov/news/press-release/2020-191，最后访问日期：2023 年 12 月 6 日。

[2] Moore T, Economic Shocks and Crime：Evidence from the Crash of Ponzi Schemes, *Journal of Economic Behavior &Organization*, 2016.

为日后出资的回款，以接受出资。同时还明确禁止行为人使用如资金返还一样的误导性广告等宣传方式。在典型判例中，日本法院结合行为人持有资产和收益评估、向金融机构借贷与还款情况、经营状况恶化等证据，认定行为人并无可用于返还约定预托金的自有资产，其明知自己无力支付高额回报，仍命令员工们以高于本金九成的预托金（集资款）宣传、招募存款，构成犯罪，并推定具有欺诈故意。[1]

（三）有效遏制"理性犯罪"

私募基金涉集资犯罪日益呈现出的犯罪主体精英化趋势，本质上契合加里·贝克尔提出的"理性犯罪"概念，即犯罪人会对犯罪成本和收益进行理性权衡，当其从事犯罪活动的收益远高于把成本和精力投入到其他活动的收益时，行为人就会在高收益刺激下选择经济犯罪。[2]提高违法犯罪成本，使行为人认识到违法犯罪是"不划算"的，可以根源性抑制违法犯罪行为。因此，增设禁止从事一定金融业务作为独立的资格刑，是惩罚和预防私募基金涉集资犯罪的最佳选择之一。[3]1871年《德国刑法典》首次详尽规定了"职业禁止"的资格刑；《法国刑法典》将资格刑最大化适用，不管是自然人还是单位犯罪，罪行轻重或是违警罪，都系统地设置了相应资格刑。[4]目前，我国《刑法》第37条之一规定的从业禁止只属于非刑罚处罚措施，可以尝试将这种资格刑划归为一种法定刑，并明文规定其适用于非法集资型犯罪。[5]如此一来"理性犯罪人"将面临较大法律风险，犯罪行为变得不再"划算"。值得注意的是，2022年《解释》对非法吸收公众存款罪和集资诈骗罪都增加了数额加情节标准，并在提高罚金数额的同时，

---

〔1〕《福冈地方裁判所第3刑事部2013年8月5日判决》，载 https://lex. Lawlibrary. jp/lexbin/ ShowZenbun. aspx? sk=637840242883445544&pv=1&bb=25501676&dli=637840242878110825，最后访问日期：2023年10月20日。

〔2〕 Richard A. Posner, Gary Becker's Contributions to Law and Economics, *Journal of Legal Studies*, Vol 22, 1993.

〔3〕 参见刘宪权：《我国金融犯罪刑事立法的逻辑与规律》，载《政治与法律》2017年第4期。

〔4〕 参见吴平：《〈法国刑法典〉中的资格刑规定述评》，载《行政与法》2002年第10期。

〔5〕 参见唐新波：《集资型犯罪理论与实务问题研究》，辽宁人民出版社2019年版，第43页。

不限定非法吸收公众存款罪第三档、集资诈骗罪第二档的上限罚金数额。在一定程度上也提高了犯罪成本与威慑力，有助于精准打击、从严惩处非法集资犯罪。

本章小结

毋庸置疑，私募基金已成为推动经济结构优化的"助推器"、服务实体经济发展的"生力军"，但对其涉非法集资犯罪的风险规制问题应始终保持高度关注。在有限、相对固化的刑法规范与无限、灵活多变的金融市场之间必然存在着矛盾与冲突，面对层出不穷的犯罪形态，针对以"伪私募"为代表的新型庞氏骗局的犯罪认定标准也需要实时更新。鉴于私募基金涉非法集资犯罪的特殊性与复杂性，既要"惩治于已然"，也要"防患于未然"，这是一项系统工程，应坚持金融交易本位、综合治理的刑事政策，通过行政制裁分流刑事规制压力，促进行政法律规范与刑事法律规范的协调统一，形成防范打击合力，由此保障私募基金的稳健发展，促进我国金融效率的提高、证券基金市场的健康发展与国民财富的增长。

第五章

互联网借贷平台庞氏骗局的刑法规制

根据 2015 年央行等十部委发布的《关于促进互联网金融健康发展的指导意见》，互联网借贷包括个体网络借贷（即 P2P 互联网借贷）和网络小额贷款。作为信息中介的 P2P 网络借贷平台自 2008 年进入我国金融市场以来，一度成为金融创新的代名词，但随着监管的缺失，P2P 网贷平台运作模式逐渐变异，为新型庞氏骗局在我国爆发提供可乘之机，严重扰乱了我国金融管理秩序，对民众的财产安全以及国家的金融安全造成巨大影响。如入选 2023 年度人民法院十大案件的"小牛资本非法集资案"中，被告人彭某等通过子公司的 P2P 平台，以私募理财产品的形式向 131 万余人非法吸收存款近 1026 亿元。[1]网络小额贷款公司则以校园网贷形式进入大学生生活，校园不良网贷平台通过设计高息借贷陷阱，以诱导学生不断借新还旧的套路贷形式恶意垒高债务，实现新型庞氏骗局对借贷学生的人身、财产侵害目的。对于利用互联网借贷平台实施的新型庞氏骗局，既应当及时挥动刑法达摩克利斯之剑，依法严厉打击涉互联网金融领域的违法犯罪行为，同时需要加大日常金融监管，从制度上对互联网借贷领域加强规范管理，发挥金融创新服务实体经济的功能。虽然基于我国监管政策 P2P 网贷平台在 2020 年底已经被全面取缔，[2]利用 P2P 网贷平台实施的非法集资犯罪活动在我国已经不存在生存的制度土壤，但对互联网借贷平台发展历程的回顾以及运营模式的反思，能够对今后防范利用互联网金融创新名义进行非法集资犯罪活动起到警示与借鉴作用。

第一节　P2P 网贷平台庞氏骗局

一、P2P 网络借贷的内涵与运行模式

（一）P2P 网络借贷的内涵

P2P（peer-to-peer lending）网络借贷是指拥有资金并且有理财投资意愿

---

〔1〕　参见《2023 年度人民法院十大案件》，载 https://www.court.gov.cn/zixun/xiangqing/422622.html，最后访问日期：2024 年 1 月 30 日。

〔2〕　参见《P2P 正式退出历史舞台，国内运营 P2P 平台归零》，载 https://baijiahao.baidu.com/s?id=1684768926368468671&wfr=spider&for=pc，最后访问日期：2024 年 1 月 30 日。

的个人，通过互联网信息平台等中介机构牵线搭桥，以信用贷款的方式将资金贷给其他有借款需求的人。P2P 网络借贷运行模式发源于英国，以 2005 年 Zopa 的成立为标志，随后 P2P 网络借贷传播到美国等其他国家，如 Prosper、Lending Club 成为美国前二 P2P 平台。

P2P 网络借贷在债权债务关系上脱离了商业银行等传统金融媒介，具有金融脱媒的显著特点。[1]在 P2P 互联网借贷运作过程中，借款人通过互联网平台发布借款信息，资金的所有者则借助网络平台筛选出合适的借款者进行投资，借贷双方绕开银行等传统金融机构直接形成债权债务法律关系。[2]互联网 P2P 平台在其中只是对借贷双方信息进行核实、公布，通过相关信息的搜集整理对借款人的还款能力做出信用评级，进而为资金所有者的投资决策提供必要信息参考。因此互联网 P2P 平台在借贷双方之间只是起到信息中介的作用，由此收取一定数额的佣金、服务费、管理费等以维持平台的经营运转，并非进行信用担保。

(二) P2P 网贷平台的运行模式

P2P 网贷平台的实质只是信息服务中介，为撮合借贷双方交易提供信息服务，收取相应服务费，不作为信用中介承担投资人损失风险，因为贷款资金不进入网贷平台账户，这也是 P2P 网贷平台在引进我国之前最原始的状态。由于我国信用制度的缺失以及与其他国家金融创新环境、监管制度的差异，P2P 引入我国后运行模式发生变异，成为新型庞氏骗局实施非法集资等违法犯罪活动的工具。我国 P2P 网贷平台运行模式主要包括：

1. 纯信息中介模式

P2P 网贷平台本身不参与借贷关系，只是实施信息匹配、工具支持和服务等功能，借款利率在平台根据借款人信用等级确定的区间内由借款人自由设定，此种 P2P 网贷平台即为纯信息中介模式。我国成立的第一家 P2P 网贷

---

〔1〕 参见黄震等：《英美 P2P 监管体系比较与我国 P2P 监管思路研究》，载《金融监管研究》2014 年第 10 期。

〔2〕 参见武长海主编：《P2P 网络借贷法律规制研究》，中国政法大学出版社 2016 年版，第 23 页。

平台——拍拍贷，即属于纯信息中介型 P2P 网贷平台。拍拍贷无抵押、无担保，借款人通过纯信用贷款，债权债务关系只存在于投资人与借款人之间，与 P2P 平台无关，而这也是 P2P 网贷平台最原始的运作模式。P2P 网贷平台在资金撮合过程中，为降低还贷风险，会根据借款人提供的基本信息资料确定其信用等级，据此确定相应的贷款利率与额度，借款人则在规定的借贷利率区间自主选择适合自身的利率水平。

2. 担保模式

基于我国信用制度缺失，投资人面临较为严峻的借款人借款不还的投资风险，于是在我国产生了网贷平台贷款附有担保的运行模式。根据担保主体的不同，担保模式分为平台内部担保和外部第三方担保：前者主要是通过平台自有资金或者专门设立风险准备金形式抵御钱款无法收回的投资风险，风险准备金成为平台为全体投资人建立的一种风险共担机制，在这种模式下 P2P 平台不再是纯中介机构，主动承担了保障投资者资金安全的义务；后者是指 P2P 网贷平台与第三方担保机构合作，风险由合作的担保机构承担，平台只作为中介提供金融信息服务，不承担保障投资者资金安全的义务。我国 P2P 网贷平台采取担保模式运作的代表是陆金所与红岭创投。

以 2009 年 3 月成立于深圳的红岭创投为例，作为我国成立较早、交易量最大的 P2P 网贷平台之一，红岭创投共有 179 万投资人，累计成功投资金额为 2701 亿。红岭创投采取平台担保与第三方担保相结合的担保模式，意味着对投资者的资金承诺刚性兑付，作为业内首创"刚性兑付"的 P2P 网贷平台，其经营模式相较于 P2P 平台固有的信息中介属性有很大程度创新。具体而言，由于服务对象的借款额度较大，红岭创投要求借款人引入担保人，以保证资金的安全，当借款出现逾期或无法收回时，由红岭创投垫付本金或者由担保人垫付本金和利息。此种通过担保垫付资金的刚性兑付，最终将投资风险转嫁给平台或者担保人。

在我国信用制度缺失的环境下，P2P 网贷平台担保模式能够最大程度保障投资者资金安全，一定程度上符合中国投资者抗风险能力较低的投资现实状况。但 P2P 网贷平台创新性的担保模式无疑背离了 P2P 网贷诞生之初的依靠无担保的"信用借贷"理念，是在我国特殊投资环境下的变异。我国 2016 年公布的《网络借贷信息中介机构业务活动管理暂行办法》（以下简称 2016 年《暂行办法》）明确禁止网贷平台向出借人提供担保。平台担保模式与我国监管规定直接冲突，在我国无法继续开展，创新模式受到扼杀。P2P 网贷平台担保模式往往被不法分子利用，成为实现新型庞氏骗局圈钱跑路的手段：不法平台基于投资欺诈目的，在鼓吹虚假项目能够获得高额回报的同时，往往以平台提供担保保障项目收益安全为诱饵打消投资者出资顾虑，不论是平台自担保抑或由平台设立关联公司进行第三方担保，本质上都是为平台融资进行自融自保，最大程度实现欺骗投资者钱款的目的。这也是监管部门禁止 P2P 网贷平台提供担保，要求其由信用中介回归信息中介的动因之一。

3. 债权转让模式

债权转让模式是指 P2P 网贷平台提前放款给借款人，再将所获得的债权进行拆分、组合、打包成类固定收益的产品后，销售给投资理财客户。有观点认为，债权转让模式是 P2P 本土化的一次重大变异或革命，专业放贷人将该债权打包成融资理财产品转让给投资者，很好地解决了金额错配与期限错配的问题。为了增强投资的灵活性，很多 P2P 平台增加了债权转让模式。宜信是我国首家采取债权转让模式的 P2P 网贷平台。[1]

宜信创始人唐某及其他高级管理人员先以自有资金向借款人放贷，然后将贷款债权打包、拆分、标准化等处理后销售给投资人。对投资人而言，发放贷款的本质是从唐某及其他人员处受让债权。但债权转让存在较大的风险，如容易出现虚假债权和重复转让问题，涉嫌归集资金组建资金池等。因此 2016 年《暂行办法》对债权转让进行了限制，包括禁止 P2P 网贷平台开展类资产证券化业务或实现以打包资产、证券化资产、信托资产、基金份额等形式的债权转让行为等。至此，债权转让模式在现行监管条件下被禁止。

---

〔1〕 参见罗振辉编著：《互联网金融之 P2P 法律实务》，法律出版社 2017 年版，第 27 页。

二、P2P 网贷平台监管反思

从 2007 年我国第一家 P2P 网贷平台出现，[1] 至 2016 年 8 月首部 P2P 网贷平台专门监管文件出台，P2P 平台在中国野蛮发展了近十年。这十年中既存在 P2P 网贷平台担保模式、债权转让模式等经营创新模式，也存在借助 P2P 网贷平台实施非法集资的庞氏骗局，使得 P2P 网贷行业繁荣火爆而又混乱无序。P2P 网贷平台最初从英美等发达国家引入我国，其纯信息中介的运作模式在国内缺乏行业标准与政府监管的环境下逐渐扭曲、变异。即使最初正规经营的 P2P 网贷平台，经过十年无序混乱的行业发展之后也会对经营模式感到迷茫，不知如何开展 P2P 业务；与此相反，借助互联网金融创新噱头自融自保、设立资金池、发布虚假标的等形式进行非法集资的违规 P2P 平台在没有任何监管的环境中，反而赚得盆满钵满、规模不断壮大。这一金融投机领域的道德风险与逆向选择直接导致开展正当业务的 P2P 平台因合法经营环境的缺失难以维系正常的运营，而借助 P2P 网贷名号进行非法集资的新型庞氏骗局完美诠释了互联网金融"创新"的"劣胜优汰"法则，使 P2P 网络借贷行业呈现出劣币驱逐良币进而重新洗牌的局面。[2]

---

〔1〕 2007 年 6 月在上海成立的拍拍贷，全称为"上海拍拍贷金融信息服务有限公司"，是中国第一家 P2P 网络信用借贷平台，同时也是第一家由工商部门特批获得"金融信息服务"资质，从而得到政府认可的互联网金融平台。此后，P2P 网贷平台开始在中国生根发芽，不同特色的 P2P 平台相继涌现，经过十年的发展，至 2017 年中国已经超越英美成为全球最大规模的 P2P 网贷市场。参见《中国网贷行业十大事件盘点（2007-2017）》，载 https://www.wdzj.com/news/yc/140581.html，最后访问日期：2023 年 12 月 20 日。

〔2〕 在"P2P 清零"之前，浙江 P2P 网贷平台数量居全国前列，但随着国家监管部门监管力度的加强，浙江 P2P 网贷平台出现的问题最多，爆雷现象最为密集，2018 年浙江 P2P 平台退出 299 家，其中问题平台 211 家。与此相对，在之前无规则经营的 P2P 网贷环境中，除了不良平台的违规经营，基于国内变异的投资环境与投资人非正常的投资理念，刚性兑付成为了 P2P 网贷平台的天然职责，严格依照信息中介属性开展网贷业务的 P2P 平台同样被裹挟得无法开展正规业务。以千亿级 P2P 网贷平台鑫合汇为例，作为中国互联网金融协会成员、杭州互联网金融协会执行会长单位，该平台曾获得全国性、浙江省多项荣誉称号，有着较为完备的合规机制与风控体系，属于 P2P 网贷行业较为正规的平台，并且曾作为互联网金融协会推荐供浙江省司法机关学习了解正规 P2P 平台运行模式的典范。据报道，鑫合汇因有部分坏账无法收回导致无法兑付投资人投资款项，最终创始人投案自首。虽然通过 P2P 信息中介平台的投资损失款本应由投资者个体承担亏损风险，但在我国现实投资环境下平台被迫承担兜底偿还义务，导以鑫合汇为代表的正规 P2P 网贷平台同样倒闭破产，平台无法兑付投资人钱款的直接后果是刑法上非法集资犯罪的惩治，这也导致整个 P2P 网贷行业面临崩塌局面。

P2P 网贷平台发展的最初十年监管真空期，很大程度源于监管部门对金融创新领域的反应迟钝状态，对金融创新运作模式不知如何开展引导与监管。从 2007 年我国 P2P 网贷行业诞生之初的"婴幼儿"期，监管部门没有及时提供应有的规范成长环境，经过十年的野蛮生长，行业发展壮大进入"成年"时期，此时再想重新建立健康有序的经营环境已经十分困难。而 2016 年出台的一刀切的监管文件，既没有吸收确立相关创新模式成果，保护好具有金融创新特征的 P2P 运行模式，也没有有效阻止以 P2P 平台为幌子进行庞氏骗局的非法集资等行为，严格要求 P2P 网贷平台只能实施单纯的信息中介服务，一夜回到十年前的原始状态，成为短期内集中引发 P2P 爆雷潮的导火线。

传统纯信息中介模式作为 P2P 网贷平台最为正规的经营模式，虽然符合金融监管要求，但在投资环境、民众投资理念以及实际营利可能性等因素共同作用下，能够实际运行的平台并不多。国家基于维护社会稳定、保障经济安全考量，固守网贷平台的信息中介属性，无法发挥其满足社会融资需求的功能，反而会使这一行业不断萎缩直至最终消亡。面对 P2P 网贷平台多年来探索出的创新模式，考虑存在真实融资需求的借款方与寻求投资机会的出借方，应当发挥 P2P 平台民间融资的应有功能，去除 P2P 网贷领域污名化。关键在于加强日常监管，将违规风险控制到最低，对于借助创新之名实施非法集资等犯罪行为的新型庞氏骗局加大刑法整治力度，以此改善 P2P 网贷融资环境，促进 P2P 网贷对于实体经济的贡献。

三、P2P 网贷平台庞氏骗局运作

不法分子利用 P2P 网贷平台发布虚假标的、承诺高额回报骗取投资者资金，但投资者的收益并非来自平台实际项目的创收，而是将新加入投资者的投资款用于支付前期投资者的本金和利息，以此循环滚动制造平台盈利的假象，以骗取更多投资人进行投资，形成新型庞氏骗局。不法行为人之所以能够利用 P2P 平台实现"拆东墙补西墙"的庞氏骗局运作，除了虚构投资项目骗取投资人向平台投资，更为关键的是违规 P2P 平台将吸收的投资款存入平台直接控制的账户，即 P2P 平台设立资金池并控制资金。值得注意的是，部

分平台为了符合资金在第三方存管的要求，将关联企业或关系人作为资金存管方，实际上仍然控制资金的流转和支配，所谓第三方并没有起到监督资金使用和流向的作用。[1]根据 2016 年《暂行办法》以及 2017 年原银监会发布的《网络借贷资金存管业务指引》，P2P 网贷平台作为信息中介不得归集资金池，应通过银行机构存管将自身资金与出借人和借款人资金实现隔离管理；商业银行履行授权保管和划转客户资金等资金存管职责，防止平台设立资金池并擅自挪用甚至携款潜逃，确保投资人资金安全。

早在 2013 年 11 月 25 日我国还没有出台任何 P2P 监管文件时，在由银监会牵头的九部委处置非法集资部际联席会议上，各部委总结了 3 类以 P2P 网络借贷为名实施的非法集资行为，包括 P2P 网贷平台通过发售理财产品设立资金池、发假标非法集资以及以高额回报为诱饵进行借新还旧的典型庞氏骗局，并且直接指出"P2P 网贷平台经营者发布虚假的高利'借款标'募集资金，并采用在前期借新贷还旧贷的庞氏骗局模式，短期内募集大量资金后用于自己生产经营，有的经营者甚至卷款潜逃"这一典型庞氏骗局手法。[2]上述 3 类通过 P2P 网贷平台实施的非法集资行为，本质上都是以高息回报的虚假骗术为诱饵，通过 P2P 网贷平台对不特定多数投资人进行借新还旧，只是操作手段、实施主体不同，体现出利用 P2P 网贷平台实施的典型庞氏骗局形态。

第二节　P2P 网贷平台庞氏骗局刑法规制路径

一、P2P 网贷平台庞氏骗局罪名认定

（一）非法集资犯罪的认定

在 P2P 网络借贷中平台负责人通过包装理财产品发布虚假借款标，承诺高息回报，在吸收投资人投资款之后形成资金池，通过后面投资者的出资款

---

〔1〕　参见黄超英、陈霞：《P2P 网贷平台的刑法规制——以对国内判例研究为依据》，载《海峡法学》2017 年第 3 期。

〔2〕　《央行：三类"P2P"将被视为非法集资》，载 http://finance.people.com.cn/bank/n/2013/1127/c202331-23666404.html，最后访问日期：2023 年 8 月 22 日。

偿还前面投资者的本金和利息，借新还旧形成庞氏骗局。P2P 网贷平台实施的庞氏骗局主要涉及非法集资的认定，包括非法吸收公众罪与集资诈骗罪两个罪名，两者都是借新还旧的庞氏骗局手法，给投资者造成经济损失，区分标准在于对吸收款项是否具有非法占有目的、对于实施庞氏骗局的 P2P 平台是否具有非法占有钱款的目的，根据最高人民法院 2010 年《解释》，最重要的判断因素是是否将筹集的资金用于生产经营活动。

针对实施庞氏骗局的 P2P 网贷平台，几乎没有平台控制人只是单纯将吸收的资金用于个人挥霍或者借新还旧，而是为维持资金链运转寻求使资产增值的投资途径，如将吸收的存款进行房地产、股票、债券、期货等市场投资。但将非法吸收的资金用于投资同样存在亏损或无法偿还前期吸收资金本息的风险，当平台资产无法及时兑付前期投资人的本息或者平台控制人将资金占为己有卷款跑路时，将会出现资金链断裂、庞氏骗局破灭的局面。

对于生产经营活动的认定成为理论界与司法实务部门判断 P2P 平台是否具有非法占有吸收资金目的的重点与难点。随着互联网技术的发展与推动，许多新兴产业出现，改变了生产经营活动的概念，如网络直播与电子竞技作为当前新兴产业，能够吸引巨大的市场群体并且产生丰硕的收益，投资相关领域可以认为是进行生产经营活动。新兴产业的出现使得生产经营不再要求投资开厂进行实体性经营，投资房地产市场同样也可以认定为生产经营活动。但是不能认为只要是能获取收益的投资行为都是生产经营活动，如果只是将集资款购置房产单纯用于增值或者自住，抑或是进行股票、场外配资、期货合约等高风险行业投资，都不能认定为生产经营活动。而上述短期效益明显的高风险投资往往成为不良网贷平台集资后寻求获益的主要方式，也成为掩饰其未实际开展生产经营活动的借口。

（二）其他罪名

由于我国非法集资行为还涉及擅自发行股票、公司、企业债券罪，欺诈发行证券罪等罪名，对于 P2P 网贷平台违规发售理财产品的行为能否适用相关罪名引起学界争议。P2P 网贷是从英美的股权众筹发展而来。美国将 P2P

网贷平台、金融理财产品以及投资合同等都纳入证券范畴，对于资金的募集往往认定为证券发行行为，其受到美国证券交易委员会监管，由 1933 年《美国证券法》、1934 年《美国证券交易法》所规制。从证券发行原理来看，如果集资者为自己使用而吸收资金则属于直接融资，类似于擅自发行证券，但因为其不采用股票、债券的名义，或者没有对集资载体进行权益份额化和标准化，在我国并不视为证券发行，而是被当作非法集资来处理，但这一逻辑混淆了直接融资和间接融资活动。[1] 因此我国有学者建议，对于 P2P 网贷行为可以参照美国将其视为证券发行行为，适用证券法进行规制，由此 P2P 网贷平台可能构成欺诈发行债券罪或者擅自发行债券罪。通过对比分析 P2P 网贷制度可知这一观点具有正当性、可行性。但基于我国金融监管制度以及证券市场发展的现状，将 P2P 网贷平台募集资金行为认定为融资行为，等同于认定其发挥银行吸储放贷的影子银行功能，因此应由国家金融监督管理总局与地方金融监管部门共同实施监管。美国对证券采取广义上的理解，将大多数金融投资、交易都视为证券募集、发行行为；而我国证券市场并不完善，证券认定范围较为狭窄，与美国存在较大差别，对于 P2P 平台实施的募集资金行为仍是认定为非法吸收公众存款行为或者集资诈骗行为。

二、P2P 网贷平台庞氏骗局刑罚规制措施

（一）P2P 网贷平台庞氏骗局刑罚规制理念

基于互联网金融业态下的网络借贷庞氏骗局对国家经济安全产生巨大冲击，有观点指出经济犯罪刑事政策向从严方向发展，在其指导下的经济刑法立法都采用危险犯、行为犯模式，以强调对经济安全的预防性保障。[2] 也有观点指出将涉经济安全的犯罪作为行为犯认定，只要实施相应行为，不论发生何种结果都以犯罪既遂认定。上述观点虽然认识到涉及国家经济安全法益犯罪的法益侵害严重性，但违背犯罪构成认定原理，一律以行为犯认定将刑罚惩治提前的观点过于偏激。尽管在刑事政策上应当区分侵害不同法益属性

---

〔1〕　参见彭冰：《投资型众筹的法律逻辑》，北京大学出版社 2017 年版，第 266 页。

〔2〕　参见钱小平：《中国经济犯罪刑事政策研究》，法律出版社 2017 年版，第 110 页。

的经济犯罪类型，对危害经济安全的经济犯罪应当从严打击，但并不意味着犯罪认定可以突破刑法犯罪构成要件以及罪刑法定的藩篱，否则将丧失刑法人权保障的功能。基于以 P2P 为代表的新型非法集资犯罪大量增长，有学者建议调整现行单一的宽缓政策，确立"轻轻重重"的刑事政策，即对于危害国家经济安全的金融犯罪，应当依法从严打击，加大财产刑适用，增强刑罚的惩罚力度。例如，考虑到非法吸收公众存款罪量刑幅度过窄、法定刑偏轻，建议对非法吸收公众存款罪的法定刑增加一个量刑档次，如规定"数额特别巨大或者有其他特别严重情节的，处十年以上有期徒刑"。[1]因此，针对经济犯罪贪利性特征，以罚金刑、财产刑作为惩治的主要手段符合经济犯罪的发生原理，可以有效预防经济犯罪的再次发生，并起到惩罚犯罪人的功能；同时基于涉经济安全经济犯罪在法益侵害上的严重性，在自由刑方面可以较一般财产犯罪、经济犯罪适当加重，体现对行为人的惩罚性，如涉案资金在数十亿甚至上百亿元的 P2P 平台庞氏骗局，给投资人造成巨大财产损失的同时更是对国家金融秩序稳定与经济安全产生直接侵害，对行为人判处的监禁刑应当高于普通的诈骗罪、合同诈骗罪等，以体现刑罚的惩罚态度。

（二）增设资格刑

针对危害国家安全法益的犯罪，传统危害国家政治安全犯罪的刑罚特殊性体现在对人身自由的剥夺与政治资格刑，实现对行为人刑罚的同时剥夺其继续实施危害国家政治安全犯罪的可能。基于新型庞氏骗局对于国家经济安全法益的侵害，根据经济犯罪发生机理同时结合其危害国家经济安全的属性，除了采取自由刑与财产刑，可以对特定金融领域从业人员剥夺其从事相关职业的资格，施加禁止在一定期限内从事相关职业或开展相关业务行为的资格刑，将自由刑、财产刑、资格刑组合使用，实现多元化刑罚结构的合理配置，起到预防效果。

基于利用 P2P 网贷平台非法集资的行为人多是了解我国金融法律政策、

---

〔1〕 参见彭新林：《多方面完善 P2P 平台非法集资刑事规制》，载《检察日报》2018 年 7 月 8 日，第 3 版。

熟悉互联网金融相关业务及流程的人士，其非法集资往往利用职业便利或者违背职业要求的特定义务，如果没有资格刑对其从业禁止的话，不一定能很好地实现预防犯罪效果。这类人员刑满释放后通常还会重操旧业，不仅会给互联网金融的健康发展带来重大隐患，而且对预防重新犯罪、保障金融安全不利。而《刑法修正案（九）》增设的从业禁止措施，是作为《刑法》第37条之一（非刑罚性处置措施）规定的，实际上是非刑罚的法律后果，适用范围十分有限。因此，有必要增设相关资格刑，禁止此类案件的犯罪分子自刑罚执行完毕之日起一定期限内从事相关职业。[1]

三、P2P 网贷监管者渎职行为刑法规制

P2P 网贷之所以会野蛮生长集中性爆雷，对国家金融安全与民众财产造成巨大侵害，与长期以来该领域监管失职密不可分。对于 P2P 网贷违法犯罪进行刑法规制的同时，应当明确监管主体责任，对于金融监管中存在的监督过失责任予以相应刑事制裁。互联网金融领域具有业务专业性和风险扩散严重性，在金融领域具有极其重要地位，易引发系统性风险危害国家经济安全，这既赋予互联网金融领域行政监管主体更大的监管责任，同时也要求监管主体应具备相应风险识别能力与严格的监管执法态度，行政监管主体的尽职尽责对于防范化解金融领域重大危险、维护国家经济金融安全具有不可低估的特殊意义。金融监管机构的渎职、不积极履职行为客观上促使危害经济安全类金融犯罪的发生，对于金融风险形成起到负面催化作用，因此对于相关金融监管渎职、监督过失行为同样应当给予相应的行政处罚，对于情节严重、产生严重危害后果的行为给予相应刑事处罚。[2]

---

〔1〕 参见彭新林：《多方面完善 P2P 平台非法集资刑事规制》，载《检察日报》2018 年 7 月 8 日，第 3 版。

〔2〕 2019 年《意见》第 12 条规定关于国家工作人员相关法律责任问题："国家工作人员具有下列行为之一，构成犯罪的，应当依法追究刑事责任：（一）明知单位和个人所申请机构或者业务涉嫌非法集资，仍为其办理行政许可或者注册手续的；（二）明知所主管、监管的单位有涉嫌非法集资行为，未依法及时处理或者移送处置非法集资职能部门的；（三）查处非法集资过程中滥用职权、玩忽职守、徇私舞弊的；（四）徇私舞弊不向司法机关移交非法集资刑事案件的；（五）其他通过职务行为或者利用职务影响，支持、帮助、纵容非法集资的。"

四、P2P 网贷平台综合治理路径

刑法作为法律规制的最后手段，也是最严厉的手段，但对社会失序行为的惩治效果并不是万能的，甚至在纷繁复杂的社会运行机理过程中往往是无力的。很多犯罪并不是一味运用刑法打击就能根本遏制，需要分析问题产生的根本原因，才能对症下药，寻求有效的规制手段。对于 P2P 网贷引发的新型庞氏骗局，应当综合运用行业自律、行政监管、法律规制手段，完善社会征信体系等基础设施建设并培育合格投资人，才能起到更加全面有效的治理效果。

（一）构建行业自律、政府监管与司法惩治立体式监管体系

在日常监管方面，发挥行业自律组织与相关金融监管部门如各级金融监督管理局以及中央网络安全和信息化委员会办公室等行政监管部门职能。对新型庞氏骗局的打击不能单纯依靠司法机关，司法的事后介入并不能起到预防风险发生的作用，相反对于民众财产权益的保护、国家金融安全的稳定保护过于滞后。应加强 P2P 平台日常运行过程中的监管，实现平台运行规范化，注重预防，而非等到行为严重性不断加大、出现严重后果时单纯依靠刑罚打击，此时亡羊补牢，为时已晚，并且依靠刑事制裁手段过于滞后，无法对 P2P 平台的健康运行起到真正的规范效果。

就域外监管模式而言，英国 P2P 发展初期并没有行业自律措施，也没有被纳入政府（金融）监管，其被界定为消费者信贷，由英国公平交易管理局（OFT，Office of Fair Trading）暂时监管，因此受到相对较少的制约，整个行业发展环境宽松甚至出现无序。随着 2011 年 8 月成立较早且规模较大的三家平台 Zopa、RateSetter 和 Funding Circle 联合成立了网贷行业的自律协会，以及 2014 年 3 月 OFT 被撤销，P2P 政府监管职权转移，针对 P2P 监管采取政府立法和行业自律相结合的模式，具体由网贷行业自律协会——P2P 金融协会（P2PFA，Peer-to-Peer Finance Association）和英国金融行为监管局（FCA，the Financial Conduct Authority）共同实现。而美国将 P2P 借贷认定为证券发行行为，因此准入门槛较高，监管力度较大，形成以美国证券交易委员会为监管核心并与包括联邦、州在内的其他机构多部门分头监管的架构，包括联

邦贸易委员会（FTC，Federal Trade Commission）、联邦存款保险公司（FDIC，Federal Deposit Insurance Corporation）、州一级证券监管部门、金融机构部、消费者金融保护局（CFPB，Consumer Financial Protection Bereau）等。[1]我国应当充分发挥互联网金融协会在 P2P 网贷平台业务中的规范与指导作用，同时配合金融监管部门对行业进行日常监管。当然，稳定的金融政策可以为日常 P2P 行业监管指明方向，相反，摇摆不定的政策则可能使得执法者无所适从。而我国监管部门在 P2P 网贷平台诞生之初的几年并没有及时形成对互联网金融领域稳健而富有前瞻性的认识与指导，但自 2014 年以来的政府工作报告中可以看出：从 2014 年政府工作报告中首次提及以来，"互联网金融"已经连续 5 年被写入政府工作报告。从历年的措辞可以清晰看出，监管层对于互联网金融的态度，经历了从"萌芽期"的鼓励促进发展、到"爆发成长期"的规范发展警惕风险、再到"成熟期"的健全监管三大重要转变阶段。[2]对于互联网金融政策的调整与转变，反映了国家决策层对互联网金融发展规律的认识不断深化的过程。但是最终长久稳定的政策定位，既需要执政者对于金融创新与风险具有正确的评估与定位，同时需要其具有高度的智慧，对新生的金融工具具有准确的认识，预测其发展方向，能够根据不同社会经济形势准确定位，为具体执法部门提供行动指南。因此要防止"运动式""救火式"政策的频繁更替，在鼓励金融创新时头脑发热地盲目扩张，在出现问题时又运动式地出台文件进行打击，政策摇摆致使执法监管部门手足无措。

（二）加快征信体系建设

应当加快建立完善的征信数据库和信用违约数据库。我国 P2P 网贷平台提供担保增信并进行"刚性兑付"的变异发展模式根源在于我国当前征信体系不健全。P2P 网贷平台能在欧美国家出现并健康运行的客观条件之一是其具有较为完备的社会征信系统与资信评估机制。例如，在美国通过社会安全

---

〔1〕 参见杨咸月、朱辉：《中国 P2P 网贷市场亟待长效机制建设——来自英、美、德、法四国经验》，载《上海经济》2017 年第 6 期。

〔2〕 参见三水：《政府工作报告连续 5 年提互联网金融，释放新信号》，载 https://www.wdzj.com/news/yc/2058477.html，最后访问日期：2023 年 10 月 20 日。

号码（Social Security Number）可以查到公民真实完整的信用记录，Lending Club 和 Prosper 等网贷平台利用这些公开数据就能对借款人作出客观的还款预估。英国也有较为成熟的社会征信体系，Zopa 根据英国反欺诈协会提供的信息评估借款人信用，从而降低投资款无法收回的投资风险，保障投资安全。[1]

当前央行向各银行提供个人征信查询系统，一定程度上为信贷人员办理贷款提供了信用信息支撑，尤其是在贷款前调查中可以杜绝向信用不良的申请人发放贷款。但一方面，该系统存在一定滞后性，各商业银行向央行上报贷款申请人征信情况按照季度进行，这将导致部分信用不良的贷款申请人在 3 个月内或者在下一季度之前向其他银行申请贷款时，现有征信系统将无法显示该贷款申请人的不良信用记录，这将给贷款资金安全造成极大的风险。因此建立实时征信网络查询系统十分必要，而其前提是建立全面的可为社会广泛接触的信用违约数据库，可以依托大数据技术发挥商业银行掌握的信息数据着手构建。[2]另一方面，央行信用体系以往主要是提供给商业银行，并未提供其他平台接入。应当对商业征信公司在既往经营中建立的征信体系进行合理利用，如阿里巴巴等民间机构通过大数据等信息组合成数据库，对于个人信用进行研判，形成新的征信体系。借鉴共享此种资源，发挥其在日常生活及金融投资领域的作用，实现资源共享，成为完善社会征信体系的重要途径之一。

（三）合格投资人培育

我国民众尚未树立正确的投资理念，抗风险能力低下，对于投资理财固守还本付息的储蓄观念，不愿承担损失及风险，要求刚性兑付成为心理常态，形成要求政府承担相应损失的畸形投资心理，由此引发投资失败时采取上访等扰乱社会治安稳定的极端行为。在投资工具日益丰富的今天，应当引导民众树立正确的投资观念，正如股票投资一样，当出现股市大跌、投资受损时，

---

[1] 参见刘然：《互联网金融监管法律制度研究》，中国检察出版社 2017 年版，第 114~115 页。

[2] 东航金融·中央财经大学·复旦大学·第一财经联合课题组：《中国金融安全报告 (2014)》，上海财经大学出版社 2014 年版，第 36~37 页。

民众应当愿赌服输，自行承担投资损失，而不是向证券交易所等中间服务平台抑或政府要求承担损失。

第三节　校园不良网贷刑法规制

随着互联网的日益普及，在国家鼓励金融创新与实施普惠金融政策的背景下，以大学生为目标群体的校园网络借贷和分期消费市场逐渐被互联网金融公司所挖掘，一度成为一个新兴的经济增长点。但校园不良网贷引发的负面新闻同样层出不穷，引起社会各界的广泛关注。[1]与此同时，校园网贷成为对我国金融安全有着重要影响的金融产品。[2]2017 年开始，原银监会等行政执法部门进一步加大对校园网贷的监管力度，2017 年 5 月原银监会联合教育部以及人力资源社会保障部发布了《关于进一步加强校园贷规范管理工作的通知》，要求各地金融监管部门对于校园不良网贷平台予以关停，并对涉嫌恶意欺诈、暴力催收、制作贩卖淫秽物品等严重违法行为，移交公安、司法机关追究刑事责任。与此相应，2017 年 8 月 4 日最高人民法院印发《关于进一步加强金融审判工作的若干意见》，明确指出加大对包括校园不良网贷在内的金融违法违规行为的司法惩治力度。2019 年 2 月 28 日最高人民法院、最高人民检察院、公安部、司法部联合印发《关于办理"套路贷"刑事案件若干问题的意见》，规定对于以未成年人、在校学生为对象实施"套路贷"的，或者因实施"套路贷"造成被害人或其特定关系人自杀、死亡、精神失常、为偿还"债务"而实施犯罪活动的，除刑法、司法解释另有规定外，应当酌情从重处罚。上述法律文件在明确通过行政手段切实规范校园网贷管理的同时，更表明对涉嫌违法犯罪的校园不良放贷主体予以刑事手段制裁的态度与决心。基于校园不良网贷在平台属性、交易方式、催债手段等方面的复杂性，需要

---

〔1〕　引发校园网贷受到社会广泛关注的典型案例始于 2016 年 3 月，河南某高校的一名在校大学生以自己的名义并冒用同学的身份从十多个校园金融平台贷款近 60 万元后因无力偿还跳楼自杀事件，以及随后多起基于裸条借贷迫使女大学生自杀、"肉偿"等极端恶劣案件。

〔2〕　岳彩申主编：《2016 年民间金融法治发展报告》，法律出版社 2017 年版，第 272 页。

对不良网贷的客观行为进行系统梳理、分析，准确认定罪名与犯罪人刑事责任，才能实现对被害人受侵害法益的刑法保护。

一、校园网贷平台属性分析

自从 2009 年原银监会禁止商业银行向在校大学生提供信用卡办理业务，各类互联网金融机构、电商平台以及良莠不齐的小额贷款公司纷纷瞄准消费需求旺盛的大学生，致使以分期购物、现金借贷为主要形式的校园网贷业务日益兴起，而基于校园网贷野蛮生长、盲目扩张所引发的社会问题也不断凸显。校园不良网贷本身属于高利放贷，通过庞氏骗局借新还旧的连环套路贷形式致使借贷学生陷入还款困境，对在校大学生人身与财产安全产生严重侵害。

（一）校园网贷平台的类型划分

众多学者在论及校园网络借贷（尤其是校园不良网贷）的属性时，都将其笼统认定为是一种 P2P 网络借贷的形式，[1]在没有充分理解 P2P 网络平台运行原理的前提下，对充斥在网络空间的各种类型的校园借贷属性不加以区分、同等看待。这也使得在缺乏金融专业背景知识以及涉世未深的青少年学生心中，校园网络借贷作为一种新型的互联网金融工具被过于科技化、神圣化，被理解为是国家帮助在校大学生解决经济困难所鼓励并支持的社会公益行为，因而忽视了参与网络借贷活动时必要的谨慎与可能存在的风险。

根据贷款服务商的性质以及贷款平台提供的借贷方式，校园网贷主要包括三种类型：第一类是为在校大学生提供分期消费贷款的网络金融服务平台，如趣分期、分期乐等；第二类是诸如阿里巴巴、京东等传统电商平台提供的信贷服务，如蚂蚁花呗、京东白条等；第三类是网络借贷公司直接将贷款资金发放给学生本人，从而收取一定比例的服务费、利息等其他费用的贷款方式，如借贷宝、名校贷等。其中第一类和第二类的借贷方式可称为"消费贷"，具体表现为校园贷款平台并不直接将金钱交付给大学生本人，而是对其

---

〔1〕 参见黄志敏、熊纬辉：《"校园贷"类 P2P 平台面临的风险隐患及监管对策》，载《福建警察学院学报》2016 年第 3 期。

在网络平台、电商购物中的消费以贷款或者分期付款形式支付给相应商家，借贷学生获得商品实物并按期向贷款平台（或电商平台）还本付息。此种校园网贷的特点在于借贷资金流向明确可控，双方约定的还款利息较低。而第三种"现金贷"平台在实践操作中并不对申请贷款的学生进行实质的信用及还款能力评估，只是围绕其学生身份的有无进行形式确认，因此无法了解贷款学生的还款能力，也无法掌控学生贷款的用途和去向，贷款风险较大。尽管如此，此类网贷平台的根本目的在于通过收取高额利息将资金借给有需求的在校学生，能够预料并接受一定比例的坏账率。

正是近年来校园不良网贷实施的高利贷与套路贷结合的新型庞氏骗局，致使借贷学生到期无力偿还高额本息而引发诸如暴力催款、裸条借贷等恶性事件，进而导致大学生跳楼自杀等极端后果，原银监会等相关监管部门从 2016 年 4 月起开展了一系列旨在加强校园不良网络贷款风险防范的措施，并将矛头直指 3 种借贷方式中的"现金贷"这一特殊类型，将其作为重点治理、打击的对象。

（二）具有 P2P 互联网借贷属性的正规校园网贷

P2P 网络借贷作为近年来兴起的互联网金融创新借贷模式，促进了资金在商业领域流通的效率与利用率，相比传统金融借贷有其特有的社会价值与功能。例如，前述趣分期、分期乐等分期消费平台，其本身并不是电商，主要是帮助电商企业销售产品。这些平台与 P2P 平台链接，将学生借款需求包装成投资者购买的理财产品；大学生在分期付款平台购买产品，即发出借款请求，投资人选择借款人将钱借出；大学生用这笔钱去消费，再按月偿还本息给出借人。[1]此种网络借贷的实现是以大数据分析为基础，基于贷款学生以往消费记录、购买习惯等行为数据建立起个人征信系统，由此判断借款学生的偿还能力以及信用借贷额度，在满足学生消费需求的同时保障出借方的资金安全。如果 P2P 平台自融自保，自设资金池进行融资进而违背信息中介的性质，将涉嫌非法集资等罪名。

---

〔1〕　参见候赛、天涯：《警惕校园贷案背后的风险》，载《检察风云》2016 年第 9 期。

（三）校园不良网贷庞氏骗局运作

校园不良网贷平台，背后为网络小额贷款公司运作，即互联网企业通过其控制的小额贷款公司，利用互联网向客户即在校青年大学生提供小额贷款服务。因此网络小额贷款实质上是小额贷款公司业务的互联网化，[1]其运作原理并非如互联网 P2P 平台一般只是起到信息中介的功能，而是直接进行放贷。相较传统线下民间借贷而言，校园网络贷款并不体现实质的金融创新。可以说，多数校园不良网贷公司只是利用互联网金融创新的幌子进行高利放贷，将社会生活中的普通民间借贷活动转移至网络空间进行交易、实施。

正是不良网络借贷平台采用虚假宣传的方式和降低贷款门槛、隐瞒实际资费标准等手段，使得在校大学生在金融创新的旗号下误入高利借贷的陷阱。[2]当借款大学生到期无法偿还本金及高额利息、违约金时，不良网贷放贷人一方面通过暴力威胁等方式逼迫学生还款，另一方面则通过借新还旧的庞氏骗局手法诱导学生签下利息更加高昂的还款协议，利用"以贷还贷"方式不断垒高债务，并进一步实现其他违法犯罪目的，严重侵犯青年大学生的合法权益，产生极为恶劣的社会负面影响。

二、校园不良网贷刑法规制

纵观校园不良网贷运行的全过程，其在平台设立、广告宣传、贷款经营、到期催款等各个环节中都存在着涉嫌刑事犯罪的危险，应对不同阶段的不同行为具体分析。

（一）擅自设立网贷业务平台刑法规制

如果网络贷款发放人本身不具备发放贷款的经营资质，通过互联网平台以金融服务机构的名义向在校学生发放贷款，则行为人可能构成擅自设立金融机构罪或者非法经营罪。

---

〔1〕 参见刘飞宇编：《互联网金融法律风险防范与监管》，中国人民大学出版社 2016 年版，第22页。

〔2〕 参见朱丹丹：《监管层发文整治不良"校园贷"：高校需建立日常监测预警机制》，载《每日经济新闻》2016 年 4 月 29 日，第 5 版。

　　在鱼龙混杂的校园网贷平台中，很多打着贫困助学、提供学生创业资金等公益口号的校园不良网贷公司，实则是未经金融主管部门审批并获得营业执照的个人在具体运营操作，利用网络平台的虚拟性以及监管漏洞非法向大学生提供贷款。根据 2008 年原银监会、央行发布的《关于小额贷款公司试点的指导意见》以及各省据此制定的小额贷款公司管理办法，设立小额贷款公司应向省级政府主管部门提出正式申请，经批准后，到当地工商行政管理部门申请办理注册登记手续并领取营业执照。虽然当前小额贷款公司仍归省级政府监管，并不直接受金融监督管理局的监管，但根据央行 2014 年发布的《金融机构编码规范》，其被明确纳入金融机构范围，具有金融机构的地位，在司法实践中，也同样被赋予"准金融机构"地位。当前以阿里巴巴、京东、苏宁易购为主的电商平台，都是在经过相关部门合法审批后在互联网平台从事相应金融服务，且在具体运行过程中严格控制信贷风险，根据客户以往的交易经历、支付标的等记录，运用大数据分析制定出相应等级的贷款额度，通过设立较高的准入门槛从而降低自身的借贷风险。[1]此种正规的金融平台在促进社会经济发展的同时，也符合国家当前极力推动的金融创新理念。

　　基于网络贷款公司本应具有的金融机构属性，针对那些只为拓展校园网络放贷业务而违规经营，不具有发放贷款资质的个人和组织，应当依照《刑法》第 174 条擅自设立金融机构罪予以刑事处罚。即使以当前小额贷款公司并非直接由中央及地方金融监督管理局审批，也未获得中央及地方金融监督管理局颁发的《金融许可证》为由否认其金融机构地位，对于不具有小额贷款公司资格的放贷主体违规开展的校园网贷服务，仍可以将其以《刑法》第225 条非法经营罪定罪处罚。

　　（二）诱导性虚假广告刑法规制

　　不良网贷公司在向大学生推销贷款业务时往往进行虚假、诱导性的广告宣传，不但不主动告知贷款合同约定的权利义务内容，反而以"零首付""零

---

　　〔1〕　参见江苏省高级人民法院民二庭课题组、王国亮：《网络交易平台金融纠纷司法规制研究》，载《法律适用》2017 年第 1 期。

利息"等低门槛、低成本标语进行诱导、刺激，致使大多数不谙世事的青年大学生无法有效识别贷款协议中存在的陷阱，在缺乏必要的谨慎意识以及投资理财经验的情形下误入违法分子的圈套，陷入债务漩涡。当青年学生与不良网贷平台签订贷款协议后，才发现不仅无法享受宣传内容所称的免息优惠，相反需要支付高昂的贷款利息以及其他名目繁多的服务费、保证金等费用，由此背上沉重的还款负担。对于校园不良放贷人实施的此种虚假广告宣传，诱骗大学生签订贷款协议行为，情节严重的可以构成《刑法》第 222 条虚假广告罪。

（三）从事高利放贷业务的刑法规制

即使具备贷款营业资格的小额贷款公司或者电商平台，在开展互联网校园贷款业务时也必须符合国家规定的借贷利率范围。根据 2015 年《关于促进互联网金融健康发展的指导意见》，在个体网络借贷平台上发生的直接借贷行为属于民间借贷范畴，受民事法律法规以及最高人民法院相关司法解释规制。2015 年《民间借贷司法解释》规定以 24% 和 36% 为基准的两线三区借贷利率保护边界，2020 年《民间借贷修改决定》以一年期贷款市场报价利率（LPR）的 4 倍为新的保护界限，体现了司法部门在不同时期根据民间借贷利率市场的计算规则作出不同的法律保护认定边界。2017 年 8 月最高人民法院《关于进一步加强金融审判工作的若干意见》再一次强调"规范和引导民间融资秩序，依法否定民间借贷纠纷案件中预扣本金或者利息、变相高息等规避民间借贷利率司法保护上限的合同条款效力"。

例如，校园网贷平台虽然对外宣传"利率低至 0.99%/每月"，似乎符合法律规定的借贷年利率上限 4 倍 LPR 要求，但如上文所述，很多不良网贷公司除了收取每月固定利息之外，还会收取各种手续费、管理费、违约金、催收费等隐形费用，所有费用相加远远高于 4 倍 LPR 要求。除此之外，有的借贷平台还收取一定的押金和咨询服务费，学生不仅要一直承担这部分费用的利息，而且一旦逾期，咨询费就无法收回。[1]网贷公司收取如此高额

---

〔1〕 参见郑春梅、贾珊珊：《博弈视角下我国校园贷平台规范发展的机制设计》，载《对外经贸》2016 年第 9 期。

的还款费用实为变相从事高利放贷的经营行为，这也就可以解释为何一笔8000元的"校园贷"债务在半年内经过借款、还款、再借款，最后总还款金额竟高达8万余元。[1]

我国当前刑法并未直接针对高利放贷行为规定单独的犯罪罪名，针对实质上是在从事职业高利贷的校园不良网贷行为，以往司法实践中存在将职业发放高利贷的行为以非法经营罪认定的司法判例，在当前刑法没有将其单独作为犯罪规定的情形下，如前文所述，可以考虑将职业高利贷本质的校园不良网贷以非法经营罪入罪处罚。

（四）暴力催债行为的刑法规制

当还款期限到来借贷学生无法按时偿还债务时，通过暴力手段催债是放贷人的通常做法。校园网贷放贷人通过暴力手段实施的追债行为将严重威胁到青年学生的生命健康安全，尤其是不断发生的暴力讨债行为造成的欠债学生自杀事件，使得人们不得不反思暴力催债手段的严重危害性。如2017年6月下旬，在西安的大三学生明明，在校生活期间通过网络借贷平台借了数笔贷款，因无法按时偿还到期债务，不堪放贷人追讨在家中自缢身亡。[2]又如2016年3月河南牧业经济学院一在校大学生郑某某因无力偿还所欠债务，跳楼自杀。从哲学上的因果关系来看，欠债学生自杀的结果与放贷人的暴力讨债之间存在因果关系。从刑法上来判断学生的伤亡损害后果与放贷人的逼债行为之间的因果关系，是判断行为人是否构成相应刑事犯罪最基本的构成要素：如果是直接追债过程中的暴力手段导致的学生受伤、死亡，则行为与结果之间具有刑法上的因果关系，应根据最终造成的损害后果结合行为人的主观罪过对追债人以《刑法》第232条—第235条所涉及的故意杀人、故意伤害等罪名类型进行具体认定；如果并非放贷人直接的暴力行为造成借贷学生的伤亡后果，但能够证明是暴力讨债致使借贷学生自杀，可根据《刑法》第

---

[1] 参见《校园贷乱象调查：千元贷款滚成万元欠款》，载 http://tech.sina.com.cn/2016-06-14/doc-ifxszkzy5278260.shtml，最后访问日期：2023年11月11日。

[2] 参见《悲剧！大三男生家中自缢，事发前手机上全是这种信息……》，载 http://news.ifeng.com/a/20170702/51358229_0.shtml，最后访问日期：2023年11月11日。

233 条追究行为人过失致人死亡罪的刑事责任。行为人在讨债过程中实施的限制人身自由等行为还会涉及《刑法》第 238 条非法拘禁罪的认定。[1]《刑法修正案（十一）》增设第 293 条之一催收非法债务罪："有下列情形之一，催收高利放贷等产生的非法债务，情节严重的，处三年以下有期徒刑、拘役或者管制，并处或者单处罚金：（一）使用暴力、胁迫方法的；（二）限制他人人身自由或者侵入他人住宅的；（三）恐吓、跟踪、骚扰他人的。"即使用暴力、胁迫方法催收高利放贷以催收非法债务罪认定，当出现严重人身损害结果，应以想象竞合犯从一重罪定罪处罚。

为贯彻落实中共中央、国务院《关于开展扫黑除恶专项斗争的通知》要求，原银保监会于 2018 年 7 月 30 日公布《关于银行业和保险业做好扫黑除恶专项斗争有关工作的通知》，对银行业、保险业开展扫黑除恶专项斗争工作进行了部署，对于银行业领域，要重点打击非法设立从事或主要从事发放贷款业务的机构或非法以发放贷款为日常业务的行为，其中第 3 条指出，对"面向在校学生非法发放贷款，发放无指定用途贷款，或以提供服务、销售商品为名，实际收取高额利息（费用）变相放贷的"予以重点打击。因此，对于从事校园非法放贷、暴力讨债，涉嫌黑性质组织犯罪的，应当以《刑法》第 294 条组织、领导、参加黑社会性质组织罪认定并严厉惩处。

此外，学生通过校园网贷借款依照惯例需缴纳相当数额的服务费等费用，如果借款 5000 元通常到手只能拿到 3000 元，但却要在 5000 元基础上偿还相应本息，实则是在借款之初就变相收取了高额的利息。根据《民法典》第 670 条规定，借款的利息不得预先在本金中扣除，利息预先在本金中扣除的，应当按照实际借款数额返还借款并计算利息。据此，放贷人向借贷学生索要超出实际借款的本金及利息并不具有法律依据，通过暴力手段且索要资金数额相差巨大时可能构成《刑法》第 274 条敲诈勒索罪或者第 293 条寻衅滋事罪。同理，放贷人通过暴力胁迫手段向借贷学生索取"催收费"以及通过收债产生的"交通费"等其他不具有合理追偿基础的债务时，同样可能构成敲

---

〔1〕 参见陕西省西安市长安区人民法院（2017）陕 0116 刑初 762 号一审刑事判决书。

诈勒索罪或者寻衅滋事罪。

三、校园裸条网贷刑法规制

相比较针对普通大学生群体的校园不良网贷，尤为引发社会关注的是一种性质更为恶劣的专门以在校女大学生为放贷对象的裸条网贷行为。具体而言，裸条网贷是指女学生在进行网络借贷时，提供手持身份证的正面裸体照片以及亲人、朋友的联系方式作为"抵押"，当发生违约不还款时，放贷人以公开裸照和与借款人亲友联系作为要挟借款人还款的借贷方式。基于针对对象的特殊性以及侵害法益的多元性，除了具备校园不良网贷所涉及的一般刑事罪名之外，裸条网贷在违法情节以及可能触犯的刑事罪名上将更为严重恶劣。

（一）传播裸照、个人信息刑法规制

裸条网贷以逼迫女学生拍摄裸照、视频等作为利诱条件进行放贷，违背社会公序良俗、挑战民众的道德底线，根据《民法典》第143条规定，民事法律行为的有效性认定必须以"不违反法律、行政法规的强制性规定，不违背公序良俗"为要件，违背公序良俗的民事法律行为无效。因此以拍摄裸照、视频为条件签订的借贷合同在民法上本属无效合同，不受法律承认与保护。与此同时，放贷人在贷款过程中获得的相关影像、数据信息也为借贷女学生及其家人带来极大的隐私与个人信息安全隐患。根据2013年4月23日最高人民法院、最高人民检察院、公安部《关于依法惩处侵害公民个人信息犯罪活动的通知》第2条规定，公民个人信息包括公民的姓名、年龄、有效证件号码、婚姻状况、工作单位、学历、履历、家庭住址、电话号码等能够识别公民个人身份或者涉及公民个人隐私的信息、数据资料等。基于公民个人信息的内容广泛且具有承载、呈现信息主体特定的社会属性的功能，不论是传统意义上公民的姓名、身份证号、银行卡号、电话号码等社交联络信息，还是包含个人极度隐私、人格权内容的照片、影像资料，在网络环境下传播、泄露上述公民个人隐私的数据信息存在侵害不同性质法益的犯罪竞合现象。

以2016年12月"10G女大学生裸条借贷视频、照片等信息泄露事件"为例，结合我国2021年颁行的《个人信息保护法》，随着刑法对公民个人信

息权和隐私权的保护愈加重视，《刑法修正案（九）》将侵犯公民个人信息犯罪的实施主体由特殊主体扩展为一般主体，明确行为人将履行职责或者提供服务过程中获得的公民个人信息非法出售或者提供给他人，情节严重的构成犯罪，使得通过提供服务知悉、掌握他人个人信息的主体具有刑法上的保密义务。在裸条借贷事件中，针对涉事主体个人法益侵害而言，掌握借款人个人信息的放贷人具有对信息的保密义务，放贷人为谋取利益向他人出售、提供或者通过其他渠道发布借贷女生个人及家庭成员信息，情节严重时应构成《刑法》第 253 条之一的侵犯公民个人信息罪。[1]同时，基于裸条贷款人所传播的借贷人个人信息并非仅是一般意义上的生活、社交信息，而是更具特殊性、私密性的个人裸照、视频，这些信息的公开与传播对信息主体而言已超出单纯隐私权保护范畴，更会对其名誉权、人格权造成极大伤害，情节严重时应构成《刑法》第 246 条侮辱罪；针对所侵害的社会法益而言，裸条放贷人在网络上散布、传播的借贷女生裸照、视频，本身属于我国《刑法》第 367 条规定的淫秽物品，不论传播者主观上是出于施压还款还是营利目的，也不论是出于寻求刺激或是打击报复的心理，当传播达到一定数量或造成其他社会恶劣影响时，构成《刑法》第 364 条传播淫秽物品罪。如果放贷人以传播裸照及其他个人信息进行要挟索取财产，应认定为敲诈勒索罪并从重处罚。[2]

---

〔1〕 有研究者指出，我国《刑法》第 253 条之一规定，违反国家规定向他人非法出售或者提供公民个人信息，是侵犯公民个人信息罪的客观行为方式，对于通过网络或者其他途径发布公民个人信息，实际是向不特定多数人提供个人信息，基于"举轻以明重"的法理，在网络空间"发布"个人信息更应当认定为该罪构成要件中的"提供"。参见喻海松：《侵犯公民个人信息罪司法适用探微》，载《中国应用法学》2017 年第 4 期。

〔2〕 2017 年 3 月 30 日，被害人陈某（17 岁，在校学生）通过 QQ 交流平台联系到被告人施某进行贷款，根据施某要求，陈某提供了裸照及联系方式，但施某并未贷款给陈某，而是以公开裸照信息威胁陈某，勒索人民币 1000 元，陈某一直未付款。施某进一步威胁陈某父母并索要人民币 3000 元，陈某家人未付款而向公安机关报案。人民法院经审理认为，施某无视国家法律，以非法占有为目的，敲诈勒索他人财物，数额较大，其行为已构成敲诈勒索罪，施某敲诈勒索未成年人，可从重处罚。参见《最高人民法院发布 10 起利用互联网侵害未成年人权益的典型案例》，载 http://www. pkulaw. cn/full-text_ form. aspx? Gid=aea25b119f80eee9bdfb&keyword=%E5%88%A9%E7%94%A8%E4%BA%92%E8%81%94%E7%BD%91&Search_ Mode=accurate&Search_ IsTitle=0，最后访问日期：2023 年 11 月 16 日。

（二）逼迫女学生通过性交易偿还借贷刑法规制

基于裸条放贷人特殊的放贷目的，其往往只针对有借贷需求的女大学生实施，并不对在校男学生提供贷款，且贷款利率畸高超出一般网络借贷利率的数倍。放贷人之所以约定如此高的利息，一方面女学生在提出借贷请求时，如果其能够接受提供自己身体隐私照片、视频的极端要求，往往是急需用钱而又无法从其他途径获得，将钱款借到手是其解决燃眉之急所首要考虑的问题，处于弱势地位的借贷女生无法对还款利息讨价还价；另一方面，在放贷人看来借贷女生通常无法在短期内偿还高额本息，其也并不希望借贷女生能够按期还本付息，其真正目的在于借贷女生无力还贷之后任其摆布，进而实施其他不法交易。[1]

针对借贷女学生实施的性自主法益侵害犯罪，虽然从社会心理层面评价，借贷女学生对于遭受的损害结果并非"完美受害人"，其在借款之初就对所拍摄的裸照、视频文件存在的外泄风险与结果具有预见可能性，并且对自我决定权基础上通过拍摄裸照换取借款存在一定程度上的被害人过错，具有受谴责的道德非难基础。但从刑法规范层面评价，借贷人的威胁、强迫行为已经符合刑法上的侵犯性自主选择权的犯罪构成要件：裸条放贷人一方面以公开裸照或视频方式进行威胁恐吓，使无法按期偿还借款的女生客观上处于被胁迫的不利境地；另一方面积极组织、联络、介绍交易对象，引诱已处于弱势无助地位的女大学生通过"肉偿"与他人进行性交易方式挣钱还款，并在其中起到穿针引线的作用，此种行为已构成《刑法》第358条组织卖淫罪、强迫卖淫罪以及第359条引诱、介绍卖淫罪，且影响极为恶劣，应对其进行刑事制裁。如果是针对未满18周岁的未成年女大学生实施的上述组织、强迫、

---

〔1〕据新闻报道称，某高校女大学生张某通过借贷宝平台拿到了5000元借款，双方约定利息为每月20%，期限为一个月。在债主要求下，她拍摄了自己的裸照和一段长达5分钟的不雅视频。当还款日期到来张某无法偿还本息时，贷款人建议："还不上钱，我们可以给你们介绍有钱的老板，这样你既能还钱，也有了固定的经济来源。"贷款人一边以公布裸条相逼，一边"善意"地劝导。最终女学生张某接受了债主的条件，愿意出卖身体凑钱。姜宁：《多地高校女生陷"裸贷"风波，被迫卖身还债》，载 http://news.sohu.com/20160928/n469307318.shtml，最后访问日期：2023年11月16日。

引诱、介绍卖淫行为更应当从重处罚。此外，也有裸条放贷人直接逼迫借贷女学生与自己发生性关系，借以抵消相关借贷，如果是在违背女大学生意愿的情形下通过胁迫手段与其发生性关系，应构成《刑法》第236条强奸罪。

本章小结

P2P网络借贷平台成为近年来我国互联网金融领域新型庞氏骗局泛滥重灾区，不论是在监管理念、监管措施抑或是法律适用方面都存在值得反思之处。P2P网贷平台作为互联网金融创新的产物，本质上是信息中介平台，满足借贷双方需求的同时提升社会资金利用率，该项制度本身对提升经济活力、促进金融发展有其积极的价值。只是在P2P网络借贷引进我国后，基于社会信用体系缺失、缺乏正规金融体系监管，加之互联网金融领域政策摇摆，P2P网贷平台经历了长达十年的野蛮生长期，其中既衍生出具有本土特色的担保模式、债权转让模式等创新运作模式，更多地体现为借用P2P网贷平台实施非法集资的庞氏骗局，使得P2P网贷行业整体呈现非法集资"污名化"特征。2020年底国家采取一刀切的政策，完全取缔P2P网贷平台在我国生存发展的空间，这一互联网金融创新模式最终以清退为结局退出我国金融历史舞台不禁让人唏嘘。就刑法规制角度而言，对于互联网借贷平台涉非法集资犯罪既要加大刑罚惩治力度，增设资格刑，同时要加强监管部门渎职的制裁，并进行综合治理。

伴随互联网金融创新的不断推进，互联网借贷平台走进校园并迅速在大学生群体中兴起，为青年大学生摆脱暂时资金困境、实现创业梦想起到了一定程度的积极作用。但互联网借贷平台的鱼龙混杂、监管失力使得一些不良网贷公司乘虚而入，校园不良网贷的高利贷本质及其对借贷学生实施借新还旧的套路贷偿还手法是庞氏骗局的典型表现：不良网贷平台设计高息借贷陷阱，明知借贷学生无法短期内偿还各种名义的高额利息，以诱导学生不断借新还旧的套路贷形式恶意垒高债务，加大借贷压力直至最后彻底无法偿还，借贷人进而通过实施其他违法犯罪行为侵害借贷学生的人身、财产安全。对校园不良网贷的规制，刑法不能缺位，应当合理区分校园网贷平台的属性，识别出对大学生权益造成危害的不良网贷类型；同时针对不良网贷引发的严重后果，对校园不良网贷平台的违法犯罪行为进行具体分析，尤其是针对女性大学生的校园裸贷行为所涉及的刑事犯罪问题，通过刑事手段予以打击，从而更好地保护青年在校大学生的合法权益。

第六章

数字货币庞氏骗局的刑法规制

第一节 数字货币的当代发展

依托区块链与分布式账本技术的运用，以比特币为代表的数字货币和自由流通的法定货币一样，能够被用于真实的商品和服务交易，因此，其逐渐受到"投机客"的追逐热捧。从比特币诞生之日起其价格便不断飙升，这既有人为投机炒作的推动，也与其自身某些属性有关：一方面，特定算法的数量有限性、计算机 CPU 算力和消耗的巨额电量成为挖掘比特币的固有成本，这也决定了获取比特币必须付出实际支付对价；另一方面，由于比特币具有去中心化、匿名性、可兑换性、交易成本低廉性等特点，其在网络中具有充当特殊犯罪工具的实际功能，因而存在巨大的市场需求。

一、数字货币的特征

通常而言，数字货币可分为非区块链技术和涉区块链技术两大类。前者主要是指在区块链技术诞生前，互联网公司发行的仅可在网络公司特定范围内使用的代币，如腾讯发行的 Q 币、百度币、盛大公司点券、网络游戏内的游戏代币等（狭义虚拟货币）。后者是指基于区块链技术而诞生的具有加密性特征的数字货币，如比特币、以太坊、莱特币等，这些数字货币在不同国家认可与流通的限制存在差异，既存在禁止一切数字货币交易流通的国家，也存在虽不承认数字货币具有法币属性但认可其合法地位，可以与法币自由兑换或在一定范围内直接与其他商品进行交易使用的国家。通过对数字货币与传统法定货币、特定网络平台发行的虚拟代币（狭义虚拟货币）进行比较，可以更准确探析数字货币的特征与本质。

（一）表现形式

以比特币为代表的数字货币与传统各国中央银行发行的法定货币最大的差别在于无形化：一方面，数字货币作为一串数字代码保存于计算机账户中，而传统货币以纸质或金属货币的物理形态客观显现；另一方面，基于数字货币去中心化的特征，其没有特定的发行机构，只能存在于网络数据中，而上述数字货币的表现形式直接决定了其交易的隐蔽性（从交易者个人信息保密角度而言具有交易安全性），即任何一台连接互联网的电脑都可以进行点对点数字货币（比特币）转账，资金的流动只要有网络即可，无需通过第三方机构如银行等，因此很难受到监管。

（二）信用基础

虽然同样可以作为商品交换的等价物，但数字货币与特定网络平台发行的虚拟货币（代币）的价值基础并不相同，虚拟货币的价值根基依托于商品服务提供方自身的商业信用，是针对所提供商品服务创造的特定等价代币。与此相反，以比特币为代表的数字货币基于对特定算法的信赖，其交换价值基础与以一国政府信用背书的国家法定货币以及对特定商业主体的商业信赖为依托的虚拟货币存在根本区别，是特定群体在理念上自发的技术信任与价值认同。随着信赖主体数量以及投资者信心的变化，作为其信赖对象的数字货币在交易价格上存在巨大的浮动与不确定性。

（三）流通范围

虚拟货币只限于商品服务商提供的特定商品，交易方式呈现单向流动性，无法在经济生活中作为一般等价货币进行流通。基于数字货币的信用基础是从少数特定群体中产生，认可群体呈现动态不稳定性，因此其流通范围以及能否实现法定货币一般等价物的功能并不确定，具有随意性、可操控性的特点，而一旦流通群体对于数字货币产生信任，其即可以作为一般等价物进行任何商品的交易，充当一般货币。

（四）交换价值

以比特币为代表的数字货币与国家发行的法定货币以及特定机构发行的虚拟货币不同，基于特定算法的比特币总量固定控制在 2100 万枚，不存在超发问题。有观点指出，比特币等数字货币去中心化的本质特征，使得其发行量不依赖于任何发行者，比如银行、政府和企业，而仅依赖于其程序设计的算法本身，这就从根本上保证了任何人或机构都不可能操纵比特币的货币总量，人为制造通货膨胀。而以 Q 币为代表的虚拟货币，其发行量完全取决于发行机构，同样具有发行数量的任意性与不确定性，进而最终影响虚拟货币的市场价值。[1]

二、各国对数字货币的态度

数字货币在世界范围内的认可程度与身份属性还处于模糊混沌之中，当前，各国对于比特币等数字货币采取截然不同的态度，既有在立法上全面禁止，将交易、使用数字货币视为违法行为的纳米比亚、厄瓜多尔、吉尔吉斯斯坦等国，也有在法律上对数字货币予以合法化认可的德国、加拿大、澳大利亚、日本等国。如2013年8月德国成为世界上首个承认比特币合法地位的国家；2013年12月，世界上首个比特币ATM机在加拿大温哥华投入使用；2017年7月1日，澳大利亚把比特币视为货币，并废除比特币商品与服务税（GST）；2016年5月，日本首次批准数字货币监管法案，将虚拟货币定义为财产，2017年7月，日本政府签署颁布修正的《支付结算法》，比特币在日本某些商店具有支付功能并合法化。同时也有虽然不承认数字货币法定货币属性，但纳入证券监管的美国、瑞士、新加坡等国。[2]出于利益考量与政策调整，近年来不少国家对于数字货币的态度也在短时期内发生巨大的反转，包括泰国、韩国、俄罗斯，从本国税收、资源开发等不同角度出发经历最初的全面禁止到适度开放承认。如泰国是全球首个禁止比特币使用和交易的国家，但在2018年3月泰国通过法案，承认数字货币为是一种数字资产。俄罗斯将以比特币为代表的数字货币称为"数字金融资产"，在经历一系列态度翻转之后，俄罗斯联邦议会于2018年3月制定了保护加密货币所有人权利的法律草案《数字金融资产法案》，该法案已于2018年5月22日由俄罗斯国家杜马通过并在2018年7月正式生效。此外，一些东欧国家近年来也对比特币采取了更为宽松的态度，如保加利亚、斯洛文尼亚和罗马尼亚等国的税务机关

---

〔1〕　参见娄耀雄、武君：《比特币法律问题分析》，载《北京邮电大学学报（社会科学版）》2013年第4期。

〔2〕　美国在一定程度上允许比特币交易、兑换并将比特币作为证券进行管理，但各州对比特币的态度不完全一致，华盛顿州最严，要求数字货币交易所必须申请牌照，同时要求第三方的独立审核，而比较宽松的内布拉斯加州则允许律师接受数字货币作为报酬。

正式承认这类数字货币的货币属性，并对比特币收入设置了税率。[1]2021年6月，南美国家萨尔瓦多通过了《比特币法》，成为全球首个承认比特币具有法币地位的国家。[2]

三、数字货币价值基础反思

虽然基于特定算法的数字货币与虚拟货币在设计原理与运用场景方面存在巨大差异，但相比较传统实物货币、金属货币以及各国政府发行的纸质货币而言，数字货币既无内在实体价值，又缺乏强有力的信用背书，甚至缺乏虚拟货币所具有的特定发行主体的信用支持与使用价值，完全建立在抽象观念层面对算法技术的信赖，数字货币过于热衷对虚无缥缈的理念炒作不免让人对其价值基础产生疑问。因而有观点指出：现阶段大多数数字货币的产生所依赖的数字运算是毫无价值的，纯粹是浪费计算机的运算价值，通过无意义的运算创造网络金融货币并加以资本运作从而创造价值，这也就是类比特币金融风险的产生来源。[3]由此产生了对类比特币式的数字货币所积极灌输的运作根基"去中心化"的疑问与反思，所谓"去中心化"无非是依据程序设计者自身理念创立另一套"中心化"体系。类比特币式的数字货币运行本身脱离不了程序设计者的设计目标，受算法设计者自身目的的影响，数字货币就是一种设计者自我中心化的表现，依据其开发的哈希值算法赋予数据结论以价值属性。从这一意义上而言，每一种数字货币在设计之初就天然带有开发者的价值目标，无法实现所谓的"去中心化"理念。就实际支付使用功能而言，为了实现"去中心化"与功能可靠的分散式支付系统，比特币给参与者带来了高昂的成本但效率十分低下，如耗电量巨大，交易容量低等。[4]

---

〔1〕 赵天书：《比特币法律属性探析——从广义货币法的角度》，载《中国政法大学学报》2017年第5期。

〔2〕 参见《第一个承认比特币为法币的国家诞生了，比特币或将成为法定货币》，载 https://new.qq.com/omn/20210610/ 20210610A05YA200.html，最后访问日期：2023年12月20日。

〔3〕 参见陈禹衡：《类比特币的金融风险和法律防范》，载《产业与科技论坛》2018年第9期。

〔4〕 参见《比特币交易有多费电？每次交易可能超过你家一周用的电》，载 https://www.sohu.com/a/202787032_618342，最后访问日期：2023年12月20日。

如比特币交易的分布式记账原理受限于区块产生速度与区块规模，使得比特币交易效率低下，在国内交易一般需要 2 个小时左右，如果从国外提币到国内则动辄需等上 1—2 天，支付效率远不如正常的银行转账以及支付宝等支付工具。加之利用比特币交易需要对电脑运行速度具有很高的要求，同时会消耗大量电能，成本远高于一般银行转账系统，当前不会被社会民众所普遍接受。可以说，以比特币为代表的数字货币并不具有高效、便捷的特性，相反交易成本高昂，之所以获得青睐更主要体现在支付交易不受监管的隐蔽性，而这将直接对金融安全稳定产生冲击。

对于数字货币在金融领域的价值，股神巴菲特曾表示："加密货币最后的结果是会很糟的，因为他们没有产生任何跟这个资产相关的价值。"这类资产的价值取决于更多的人进场，然后持有者等待其他人以更高的价格接盘。比尔·盖茨接受 CNBC 采访时说："作为一类资产，比特币没有产生任何东西，所以你不该指望它会涨。比特币纯粹是'博傻理论'那一类的投资。"[1]基于数字货币通过运算公式所得出的一系列数字代码并无客观价值可言，不会产生任何实质价值，比特币价格的提升完全凭借后来者的推动，当投资者信心崩塌时则游戏难以为继，数字货币将回到其原本价值。而数字货币价值被不断抬升的过程完全符合庞氏骗局的运行原理，致使比特币及其经济生态本身都长期受困于是否构成庞氏骗局、金字塔骗局等集资诈骗犯罪或者传销犯罪的巨大争议之中。[2]因此，对于具有金融创新属性的数字货币，应将关注点集中在如何进一步提升技术水平，降低交易成本，实现数字货币支付的高效便捷，更好发挥数字货币支付流通的工具属性，而非将其单纯作为价格炒作的金融投机产品，否则很容易重蹈 17 世纪荷兰郁金香泡沫的覆辙，使之沦为一文不值的庞氏骗局注脚。

---

〔1〕　参见《蒸发超一万亿！史上最大泡沫崩塌，比特币不到一年跌近 80%，矿机竟被当垃圾处理》，载 http://finance.eastmoney.com/news/11056, 20181122990185998.html，最后访问日期：2023 年 12 月 22 日。

〔2〕　谢杰：《"去中心化"互联网金融对经济刑法规范的影响及其应对——比特币关联犯罪的刑法解释》，载《犯罪研究》2015 年第 2 期。

第二节　数字货币的监管与刑法规制

一、我国数字货币的监管立场

首次数字货币发行 ICO 是当前通过区块链技术进行融资的重要手段，数字货币的价格应该由 ICO 项目的内在品质决定。虽然 ICO 源自股票市场的首次公开发行 IPO，但同样作为资金筹措行为，基于 IPO 实施主体必须是有着合法的经营牌照的股份公司，并且在发行募股过程中严格接受证券监管部门（如我国证监会）审核监管，IPO 有着严格规范的发行主体要求与审核程序。相较而言，当前多数国家对于 ICO 监管还处于空白阶段，发行主体没有资质要求，也没有严格的监管程序，极易成为非法集资、投资欺诈的庞氏骗局。正是当前数字货币监管的空白以及众多投机者对区块链技术的盲从与不求甚解，使得违法行为人在数字货币这一"地下市场"有机可乘，简单拼凑白皮书搭建所谓 ICO 项目，披上"区块链"的外衣开展代币发行进行集资，坐庄操控价格疯狂涨跌。[1] 对于类似本身没有实质价值的 ICO 项目，上家买入代币仅是期待下家以更高的价格接盘，那么这种"击鼓传花式"的投机炒作就是一个典型的庞氏骗局。

我国金融监管部门近年来针对比特币发布的相关文件可以一定程度上反映出监管者对数字货币持有的立场与态度。一方面，国家对于类似比特币等虚拟货币发布了一系列监管文件，包括 2013 年 12 月 3 日央行等五部委发布《关于防范比特币风险的通知》，明确了比特币等数字货币不是由货币当局发行，不具有法偿性与强制性等货币属性；2017 年 9 月 4 日央行等七部委联合发布《关于防范代币发行融资风险的公告》强调，任何组织和个人不得非法从事代币发行融资活动，各金融机构和非银行支付机构不得开展与代币发行

---

〔1〕 参见《证券时报：比特币急跌暴露虚拟币炒作庞氏骗局本质》，载 https://tech.sina.com.cn/i/2018-11-27/doc-ihpevhck8763618.shtml，最后访问日期：2023 年 12 月 20 日。

融资交易相关的业务。[1] 2021 年 5 月 18 日，中国互联网金融协会、中国银行业协会、中国支付清算协会联合发布了《关于防范虚拟货币交易炒作风险的公告》，该公告内容基本延续了 2017 年七部委公告对虚拟币"从严、从禁"管控的相关精神，且涉及的内容更加全面、翔实。该公告重申虚拟货币是一种特定的虚拟商品，不由货币当局发行，不具有法偿性与强制性等货币属性，不是真正的货币，不应且不能作为货币在市场上流通使用。2021 年 9 月 15日，央行等十部门联合发布《关于进一步防范和处置虚拟货币交易炒作风险的通知》，该规范性文件依然延续了对虚拟货币管控"从严、从禁"的走向，将虚拟货币相关业务活动定义为非法金融活动，一律严格禁止，对于各部门之间承担防范和处置虚拟货币交易炒作的风险划分了更为明确的职责，强调各部门之间的互相配合工作；此外，该文件明确了境外通过互联网向我国境内居民提供虚拟货币交易服务同属于非法金融活动。与此相应，比特币在中国市场上的交易价格随着上述国家文件、政策的出台产生剧烈震荡。[2]

需要明确的是，数字人民币（e-CNY）是央行发行的数字形式的法定货币，主要定位于现金类支付凭证（M0），具备货币的价值尺度、交易媒介、价值贮藏等基本功能，与实物人民币等价，以国家信用为支撑，具有法偿性。数字人民币是法定货币的数字形式，是货币形态随着科技进步、经济活动发展不断演变，实物、金属铸币、纸币均是相应历史时期发展进步的产物。由

---

〔1〕 2017 年 10 月 30 日 OKCoin（币行）、火币网、比特币中国三家比特币交易平台均发布清退公告，宣布将平台关闭退出中国市场，至此中国境内所有数字货币交易平台全部暂停交易。参见《比特币退出中国！三大交易平台发布清退公告》，载 http://news.chinabyte.com/102/14331602.shtml? cirsid=fe56ce570f6ef38ab4a648862b12fe4a，最后访问日期：2023 年 12 月 26 日。

〔2〕 纵观比特币交易价格的走势，2009 年 10 月比特币首次兑换汇率为 1 美元兑换 1309.03 个比特币，随着 2013 年比特币交易不断活跃，其从最低价格 66 美元到 2017 年最高点 2 万美元升值近 300倍。这也使得比特币交易具有严重的投机性。其他各类数字货币在炒作下交易价格也上涨数百倍之多。但比特币交易价格除受人为炒作影响之外，同样受到政策文件影响巨大，在 2013 年央行等五部委发布《关于防范比特币风险的通知》后比特币价格应声下跌，跌幅近 50%；2017 年 9 月 4 日央行等七部委联合发布《关于防范代币发行融资风险的公告》，比特币交易价格从 8 月底的每枚 2 万美元跳水至最低8000 美元左右，跌幅达到 60%，数字货币价格泡沫显而易见。而随着市场价格反复震荡，数字货币近期迎来"熊市"，至 2018 年 11 月 25 日比特币报价 4300 美元，跌幅一年近 80%，其他数字货币如莱特币、ETH 等价格同样呈现持续下跌趋势，被投资者认为是典型的"割韭菜"表现。

此可见，自 2022 年 1 月 4 日试点的"数字人民币"应用程序是面向个人用户开展试点的官方服务平台，提供数字人民币个人钱包的开通与管理、数字人民币的兑换与流通服务，[1]数字人民币是有国家信用背书、有法偿能力的法定货币，与以比特币为代表的基于特定算法"去中心化"属性的数字货币具有本质差异。当前中国央行未授权任何机构和企业发行法定"数字货币"，如果某些机构和企业推出所谓"数字货币"或在非试点平台推广央行发行"数字货币"，均将涉嫌诈骗犯罪或者传销犯罪。

上述一系列关于虚拟货币的监管文件实质上表明我国金融监管部门对于以比特币为代表的数字货币及 ICO 发行持消极排斥态度，不承认交易行为的合法性，单纯给予否定评价且不加以任何方式的规范指引，类似于对 P2P 网贷平台一刀切式地予以禁止，此种金融监管态度同样值得反思。虽然基于 ICO 融资以及数字货币交易过程中可能存在的一系列违法犯罪问题，我国金融监管部门对 ICO 融资以及数字货币都采取了一刀切式的否定性评价，从防范金融风险角度出发不认可其合法属性，采取消极抵制态度对于遏制相关金融刑事犯罪的滋生有一定的积极效果。但不可否认的是，基于区块链技术在金融领域的运用，ICO 代币发行本身属于金融创新产物并已在世界范围内得以运行，得到美日以及欧洲科技发达国家在立法上的认可，拥有广泛的市场群体。在对创新模式缺乏深入理解与前瞻性预测的前提下，单纯从维护传统金融监管体制出发一味排斥对金融创新事物的正视与接受有因噎废食之嫌。基于此，我国金融监管部门应加大对数字货币技术的研究，在控制金融风险的前提下紧跟金融创新时代潮流的步伐，填补相关领域的立法空白，防止在互联网技术与金融创新模式深度结合的今天因政策保守而错失经济发展的机遇。

就司法实践而言，我国官方虽然不承认以比特币为代表的数字货币的法定货币属性，禁止任何个人或组织擅自开展 ICO 融资，但作为一种金融创新工具，数字货币具有虚拟财产属性，具有交易价值。虽然曾有相关裁决肯定

---

〔1〕 参见《数字人民币》，载 https：//baike. baidu. com/item/数字人民币/59801552？ fr = aladdin，最后访问日期：2024 年 6 月 16 日。

比特币的财产属性，认定虚拟货币民事交易受到法律保护，但司法实践主流做法是对于虚拟货币交易不予保护。[1]应当明确的是，数字货币并非违禁品，我国金融监管部门出台的关于数字货币的政策性文件主要是禁止从事虚拟货币的商业性经营活动以及禁止利用虚拟货币从事各类违法犯罪行为，而非禁止普通民众对比特币等数字货币的持有抑或交易。基于数字货币客观存在财产属性，对于通过虚拟货币进行的民事交往活动，应承认权利人的财产权以及民事行为的合法性。

值得注意的是，近年来我国政府也在加大对央行发行数字货币的研发，着力推出官方加密货币，并且在 2019 年全国货币金银工作会议上提出"我国将大力推进关于央行数字货币的研发"，体现了中央与金融监管部门密切关注金融创新科技前沿发展，尤其是区块链技术在金融创新领域的应用。但由央行发行的数字货币是中心化的，账户是实名制的，同时交易具有可追溯性，发行数量也是由央行自主决定，与数字货币创造之初的去中心化、匿名性、交易不可撤销、数量稀缺等多项价值理念存在冲突，改变数字货币属性是否可行值得进一步思考。可以认为，当前央行发行数字人民币还是以国家信用为基础，是传统人民币在互联网空间的运用，与比特币等数字货币采取的区块链的底层技术不符。因此也有观点指出，当前央行研发推行的数字人民币与区块链、比特币等数字货币有本质区别，是基于人民币转化的一套数字体系，通俗讲就是现金数字化。[2]

---

〔1〕　2018 年 11 月深圳国际仲裁院（深圳仲裁委员会）在一起股权转让合同纠纷中指出，"虽然监管部门禁止 ICO 活动和虚拟货币交易，提醒投资者应该有效防范风险，但从未断定个人比特币交易属于违法行为。根据国内法律法规，比特币不具有货币职能，但是这并不妨碍其属于数字资产，可作为交付对象"，该裁决结果在报道后于 2018 年 11 月 5 日被司法部官方微博转发，由此判断深圳仲裁委对于比特币虚拟财产属性的确认同样得到了司法部的官方认可。参见《司法部肯定比特币财产属性：依法予以保护》，载 https://wallstreetcn.com/articles/3441681，最后访问日期：2023 年 12 月 28 日。但这一案件最终出现戏剧性反转，2020 年 4 月 26 日，深圳市中级人民法院作出裁定撤销深圳仲裁委员会的（2018）深仲裁字第 64 号仲裁裁决，引发社会广泛关注。参见：《首例比特币仲裁案因违反社会公共利益被法院撤销裁决》，载 https://baijiahao.baidu.com/s? id = 1689354677064572545&wfr = spider&for = pc，最后访问日期：2023 年 12 月 28 日。

〔2〕　参见《央行发行数字货币，与比特币有什么不同》，载 http://finance.sina.com.cn/block-chain/roll/2019-03-04/doc-ihsxncvf9547755.shtml，最后访问日期：2023 年 12 月 22 日。

二、数字货币的刑法规制

针对数字货币去中心化、匿名性、数量稀缺性等概念炒作易造成投机并被不法分子利用，这也导致数字货币价格剧烈震荡且成为非法集资、传销团伙利用的工具，进而陷入庞氏骗局漩涡。从现实交易来看，以比特币为代表的数字货币自诞生以来，大部分持有者只是将其作为投资或者投机工具简单持有，作为交易媒介使用比例低于 20%，无法有效履行货币交易媒介的基本职能。[1]基于我国并未承认比特币等数字货币的法定货币地位，如果伪造比特币数字代码并进行欺诈交易等行为，虽然没有侵犯国家货币信用，不涉及伪造货币罪等货币犯罪罪名，但基于数字货币虚拟财产属性，相关交易行为将构成诈骗罪。

2018 年 5 月 17 日，国家互联网金融安全技术专家委员会发布《高风险平台系列报告（二）警惕假虚拟货币平台诈骗陷阱》，报告指出当前假虚拟货币平台具有如下特点：①具有金字塔式发展会员的经营模式。采用金字塔式的发展会员经营模式的假虚拟货币平台，宣称其虚拟货币或积分币可产生高额回报。此类平台多以拉人头高额返利等模式吸引投资者，涉嫌传销犯罪。②涉嫌资金盘，人为拆分代币。假虚拟货币多没有真实代码，无法产生区块或在区块上运行，因此多采用人为拆分的方式进行代币奖励，通过在短期内不断的拆分，产生大量积分或代币，造成财富暴涨的错觉。③受到机构或个人控盘，无法自由交易。此类平台发行的假虚拟货币多无法在虚拟货币交易所交易，因此多采用场外交易或自有交易所交易。同时还存在价格受到机构或个人的高度控制的现象，容易造成价格快速上涨的错觉，但用户往往无法进行交易或提现。基于此，假虚拟货币主要风险在于涉嫌非法集资等违规行为。假虚拟货币无任何价值，以拉人头、高额返利的模式进行经营，本质为非法集资和传销活动，存在高度跑路风险。此类平台无研发能力和技术，跑路概率极高，受害者维权困难。此类平台多无经营场所和工商信息，且服务

---

〔1〕 参见姚前：《数字货币的发展与监管》，载李伟主编：《中国区块链发展报告（2017）》，社会科学文献出版社 2017 年版，第 18~21 页。

器多部署在境外，受害者很难进行维权。[1]上述风险防范报告指明了近年来在我国利用虚拟货币 ICO 投机操纵进而违法获利行为的本质，即行为人对于没有任何实际价值的"空气币""山寨币"进行包装炒作，人为操纵价格，实质上是事先设立投资欺诈的骗局，所谓 ICO 货币发行不具有任何金融创新属性，目的在于利用虚拟货币 ICO 作为实施非法集资、诈骗的"圈钱"工具，而要维系发行的虚拟货币价格上涨不致立刻崩盘的手段只能是进一步地诱骗新的投资者不断买入推高价格，而这一过程不可能无限持续下去，终将面临金字塔骗局的崩盘。各类山寨币融资圈钱严重扰乱正常经济投资环境，而币圈市场投资骗局的崩盘最终危害国家金融秩序稳定与安全。对于利用虚拟货币 ICO 进行投资欺诈的行为，在加大日常金融监管的同时，更应当对涉及非法集资、诈骗、传销行为依据刑法严厉打击。

在 2018 年 12 月 8 日召开的第二届中国互联网金融论坛上，时任央行副行长、国家外汇管理局局长、互联网金融专项整治工作领导小组组长潘功胜指出，ICO 融资主体鱼龙混杂，本质上是一种未经批准的非法公开融资行为，且融资运作涉嫌非法集资、网络传销、金融诈骗，并且虚拟货币日益成为各类违法犯罪的"帮凶"，不法分子借助虚拟货币洗白犯罪收入、偷税漏税甚至资助恐怖主义活动。[2]因而自比特币诞生以来，鲜有用户大规模使用比特币进行日常交易，而比特币应用真正最活跃的地方则是大名鼎鼎的暗网，包括军火、毒品、色情、洗钱等一系列的交易。[3]

综上，比特币等数字货币去中心化、匿名性等特征使得交易双方的真实身份得以隐藏，不利于金融监管机构对交易活动进行有效监管，不仅致使比特币和比特币支付系统可能成为洗钱犯罪、外汇犯罪、货币犯罪、走私犯罪

---

〔1〕　参见《互金专委会：警惕假虚拟平台诈骗陷阱，累计发现假虚拟币 421 种》，载 http：//baiji-ahao. baidu. com/s？ id＝1600703498855584778&wfr＝spider&for＝pc，最后访问日期：2023 年 12 月 26 日。

〔2〕　参见《央行副行长定调 ICO、STO 融资：涉嫌非法集资、网络传销、金融诈骗》，载 ht-tps：//baijiahao. baidu. com/s？ id＝1619257161051409173&wfr＝spider&for＝pc，最后访问日期：2023 年 12 月 26 日。

〔3〕　参见《数字货币是"骗局"，万人哭喊》，载 http：//www. myzaker. com/article/59be2de09490 cb5d54000006/，最后访问日期：2023 年 12 月 18 日。

等各类经济犯罪的工具或者渠道，而且比特币资产持有者具有成为侵财犯罪（盗窃、普通诈骗等）、金融犯罪（非法集资、金融诈骗、市场操纵等）、网络犯罪被害人的高度风险。[1]作为交易支付工具，比特币独立的支付系统使其避开传统的支付系统进行交易，进而使税收监管机关无法进行有效税收监管与征收，涉嫌逃税犯罪。

第三节　数字货币金融反恐法律规制

以比特币为代表的数字货币利用去中心化的区块链原理与点对点的交易方式，具有全球跨境自由流动以及高度匿名性等特征，其在交易过程中资金来源难以被传统银行反洗钱系统准确识别与有效监控，依赖分布在多个国家复杂的基础设施来实现资金转移或支付，使得合规遵守与执法义务不明晰，可能使某一国家的金融监管部门无法实现对比特币恐怖主义融资与洗钱的撤销与冻结。[2]以比特币为代表的数字货币突破时空限制，在任何时间地点都可以通过网络交易将资金转移到世界任何角落，游离于现有金融监管体系之外，成为恐怖主义融资、洗钱的新型通道，因此有必要针对虚拟数字货币的特征进行专门监管。

一、金融反恐法律规制体系

（一）金融反恐的国家安全法定位

《国家安全法》第28条规定："国家反对一切形式的恐怖主义和极端主义，加强防范和处置恐怖主义的能力建设，依法开展情报、调查、防范、处置以及资金监管等工作，依法取缔恐怖活动组织和严厉惩治暴力恐怖活动。"同时，《反恐怖主义法》第4条第1款规定："国家将反恐怖主义纳入国家安全战略，综合施策，标本兼治，加强反恐怖主义的能力建设，运用政治、经

---

〔1〕　谢杰：《"去中心化"互联网金融对经济刑法规范的影响及其应对——比特币关联犯罪的刑法解释》，载《犯罪研究》2015年第2期。

〔2〕　参见师秀霞：《虚拟货币洗钱风险的法律规制》，载《南方金融》2016年第6期。

济、法律、文化、教育、外交、军事等手段，开展反恐怖主义工作。"上述条款表明随着恐怖活动的愈加频繁，明确的分裂意图以及日益严重的伤亡后果使得传统意义上单纯危害公共安全的暴恐治安事件已上升为危害国家安全、社会稳定的政治事件，迫使恐怖主义活动进入总体国家安全观考察视野，反恐工作成为国家安全战略体系的一部分。《国家安全法》《反恐怖主义法》除要求开展反恐怖主义日常情报、调查、处置工作之外，还强调运用资金监管等经济手段对恐怖主义活动予以规制、打击。以刑法上资助恐怖主义犯罪为例，获得协助、配合的组织实施暴力恐怖犯罪，是一种危害国家安全和公共安全、具有鲜明的反社会性的暴力犯罪，这种犯罪从理论上看是政治犯罪，但由于社会危害性特别大，所以在实践中不按政治犯罪对待。有关国际公约明确将资助恐怖主义犯罪列为可引渡犯罪，如不引渡则必须起诉，[1]体现了资助恐怖主义犯罪对国家安全、经济安全的严重侵害以及世界各国的严厉打击态度。

（二）金融反恐的行政监管职责

在实践操作层面，《反恐怖主义法》第 24 条—第 26 条具体指出，国务院反洗钱行政主管部门发现涉嫌恐怖主义融资的，可以依法进行调查，采取临时冻结措施。审计、财政、税务等部门发现资金流入流出涉嫌恐怖主义融资的，应当及时通报公安机关。海关在对进出境人员携带现金和无记名有价证券实施监管的过程中，发现涉嫌恐怖主义融资的，应当立即通报国务院反洗钱行政主管部门和有管辖权的公安机关。当前高效发达的金融系统在使得资金可以无国界自由流通的同时，也使得犯罪和违法所得资金得以在全球范围内迅速转移、掩饰和处置，如果疏于对金融系统的监管、防控，金融机构很可能在无意识中充当了恐怖分子融资交易和洗钱犯罪的工具。加之电子支付系统的日益发展，网上银行、第三方支付平台等电子支付方式进一步加快了资金转移的速度，使反洗钱和反恐融资的复杂程度和困难程度大为增加。上述法律条文从行政执法角度就相关主管部门对反恐融资的监管工作予以规定，为充分发挥金融反恐行政监管、主动调查作用奠定基础。

---

〔1〕 龚稼立主编：《〈刑法修正案（九）〉司法实务问题研究》，法律出版社 2016 年版，第443页。

（三）金融反恐的金融机构特定义务

鉴于恐怖融资与洗钱犯罪面临的实际情况，为加大对恐怖主义融资、洗钱的监管与资金堵截力度，相关法律增设了金融机构建立客户身份识别制度、客户资料和交易记录保存制度、大额交易报告和可疑交易报告制度等义务，建立冻结、扣押恐怖分子资金机制，从而为保障国家经济安全、实现金融反恐增加打击砝码。2006年《反洗钱法》对金融机构和特定非金融机构反洗钱制度作了全面系统的规定，其中对涉恐资金的监控是我国反洗钱制度的重要组成部分。2014年《涉及恐怖活动资产冻结管理办法》第5条、第7条规定，金融机构、特定非金融机构发现恐怖活动组织及恐怖活动人员拥有或者控制的资产，应当立即采取冻结措施。金融机构、特定非金融机构及其工作人员应当依法协助、配合公安机关和国家安全机关的调查、侦查，提供与恐怖活动组织及恐怖活动人员有关的信息、数据以及相关资产情况。金融机构及其工作人员应当依法协助、配合央行及其省会（首府）城市中心支行以上分支机构的反洗钱调查，提供涉及恐怖活动组织及恐怖活动人员资产的情况。

（四）金融反恐的国际条约与合作组织

经济一体化和金融全球化使得金融反恐成为全世界共同面临的难题，恐怖主义融资与洗钱对于金融监管秩序将产生严重的冲击与破坏，引发一国金融的动荡与危机。为此，一系列国际条约的达成与国际组织的建立都旨在加大对金融领域反恐的工作力度，如联合国《制止向恐怖主义提供资助的国际公约》（International Convention for the Suppression of the Financing of Terrorism）、第1373号决议以及1390号决议等都明确了对恐怖组织进行资金拦截、禁止资助的规定。1989年在巴黎的G7峰会上成立的FATF设立之初主要任务即在于反洗钱，随着恐怖主义融资犯罪逐渐受到关注，凭借着反洗钱和金融反恐的密切联系，工作组开始把打击恐怖组织融资犯罪纳入自己的工作内容，并逐渐成为国际打击洗钱和恐怖组织融资犯罪最主要的力量。此外，国际货币基金组织（IMF, International Monetary Fund）和世界银行（the World Bank）也都在开展国际反恐融资上起着巨大作用。我国当前反恐怖融资工作面临着与国际标准接轨的挑战，反恐怖融资制度已成为国外监管部门的重要审查内容之一，一旦金融机构因涉嫌恐怖融资活动被有关国家监管机构关注，在国际业务交往中将被作为高风险机构而受到强化审查，受牵连金融机构的名誉和业务都将受到很大影响，甚至引发金融动荡。[1]

二、金融反恐刑法规制

金钱是恐怖主义的生命线，恐怖主义活动的次数及其产生的严重结果很大程度上取决于恐怖组织所获得的资助多少，即恐怖主义融资（terrorism financing）。从理论上讲，只要采取严格的金融监管法律措施，密切监控恐怖主义资金流向，就可以斩断恐怖主义资金来源，很大程度上降低恐怖活动发生机率。洗钱是指通过隐瞒财产的真实状况、非法来源或收入的非法运用，并加以掩饰，使其在经济市场中表面来源合法化的过程和活动。[2]洗钱是严重的经济犯罪，给全球资本市场的资金流动秩序造成严重冲击，对一国的政治稳定、社会安定、经济安全以及国际政治经济体系的安全造成严重威胁。[3]"9·11"事件成为全球反洗钱立法的一个重要分水岭，恐怖主义活动越来越成为国际社会所共同面临的威胁。在金融领域，金融反恐成为金融安全的新课题，金融反恐的主要任务是沿着恐怖组织资金的来源及去向，发现和跟踪恐怖组织行踪、打击为恐怖主义活动融资以及恐怖组织的洗钱行为，以切断恐怖组织资金链。当前以美国为代表的西方国家反洗钱战略逐渐转向打击恐怖主义融资。

具体而言，金融反恐针对恐怖主义资金来源的有效打击主要分为上游融资的封堵与下游洗钱的截断两种路径，而恐怖融资与洗钱犯罪为恐怖主义势力得以持续发展提供了循环再生的造血功能。[4]通过加强金融体系的日常监

---

〔1〕　参见童文俊：《恐怖融资与反恐怖融资研究》，复旦大学出版社 2012 年版，第 346~347 页。

〔2〕　参见阮传胜：《恐怖主义犯罪研究》，北京大学出版社 2007 年版，第 173 页。

〔3〕　参见康均心、吴凤：《反洗钱与反恐问题研究》，载刘仁文主编：《刑事法治视野下的社会稳定与反恐》，社会科学文献出版社 2013 年版，第 249 页。

〔4〕　就资金流转方式而言，除了所处的犯罪上下游位置差异，恐怖主义融资与洗钱活动在恐怖主义犯罪中的流向正好相反，前者是先有资金流动，后实施恐怖犯罪；而后者是先进行恐怖犯罪活动，后进行资金"漂白"。但两者的最终目的都是为恐怖主义活动提供充足的资金，维持恐怖组织的运转。

管，获取恐怖主义的融资渠道，对于资金流的来源进行有效围堵，除了可以直接切断恐怖组织赖以生存的物质基础来源，运用较为平缓的手段将恐怖主义势力扼杀在摇篮中，更可以实现对恐怖融资资金流的有效监控、准确定位恐怖分子的行踪，便于采取相应的打击措施。同时，针对金融反恐与下游资金转换的反洗钱关系而言，恐怖活动的实施不仅需要隐瞒、掩饰非法收益的性质和来源，而且需要掩盖、混淆有关资金流向的恐怖主义目的，使之成为貌似合法的资金转移，从而最终为恐怖组织和个人所利用，通过洗钱活动将脏钱转化为"合法"资金历来是恐怖组织循环融资并壮大经济实力的一种主要手段。因此，凡是缺乏有效的反洗钱措施的国家和地区，要么是恐怖资金的主要来源地和中转地，要么自身就存在严重的恐怖活动，而金融反恐从提出之日就沿用了反洗钱制度和相关措施。[1]鉴于我国面临的恐怖主义局势以及世界反恐合作的需要，我国在 2001 年《刑法修正案（三）》中将恐怖活动犯罪增加为洗钱犯罪的上游犯罪，并在《刑法》第 120 条原有基础上增加一条"资助恐怖活动罪"的规定，将恐怖融资确定为恐怖活动的表现形式，体现了国际社会以及联合国公约关于制止向恐怖主义提供资助的基本要求。[2]另外，恐怖组织招募、训练恐怖人员、购置暴恐工具和武器装备、维持日常运转等活动都离不开资金的支撑，切断恐怖组织及实施恐怖活动犯罪个人的资金链条，使其在经济上缺乏基本保障，能够起到遏制恐怖组织发展的作用。[3]因此，2015 年《刑法修正案（九）》对资助恐怖活动罪的内容进行了扩充，除了将传统意义上的恐怖活动帮助行为正犯化之外，同时将资助恐怖活动培训、为恐怖活动组织、实施恐怖活动或者恐怖活动培训招募、运送人员等行为纳入刑事规制范围，扩大对恐怖主义资助方式与手段的认定范围。在程序保障方面，2012 年 3 月全国人大修正的《刑事诉讼法》针对反恐作出专门规定，其中在第二编第二章专项规定了侦查机关在调查恐怖活动等犯罪过程中

---

〔1〕 参见童文俊：《恐怖融资与反恐怖融资研究》，复旦大学出版社 2012 年版，第 4 页。

〔2〕 参见黄风：《我国创建中的涉恐资产冻结制度》，载《国家检察官学院学报》2014 年第 4 期。

〔3〕 参见梅传强：《我国反恐刑事立法的检讨与完善——兼评〈刑法修正案（九）〉相关涉恐条款》，载《现代法学》2016 年第 1 期。

的技术侦查措施，在第五编第三章增加针对恐怖活动犯罪的违法所得予以追缴的特别规定，《刑事诉讼法》针对恐怖活动犯罪特殊侦查措施以及资金追缴的规定使得实践中开展金融反恐工作更具程序上的保障。

随着世界各国对正规金融机构的监管不断增强，恐怖分子除通过直接走私贵重金属、携带现金出境等方式转移资金，还将资金转移活动从地上移到地下，通过非正规金融渠道的地下钱庄、影子银行体系进行资金转移，加大司法机关的打击难度，加之随着金融工具的创新，诸多形式的虚拟货币如比特币等在为金融交易提供便利的同时，其跨国界的自由流通性也成为各国政府以及金融体系监控的"灯下黑"，成为当前恐怖主义活动新的资金获取、流动形式。因此，尽管当前国际以及各国内部针对金融体系采取的一系列监管措施成为打击恐怖主义活动资金来源的主要方式，但加强对非正规金融体系的监控同样成为金融反恐不可或缺的隐蔽战线，只有同时加强对正规金融以及非正规金融的全方位追踪侦查能力，才能更准确确定恐怖主义资金流向，为在当前金融发展新形势下彻底铲除恐怖组织资金来源提供坐标。

三、数字货币金融反恐监管困境

传统金融监管模式对于借助银行系统进行大额交易转账实施的恐怖主义融资与洗钱活动，可以较为准确地开展客户身份识别，进行交易监测、记录交易情况。对于具有去中心化、匿名性、跨国性等特征的数字货币，存在交易行为监测与主体识别两方面困境：就交易行为监测困境而言，数字货币缺乏集中发行与管理机构，在交易与存储时无需借助银行等金融机构，监测义务主体的缺失导致现有监测手段无法对数字货币的交易进行有效监测追踪，对于资金、账户的冻结扣押将无法实现；就交易主体识别困境而言，数字货币客户端注册无需实名认证，设计之初的隐私保护使得数字货币持有人及交易双方具有身份的保密性、匿名性，即使发现可能存在利用数字货币进行恐怖主义融资与洗钱的行为，对于分散在世界各地的数字加密货币及钱包账户也无法识别持有者与交易者的现实社会身份，进行打击更是无从着手。例如，极端恐怖组织"伊斯兰国"（ISIS）号召组织成员实施恐怖主义活动和交易时使用新型虚拟货币，将比特币作为恐怖主义融资与暗网交易主要载体，规避金融监管，将恐怖行径隐匿在虚拟世界中。[1]此外，不同国家对于数字货币采取的态度与监管政策不同，致使对于利用数字货币实施的恐怖主义融资与洗钱活动打击缺乏有效的国际、区域司法协助机制，无法形成数字货币金融反恐监管与打击合力。

四、数字货币金融反恐监管对策

我国当前全面禁止数字货币交易并关闭国内数字货币交易平台，数字货币无法在国内进行交易，但对于利用境外交易平台交易或者直接通过数字货币钱包点对点交易实现恐怖主义融资与洗钱的行为，应当加大金融反恐监管力度、完善针对性监管措施，由此可以从交易主体身份确认、交易行为日常监管、提升技术侦查手段、加强国际合作等方面对数字货币的交易流转进行追踪确认。

首先，从数字货币交易主体身份确认实现对恐怖主义融资、洗钱的金融反恐监管，应当加强对虚拟货币交易、使用者身份实名登记制度的完善。从世界其他国家法律监管措施来看，2013年3月美国财政部下属金融犯罪执法网络（FinCEN）颁布《数字货币兑换条例》，要求所有发行或兑换数字货币的公司、交易商必须提供交易用户的真实信息，进行交易记录保存，及时汇报可疑交易，接受联邦和州两级的反洗钱监管。[2]2016年新加坡金融管理局（MAS，Monetary Authority of Singapore）宣布了一项对于新加坡几类特定数字货币企业的监管计划，要求比特币公司在经营中必须确认顾客的身份，并对可疑交易进行上报，以遏制比特币洗钱以及恐怖主义融资。[3]2018年5月俄罗斯通过《数字金融资产法案》允许加密货币在国内交易所合法交易，但为防范愈发泛滥的恐怖主义融资与网络洗钱以维护国家安全，对虚拟货币交易

---

〔1〕 参见磨惟伟：《虚拟货币应用衍生新型网络犯罪及其治理策略》，载《中国信息安全》2017年第8期。

〔2〕 参见武晓晶、张彦军：《虚拟货币洗钱风险研究及政策建议——以比特币为例》，载《甘肃金融》2014年第11期。

〔3〕 参见周炎炎：《中国虚拟货币全面进入严监管时期，美国牌照化，韩国最严》，载 http://www.cinic.org.cn/index.php? m = content&c = index&a = show&catid = 22&id = 402002，最后访问日期：2023年12月26日。

采取与金融工具监管相似的规则，即交易者需提供姓名、电话、银行卡号等个人重要身份信息，以供政府备案核查，立法者同时计划"追踪"跨行支付，以执行反洗钱和反恐怖主义融资。[1]

其次，从发现利用数字货币进行恐怖主义融资与洗钱交易行为完善金融反恐监管。日本将数字货币交易平台纳入现有反恐怖融资与反洗钱体系，作为《犯罪收益转移防止法》中的特定事业者，承担起交易时确认义务、制作并保存交易记录、向当局申报可疑交易义务等。[2]根据 2013 年美国 FinCEN《数字货币兑换条例》规定，除了对于数字货币交易平台完善相关准入制度、做好交易记录之外，从事数字货币交易与兑换的企业或个人同样需要依据《银行保密法》受到监管。[3]虽然我们国家监管部门出于防范金融风险维护经济安全的目的将数字货币交易平台关闭，但随着金融科技的发展以及数字货币政策法规的完善，若未来开放国内数字货币自由交易平台，可以参照美国、日本等国对于数字货币交易平台的监管制度，实施严格的牌照许可准入制，进一步加强交易平台承担监测汇报义务，定期对数字货币交易平台账户、账本、用户身份以及资金用途等重要数据进行事中审查。

再次，从提升技术侦查手段与研判分析能力完善金融反恐监管。比特币等数字货币具有的点对点交易功能意味着可以在交易平台场外实现交易，单纯对于平台的监管或者取缔并无法完全杜绝数字货币的交易流通，无法实现对恐怖主义融资、洗钱的完全遏制。针对数字货币匿名性的特征，既需要加大科技投入，提高反洗钱情报机构针对数字货币交易监测能力，通过升级技术侦查手段寻求去匿名性方法，有效识别交易主体身份，如运用区块链、大数据等技术手段进行数据挖掘，对交易数据进行监控记录；也需要同时加大研判精细化程度，通过与其他侦查措施相配合综合分析确认主体身份，如对

---

〔1〕　参见《俄国财政部："适当监管"后的加密货币可在交易所交易》，载 http://www.bruyi.com/btbzx/706.html，最后访问日期：2023 年 12 月 26 日。

〔2〕　参见杨东、陈哲立：《虚拟货币立法：日本经验与对中国的启示》，载《证券市场导报》2018 年第 2 期。

〔3〕　参见张继红、牛佩佩：《美国数字货币监管考量及对我国的启示》，载《金融法苑》2018 年第 1 期。

交易频次异常、数额巨大的数字货币交易进行网络 IP 地址追踪，分析研判与数字货币账号进行匹配实现对交易主体身份进行确认。

最后，基于利用数字货币进行恐怖主义融资与洗钱的跨国（境）性特征以及各国对于数字货币的监管态度与规制措施存在较大差异，为实现数字货币金融反恐目标需要进一步加强国际合作。FATF 在 2015 年 6 月发布的《虚拟货币风险为本方法指引》中对于使用虚拟货币的反洗钱规制进行了较为系统、深入的探讨，而上述文件规定往往成为国际社会公认的反恐怖主义融资与洗钱的国际标准，对于我国完善相关法律法规同样有借鉴作用。[1]另据报道，FATF 针对虚拟货币交易所的管制，将从之前没有约束力的"指导（准则）"升级为各成员国应履行的义务"标准"，并进行更加严格的管制。[2]我国对于数字货币洗钱风险防范的规定体现在 2013 年央行等五部委发布的《关于防范比特币风险的通知》中，其要求央行、各金融机构、比特币交易平台加强对洗钱犯罪的监控，一经发现必须及时向央行和公安部门等部门上报。上述文件表明利用比特币等数字货币实施的洗钱犯罪已引发监管机构的关注，但基于 2017 年底我国已关停国内数字货币交易平台，上述文件对于利用比特币实施洗钱及恐怖主义融资犯罪行为监管的义务主体与对象——比特币交易平台已经无实际可操作性，当前仍主要依靠央行反洗钱部门和各金融机构履行针对数字货币的反恐怖融资与洗钱监管义务。我国金融监管部门应当与外国政府以及相关国际组织建立长效协作交流机制，吸收先进经验，共同就通过数字货币实施的恐怖主义融资、洗钱问题加强金融监管与合作交流，提升打击犯罪能力与效率，通过金融反恐维护国家经济安全与政治安全。

本章小结

利用数字货币 ICO 融资成为新型庞氏骗局的主要方式。数字货币基于区

---

〔1〕 参见师秀霞：《虚拟货币洗钱风险的法律规制》，载《南方金融》2016 年第 6 期。

〔2〕 参见《反洗钱金融行动特别工作组将对虚拟货币交易的管制升级》，载 http://baijiahao. baidu. com/s？id=1603057034747725360&wfr=spider&for=pc，最后访问日期：2023 年 12 月 28 日。

块链与分布式账本技术的运用具有金融创新属性，应当在对数字货币运行结构、原理准确理解的前提下发挥数字货币金融创新工具价值，消除单纯作为金融投机产品的泡沫。我国金融监管部门应加大对数字货币技术的研究，紧跟国际金融科技潮流，完善相关监管法律，避免不法分子利用数字货币作为犯罪工具危害金融安全。对于利用数字货币实施的诈骗、非法集资、传销等犯罪活动应加大刑事处罚力度。

基于区块链技术运用的新型数字货币成为当前恐怖主义融资与洗钱的秘密渠道，缺乏监管的涉恐资金交易将对金融监管秩序与经济安全产生严重威胁与侵害。在法律规制层面，总体国家安全观的提出为打击恐怖主义犯罪编织了更加严密的法网，应通过不同维度的安全侧面对恐怖主义行为予以立体式打击：在内部既通过国家安全法、反恐怖主义法等法律法规进行日常监管的预防与规制，同时发挥刑法、刑事诉讼法打击恐怖主义犯罪、保护金融安全的最有力的法律最后一道屏障功能；在金融监管层面，针对地下钱庄与数字货币资金运作特征与渠道，提升对反恐怖主义融资与洗钱的资金监控与追踪技术；在国际与区际协作方面，积极参与、制定相关国际条约、协议，加强金融反恐的国际合作与配合，完善本国相关法律法规，在总体国家安全观的指导下针对恐怖组织融资形成全方位立体式的金融规制措施，实现金融反恐对国家政治稳定、经济安全的保障功能。

| 第七章 |

互联网传销庞氏骗局的刑法规制

近年来高发的互联网传销犯罪作为传统庞氏骗局新变种，不论在宣传手法、运作模式抑或法益侵害属性上均发生了本质改变。传销活动作为庞氏骗局的表现类型之一，是通过拉人头、发展下线、骗取入门费并用后加入者的资金作为回报弥补前期参与人的模式维持运作，传销组织结构呈现金字塔状，因此也称为金字塔骗局。[1]基于传销活动并不具有可持续性盈利的项目收益的原因，当后加入者所投入资金不足以满足先前加入者支付的本金及收益时，不可避免地将出现资金链断裂并最终导致骗局泡沫破裂的后果，这不仅使陷入传销组织的参与人遭受财产损失，而且会与传销过程中间接引发的人身暴力性犯罪共同交织，对公民人身财产等个人法益造成直接侵害；同时，传销活动参与人数量众多、发展区域广泛，对社会治安稳定也会造成重大影响。当前传销运作呈现与互联网金融等新兴技术相结合的新型互联网传销模式，隐蔽性更强，法益侵害属性更加严重，对社会经济平稳运行、国家经济安全产生直接威胁。如何准确识别互联网传销庞氏骗局运作模式，挖掘其背后运作机理，确立传销参与人在犯罪中的地位与作用，有效发挥刑法惩治手段，是当前规制、打击互联网传销活动面临的重要难题。

第一节　互联网传销庞氏骗局运行模式及特征

借助互联网金融等新兴媒介的时尚外衣，传销活动更具迷惑性，一直冠以"经济邪教"的传销组织对参与者进行精神控制与洗脑的程度也更为强烈。不论是传统推销商品或服务的实体经济运作模式还是当前以资本运作、虚拟货币等互联网金融为幌子的新型金融传销运作模式，尽管"马甲"不断变化，传销活动通过拉人头、发展下线、骗取入门费并用后来者的资金弥补前期参与人投入与收益的庞氏骗局运作本质没有改变。当前以资本运作等为名的互

---

〔1〕　根据《刑法》第224条之一组织、领导传销活动罪的条文规定，传销组织"拉人头"发展人数，"并按照一定顺序组成层级"，突显了传销组织立体发展的金字塔结构，以区别于其他单纯对参与人数有要求的涉众型经济犯罪类型。如2022年《解释》第3条对于非法吸收公众存款罪刑事责任追究标准，"非法吸收或者变相吸收公众存款对象150人以上"并未对发展人数结构规定要求。

联网新型传销活动无法依靠商品交易本身获得实质性收益，没有实际盈利能力偿还投资者的利益回报，只能通过新投资者加入进行维持，属于典型"拆东墙补西墙"的庞氏骗局运作模式。

一、互联网传销庞氏骗局运行模式

（一）虚拟货币传销

随着对虚拟货币的不断炒作，有不法分子以发行虚拟货币为名，行诈骗之实，谎称投资虚拟货币只涨不跌，其中主要包括"山寨币""空气币""传销币"等表现形式。[1]例如，近年来具有广泛影响的诸如"五行币""亚欧币""维卡币"等网络传销案件，不法分子以虚拟货币、区块链为幌子，在实质上没有区块链作为底层技术的情况下进行概念炒作，以高额利益回报为诱饵进行非法集资、传销等违法犯罪活动，成为新型庞氏骗局主要形式。全国首起虚拟货币网络传销"维卡币"案，涉及国内资金150亿元人民币，传销人员账号200多万个，涉及全国20多个省市。[2]该案组织者以加密货币和区块链为噱头、以高额回报利诱，要求参加者支付相应等级入会费，通过老会员推荐新会员入会并购买激活码获得加入会员资格，按照投资的金额及先后发展的顺序组成层级，呈现新型网络传销组织特征。[3]

（二）互联网平台传销

在互联网传销运作模式中，夹杂着消费返利等具有迷惑性的市场营销手段。以互联网购物平台传销为例，网络购物平台通过发展会员并许诺给予不

---

〔1〕 "山寨币""空气币""传销币"等冠以虚拟货币幌子的发行销售行为，实质上是对具有区块链底层技术的数字货币进行的概念炒作，并未实际应用区块链技术；而相比Q币等传统平台代币的狭义虚拟货币而言，各类山寨虚拟货币缺乏发行主体的信用支撑与应用场景，本身没有实际价值，属于典型的庞氏骗局。

〔2〕 参见《独家发布！侦破公安部督办涉案150亿"维卡币"特大网络传销案》，载http://www.sohu.com/a/231591890_99960011，最后访问日期：2023年7月10日。

〔3〕 此类平台无研发能力和技术，跑路概率极高；多无经营场所和工商信息，且服务器多部署在境外，受害者很难进行维权。参见《互金专委会：警惕假虚拟平台诈骗陷阱，累计发现假虚拟币421种》，载http://baijiahao.baidu.com/s？id=1600703498855584778&wfr=spider&for=pc，最后访问日期：2023年7月10日。

同等级会员购物返利，鼓励会员在平台消费并推荐发展新会员。此种运营模式实则是通过后加入会员的入会费以及对卖出商品金额提成实现对先前会员返利，平台本身不以商品交易为主要目的，也无资金来源进行会员返利，平台组织者以收取会费和商品价款提成取得收益。如果后期加入会员较少将导致平台资金无法满足先期会员返利要求，庞氏骗局终将崩塌。2018年5月广州警方摧毁的"云联惠"特大网络传销犯罪团伙，即是以"消费全返"等为幌子，采取拉人头、交纳会费、积分返利等方式引诱人员加入，骗取财物，严重扰乱经济社会秩序，涉嫌组织、领导传销活动犯罪。[1]

（三）其他资本运作传销

除了利用虚拟货币、网购平台实施的互联网传销模式外，其他以诸如股权投资、金融互助、微信手游等名义实施的传销活动形式各异，令人眼花缭乱。互联网传销组织以高额回报为诱饵，借助各类网络媒介开展所谓的资本运作，变相收取入门费，通过拉人头、发展下线等手段给予提成、返利。如微信手游传销，传销组织以参与网络游戏为幌子，诱使加入者办理游戏充值卡业务变相缴纳会费，再利用高额奖励鼓励加入者吸收新会员，参与者并非被游戏软件吸引，充值目的在于获得高额收益，此类借助网络游戏进行投资获益的传销模式隐蔽性更强，基于参与人挣快钱的投机心理进行高额返利，加速了传销骗局的崩塌，造成短期内大量参与人遭受重大财产损失的结果。

二、互联网传销庞氏骗局运行特征

互联网传销借助金融科技、资本运作等名义扩大宣传，更具迷惑性与传染性；资本运作模式代际更新，罪名认定更加复杂困难；相比传统传销人身控制、线下商品销售模式，互联网传销法益侵害属性本质改变，危害性更加严重。

1. 宣传手法更具迷惑性与传染性

区别于传统传销假借销售"空壳"商品的欺骗伎俩，抑或通过人身监禁

---

〔1〕 据报道，2018年5月8日"云联惠"总部遭到广州警方查处时，云联惠累计交易金额为3300亿元。参见《超千亿特大传销团伙"云联惠"被广东公安摧毁》，载 https://www.sohu.com/a/231097088_100144429，最后访问日期：2023年7月20日。

等物理手段强迫民众参与的手段，互联网传销往往披上了金融创新、普惠金融等高科技外衣，以"纯资本运作""金融互助""虚拟货币""股权投资"等宣传手法进行洗脑诱骗。加之我国民众普遍缺乏基本金融投资常识和一味追求高收益、忽视风险的投机心理，极易被互联网传销组织蛊惑加入，传销组织对参与人人身控制减弱、精神控制加强，使得互联网传销更具迷惑性与传染性。

2. 运作模式代际更新

互联网传销将传统传销组织物理性控制模式转向在网络空间发展团队，传销组织更加隐蔽，呈现"形散而神不散"特征。为规避司法机关对组织、领导传销活动罪追诉标准的认定，互联网传销不再简单复制传统传销活动"拉人头"获取返利升级的运作模式，着重在组织层级、成员数量、门槛费收取等不同方面进行创新"升级"；通过诱骗参与人不断发展下线获得收益的运作模式造成传销活动与非法集资两者出现交织混同，导致相关行为在刑法罪名认定上更加复杂困难。

3. 法益侵害属性发生改变

互联网传销组织以金融资本运作模式呈现，法益侵害属性由对被害人个体法益侵害转向对国家经济安全超个人法益侵害，具有金融犯罪属性。[1]典型如案件涉案金额超千亿元的广州"云联惠"、江西"太平洋直购案"等，借助消费全返、层级计酬、股权代理等隐蔽性运营模式，致使资金聚集迅猛、辐射面不断蔓延，不仅侵害公共秩序稳定与社会民众个体人身、财产安全，而且对于国家经济安全产生直接侵害。互联网传销作为一种虚拟经济活动，不存在真实商品或者服务的等价交换，无法使社会财富增值，相反数额巨大的传销资金流转并掌握于少数传销人员之手，使得巨量民间资金脱离金融监管，隐藏着很大的金融风险。[2]

---

〔1〕 当前互联网传销运作手法从曾经的化妆品销售、资源开发、种植养殖等"实体经营行为"向众筹理财、期货、虚拟货币等"资本运作"手段进化，有统计数据显示，金融投资理财类传销在传销组织中的占比达到30%，已发展成为新型网络传销的主流模式。参见《2018年重大传销案盘点：发展势头如洪水猛兽，花样百出影响更加恶劣》，载 http://dsdod.com/a/20181228/70630/，最后访问日期：2023年7月29日。

〔2〕 参见黄太云：《〈刑法修正案（七）〉解读》，载《人民检察》2009年第6期。

第二节　互联网传销基本构造：与关联行为区分

一、互联网传销与直销构造区分

传统依靠商品销售的直销与传销在 1998 年 4 月 18 日国务院《关于禁止传销经营活动的通知》出台之前并没有被监管部门有效区分，由此导致大大小小的非法传销公司如雨后春笋般地涌现出来，以至于 1997 年底到 1998 年初非法传销大肆发展，国家对直销企业的管理几乎失控。随着运作模式更新，互联网传销组织往往以合法直销经营自居，掩饰其违法犯罪本质。

直销与传销的合法性与违法性认定的关键在于：从形式上，可以通过运作模式的单层次与多层次性进行判断。我国《直销管理条例》所允许的直销运作模式也仅限于单层次直销行为，直销人员之间没有连带关系，依赖个人业绩计酬；[1] 而多层次直销基于参与人员上下线之间的连带关系，上线以发展下线的数量及销售业绩为计酬依据，不论多层次模式是否以销售实际商品为目的，其拉人头、发展下线的建立层级营销模式的行为在我国属于《禁止传销条例》明令禁止的经营行为。因此，只要形式上存在拉人头建立层级的运营模式在我国一律为法律禁止，被排除在正规直销经营活动之外，属于违法行为。从实质上看，传销活动主要是通过拉人头而非商品价值本身获取收益，销售商品的价格严重背离实际价值，通过以上特征来判断行为人是否具有获取非法利益的主观目的。单层次直销业务员直接面对的是最终消费者，通过商品销售提高个人业绩，属于合法经营活动。传销活动主要是依靠发展下线、建立层级形式收取入门费，缺乏实质经营活动，行

---

〔1〕　2005 年规制我国传销与直销活动的两部核心行政法规《禁止传销条例》与《直销管理条例》几乎同时出台，其中《直销管理条例》（2017 年修订）第 24 条规定"……直销企业支付给直销员的报酬只能按照直销员本人直接向消费者销售产品的收入计算，报酬总额（包括佣金、奖金、各种形式的奖励以及其他经济利益等）不得超过直销员本人直接向消费者销售产品收入的 30%"，以及第 14 条规定"直销企业及其分支机构不得发布宣传直销员销售报酬的广告，不得以缴纳费用或者购买商品作为成为直销员的条件"。

为人主观上并非以销售商品获益为根本目的，属于刑法规定的诈骗型传销类型之一。此外，以销售商品为目的的多层次传销行为虽然为我国《禁止传销条例》规制，但刑法未将此类团队计酬型传销模式作为犯罪认定，相关行为只能作为传销违法行为进行行政处罚。[1] 即通过对实质经营内容有无的判断，对形式上具备金字塔结构的传销活动进行处罚性质与严厉程度区分的行政与刑法双层次规制，由此构成合法直销与违法传销犯罪区分的形式与实质认定标准。

当前互联网传销组织除借助金融创新等虚假外衣包装渲染以外，为掩饰其传销本质往往对运行模式进行改造，典型如互联网传销单层计酬制，传销成员仅对自己发展成员的第一级下线计酬，下线再次发展成员所获收益则与自身无关，意图在层级模式上混淆与直销活动构造上存在的差异，规避刑法对于传销犯罪的认定标准。[2] 同时，基于传销与直销在运作模式上具有相似性基因，当前加大对互联网传销打击时不能放松对直销企业的监管，防止获得直销牌照的企业由于经营不规范涉嫌违法传销甚至犯罪。对建立层级的多层次直销经营活动依照现有法律进行违法传销认定，不因其具有直销牌照而直接承认其行为合法性；对于涉嫌传销犯罪的企业建立直销牌照退出机制，防止其借助合法直销牌照实施传销犯罪。[3]

---

〔1〕 2013 年 11 月 14 日《关于办理组织领导传销活动刑事案件适用法律若干问题的意见》对"团队计酬"传销行为定性作出规定："以销售商品为目的、以销售业绩为计酬依据的单纯的'团队计酬'式传销活动，不作为犯罪处理。形式上采取'团队计酬'方式，但实质上属于'以发展人员的数量作为计酬或者返利依据'的传销活动，应当依照刑法第二百二十四条之一的规定，以组织、领导传销活动罪定罪处罚。"即具有经营销售实质的多层次团队计酬传销模式不作为刑法规制的对象，假借团队计酬实质上拉人头、发展下线的运作模式仍属于诈骗型传销，属于刑法规制对象。

〔2〕 如江西"太平洋直购案"，其运作模式是上下级渠道商之间有层级进行团队计酬，即上级渠道商对其发展的下一级进行业绩提成，但上级对下级业绩的提成是一次性的不具有持续性，下级渠道商再发展的下级与其上级无关，各团队只能形成上下两级计酬，无法形成传统传销组织认定的三级层级。参见朱庆：《传销抑或创新：太平洋直购案的法律解析》，载《法商研究》2015 年第 1 期。

〔3〕 2019 年初引发社会广泛关注的天津权健集团、河北华林酸碱平生物技术公司等为代表的我国直销领域巨头，在已取得商务部颁发的直销牌照前提下通过虚假宣传、高额回报诱骗民众参与，依靠拉人头、发展层级收取入会费，形成庞大金字塔结构，因涉嫌组织、领导传销活动罪被刑事立案。参见《权健华林被查，直销牌照退出机制改启动了》，载 https://baijiahao.baidu.com/s? id=1622645067008211855&wfr=spider&for=pc，最后访问日期：2023 年 7 月 30 日。

二、互联网传销与非法集资构造区分

非法集资与传销活动本质上都会对参与者个体财产法益造成侵害，涉及群体数量广泛使得法益侵害发生质变，由对个体财产法益侵害转变为对市场经济秩序的超个人法益侵害，易引发群体性事件，影响社会治安稳定，甚至对国家经济安全产生威胁与侵害，这也使得传销与非法集资成为侵犯社会主义市场经济秩序超个人法益犯罪的典型代表。随着互联网传销种类日益繁杂，在实际运行过程中，互联网传销与非法集资存在竞合情形，引发认定分歧与困难，进而在司法裁判与财产处置过程中产生一系列社会不稳定因素。

具体而言，刑法对于非法集资与传销不论在刑罚设定抑或财产处置上都具有较大差异。就刑罚严厉程度而言，非法集资相关罪名虽然在 2015 年《刑法修正案（九）》时被废除死刑规定，但其最高刑期为无期徒刑仍具有极大的惩治力与威慑力；与此相对，组织、领导传销活动罪情节严重时仅在 5 年以上有期徒刑范围内进行裁判，刑罚严厉程度较非法集资轻微很多。甚至相比较单纯侵犯个体财产法益的诈骗罪，诈骗型传销在法益侵害上虽然扩展到对超个人法益的经济秩序侵害，法益侵害更具多元性与严重性，但刑罚惩治力度与作为基础性罪名的诈骗罪相比较轻很多，呈现法益侵害属性与刑罚制裁不成比例的局面，这也使得被认定为不同罪名的犯罪分子在被施加的刑罚严厉程度上存在巨大差异。就对参与人的法律保护态度而言，当前刑法虽然没有完全承认集资参与人的被害人地位，但仍会对集资参与人的损失进行最大程度的追赃挽回，减轻集资参与人损失。相较而言，尽管传销参与人存在被欺骗缴纳入门费情形，刑法却完全否定其被害人地位，对于传销组织吸纳的成员财产表现更为严苛，一律作为传销活动违法所得没收，不予返还参与人。因此同样作为聚众型经济犯罪，非法集资与传销不同类型的属性界定与罪名认定对于案件产生的社会效果具有极大影响。

一般认为，组织、领导传销活动罪属于非法集资犯罪概念下的一种子类型。[1]有观点指出，互联网传销也是一种非法集资，只不过是集资形式

---

〔1〕 刘为波：《〈关于审理非法集资刑事案件具体应用法律若干问题的解释〉的理解与适用》，载《人民司法》2011 年第 5 期。

不同。[1]若作如此理解，集资诈骗罪与组织、领导传销活动罪就都是具有骗取财物性质的非法集资行为。前者对诈骗的具体手段没有限制，而后者则将手段限定在拉人头、收取入门费并建立层级组织的方式，二者应当成立特别关系的法条竞合，根据特别法优于普通法的处断原则，此种情形应认定为组织、领导传销活动罪。但是，从集资运行模式角度考察，非法集资参与人以投入资金数额为基础，通过还本付息形式"坐享其成"地获取静态固定收益。而在传销活动中，单纯交纳入门费或者购买商品并不能让传销参与人直接获得回报，其必须通过拉人头、建立层级的动态运作获得佣金，实行按劳分配。具体而言，非法集资与传销具有较为明显的构造差异。就组织运行结构而言，非法集资以吸收公众存款为目标，参与人数量众多成为客观事实，但集资参与人之间不以建立层级为目标，也无上下级之间的收益抽成。传销运作模式依靠拉人头、建立层级实现组织规模不断扩大，这是其维持运行的核心要求。[2]就参与人获取收益基础而言，非法集资参与人以投入资金数额为基础，通过还本付息形式获取静态固定收益。传销活动参与人则通过拉人头、建立层级的动态运行获得佣金，实现按劳分配。可以认为，非法集资是静态平面式获取收益的线型结构，传销活动是动态立体式获取收益的金字塔结构。但随着互联网传销模式的复杂变化，两者出现交叉竞合情形：典型如互联网传销组织一方面规定参与成员缴纳各种名义的入门费，承诺按缴纳资金比例给予业绩返还，呈现类似非法集资静态还本付息样态。同时为维持传销组织日常运行、扩大组织规模，还要求参与成员不断发展下线，从发展下线收取的入门费中给予其一定比例的提成，激发成员发展下线的动力，最终形成传销参与人获取动态收益的金字塔结构。

虽然组织、领导传销活动罪与非法集资犯罪一样，具有涉众性和资金密集性的特点，但不能因此就将其归入非法集资类犯罪之中，两者的运行构造

---

〔1〕 参见明航：《根治虚拟货币传销骗局须用重典》，载《经济参考报》2017年12月14日，第A02版。

〔2〕 虽然非法集资过程中存在通过介绍投资人参与出资从而获取佣金回报的资金掮客，但这一个体化获取返利行为与传销组织中依靠建立层级获得下线提成的运作模式并不相同。

以及参与人对于犯罪进程的功能具有较大差别。本书认为，当互联网传销同时呈现非法集资特征时，形成组织、领导传销活动罪与非法集资相关罪名的想象竞合情形，集资诈骗罪与组织、领导传销活动罪之间应当是想象竞合的关系。对传销组织既承诺对传销参与人交纳的入门费还本付息，又规定传销参与人可以通过拉人头的方式进一步攫取利益的案件，应当根据其犯罪数额、情节以集资诈骗罪和组织、领导传销活动罪择一重罪论处。根据 2022 年《解释》第 13 条规定："通过传销手段向社会公众非法吸收资金，构成非法吸收公众存款罪或者集资诈骗罪，同时又构成组织、领导传销活动罪的，依照处罚较重的规定定罪处罚。"从该司法解释对于传销与集资诈骗的关系表述以及处断规则来看，两者更符合想象竞合关系。

2013 年 11 月 14 日《关于办理组织领导传销活动刑事案件适用法律若干问题的意见》第 6 条"关于罪名的适用问题"第 1 款明确了"以非法占有为目的，组织、领导传销活动，同时构成组织、领导传销活动罪和集资诈骗罪的，依照处罚较重的规定定罪处罚。"即当传销与非法集资出现交织难分时根据想象竞合犯原理从一重罪处罚。从加大刑事犯罪打击力度、遏制犯罪发生角度考虑，上述司法解释既体现了维护社会经济安全稳定的刑事政策要求，也符合相关犯罪认定原理。但更为现实的问题是，当出现行为样态认定模糊时，不能简单通过从一重罪处罚的竞合原理进行处理。不同罪名认定对于犯罪违法所得处置方式产生直接影响，关涉到参与人尤其是被欺骗加入违法犯罪活动的民众受损财产能否得到法律保护问题，对社会稳定产生重大影响。为使案件办理呈现正向社会效果，此时需要对参与人在传销活动中的具体地位与作用根据刑法规范作进一步评价。

第三节 互联网传销参与人刑法规制立场

一、组织、领导传销活动罪的刑法规定

在 2009 年《刑法修正案（七）》出台之前，根据相关法律和司法解释，

组织、领导传销活动案件涉及刑事犯罪时以非法经营罪进行认定惩处。[1]随着《刑法修正案（七）》单独设立组织、领导传销活动罪，按照以往司法裁判经验与犯罪认定逻辑，将该罪名至于《刑法》第 225 条非法经营罪之一似乎更符合认定习惯。[2]立法出于何种考量将单独设立的组织、领导传销活动罪置于《刑法》224 条合同诈骗罪之一具有较大争议：一方面从传销活动运作模式而言，传销刚进入我国时其运作模式主要是以商品销售或提供服务为主要内容的经营活动，具有商品经营属性，作为经营行为纳入工商、公安等日常法律监管。随着互联网技术的普及与发展，传销运作模式在互联网金融时代同样呈现代际更新特点，众多传销运作手法脱离传统商品销售模式，建立在所谓资本运作等非经营行为方式，因此非法经营罪已经无法包含新型传销犯罪运作模式。另一方面，从刑法规制内容而言，《刑法修正案（七）》专门规定组织、领导传销活动罪主要是针对诈骗型传销活动。从刑法条款对于组织、领导传销活动罪的具名罪状表述可以看出，刑法只制裁拉人头与收取入门费两种传销形式，没有规定具有经营内容的团队计酬传销形式，即新规定的刑法罪名在规制传销犯罪种类时比 2005 年《禁止传销条例》少一种类型，团队计酬型传销模式只规定在行政违法类型中，没有被规定为刑事犯罪类型之一。[3]互联网新型传销以金融理财投资为诱饵不断发展成员加入，目的在于吸收、获取发展成员的资金，本质上是一种诈骗行为，将其作为合同诈骗

---

〔1〕 2001 年最高人民法院发布的《关于情节严重的传销或者变相传销行为如何定性问题的批复》（已失效）规定："对于 1998 年 4 月 18 日国务院《关于禁止传销经营活动的通知》发布以后，仍然从事传销或者变相传销活动，扰乱市场秩序，情节严重的，应当依照刑法第二百二十五条第（四）项的规定，以非法经营罪定罪处罚。"根据 2005 年 11 月 1 日实施的《禁止传销条例》第 24 条规定，符合该条例第 7 条规定行为的，属于传销行为，构成犯罪的，依法追究刑事责任。根据前述最高人民法院批复，彼时对于从事传销活动构成犯罪的应当以非法经营罪定罪。

〔2〕 在 2008 年 8 月 25 日对《刑法修正案（七）（草案）》第 1 稿第 4 条将传销犯罪的规定作为第 225 条非法经营罪之一进行讨论审议，至 12 月 25 日"草案"第 2 稿以及最终公布的《刑法修正案（七）》将该罪名变更为第 224 条合同诈骗罪之一，体现了立法机关对于传销犯罪性质认定的思维变化，也使得刑法对于传销活动犯罪规制类型发生转变，即只针对拉人头、收取入门费的"诈骗型传销"进行刑法规制，对于团队计酬的传销经营行为只作为行政违法行为进行处罚，不作为犯罪认定，由此刑法对于规制的传销活动犯罪属性主要是基于其诈骗性而非非法经营活动，这在罪名体例位置安排上得以表征。

〔3〕 参见罗斌飞：《组织领导传销活动案件的新特点与侦查对策实证分析——以"京广和"传销案为例》，载《江西警察学院学报》2018 年第 2 期。

的一种特殊类型更符合行为的犯罪特质。至此，传销概念在我国刑法中的界定发生根本性转变，其性质同时发生逆转，即传销原本作为一种经营方式就此被我国刑法确定为一种诈骗方式。[1]

二、互联网传销参与人地位分析

传销参与人地位是由其在传销活动中发挥的实质作用所决定，也体现了刑法对此类群体的保护抑或规制态度。传销参与人被欺骗加入传销活动时普遍具有被害人属性，缴纳相应入门费即出现实际财产损失结果，此时有权利要求法律救济并对财产损失进行追缴返还。但当金字塔骗局最底层的传销参与人被洗脑后为获得层级晋升与财产收益，积极发展下线时，其身份则由被害人转变为违法犯罪活动的实施者，具备了可罚的违法性。尤其是加入传销组织之后明知其从事传销违法活动的参与人，其主观上具备有责性，只要实施发展下线、建立层级的行为即具备行政处罚的正当性与可罚性，当发展人数与层级达到刑法规定的组织、领导传销活动罪的认定标准时则构成相应刑事犯罪，应当受到刑罚惩罚。因此，理论上而言，传销组织中参与人的被害人地位认定空间较小，只可能是刚被骗加入传销组织缴纳相应入门费还没有来得及继续发展下线的金字塔底层人员，甚至当其已经着手实施发展下线人员但并未成功时便已经不具备传销活动的被害人地位，其遭受的财产损失也无法获得法律救济。

从法律层面进行逻辑推演可以较为明确地分析出传销参与人的被害人属性与地位，但根据现行法律规定与司法解释，对于传销参与人的法律规制与权益保障存在理论上的冲突。作为《刑法》第224条合同诈骗罪之一的组织、领导传销活动罪，其规制的对象主要是具有欺诈属性与构造的诈骗型传销，被诈骗的对象即为被欺骗参与到传销组织中的人员。但在司法实践中，并未将被欺骗进入传销组织的成员作为被害人认定，被欺骗的财产也是作为违法所得的赃款予以没收，没有根据诈骗罪逻辑构造对被欺骗的被害人进行法律保护并将受损财产返还给被害人。立法将组织、领导传销活动罪作为诈骗类型犯罪惩治，将传销组织成员实施的拉人头、发展下线行为作为诈骗行为认

---

[1]　参见陈兴良：《组织、领导传销活动罪：性质与界限》，载《政法论坛》2016年第2期。

定，同时又不认可被欺骗进入传销组织成员的被害人地位，与诈骗罪认定逻辑存在内在矛盾，不符合诈骗犯罪犯罪构成的认定逻辑。与此相对应是司法实践中对于非法集资参与人的地位认定与救济态度的规定，同样作为涉众型经济犯罪类型，集资诈骗罪的被害人具有要求返还被诈骗财产的法定权利，符合诈骗罪中对于被害人财产法益保护的内在逻辑与立法要求。即使是法律没有明确认定为被害人的非法吸收公众存款罪中的参与人，虽然其不具有受欺骗交付财物的诈骗罪构造，但在司法实践中对此类群体遭受的财产损失同样进行积极追缴返还。[1]由此，对于当前刑法明确规制的诈骗型传销犯罪，立法与司法机关对于具有诈骗对象属性的传销参与人的权利保护与受损财产处置上显得并不公平合理，与法律面前人人平等原则存在冲突。

从惩治犯罪的效果与参与人在不同犯罪类型中的地位考量，刑法对传销参与人的严苛具有一定的实践合理性，这也是由遏制快速蔓延的新型传销犯罪的刑事政策所决定。对于传销参与人的严厉打击，体现出立法者与司法者基于社会维稳目标的实现，对不同特性的聚众型经济犯罪在规制策略上的差别。在非法集资类犯罪中，参与人虽然基于一定程度的贪利遭受财产损失，但其只是静态获益，自身并没有实施非法集资犯罪行为，其参与行为不具有法律规范意义上的违法性。国家为了尽可能减少社会民众财产损失而通过法律手段为此类群体追赃挽损，体现对民众财产法益的保护与救济。而传销组织结构及其运作模式决定了参与其中的人员并非静态坐等收益，而是通过自身不断"努力"将传销骗局蔓延扩大，诱使更多无辜群众陷入传销组织，传销参与人对于传销违法犯罪活动的推动作用更为明显。加之传销参与人经过洗脑之后具有了实施违法犯罪的主观恶性，客观上实施了传销活动，法律为严惩传销犯罪将参与人一并严惩。此外，从犯罪预防角度考量，传销参与人就像感染了病毒的传播者，即使传销组织遭受打击被解散，其成员在社会中仍具有继续开展、实施传销违法活动的可能性，使得传销活动屡禁不止。如

---

〔1〕 参见时方：《非法集资犯罪中的被害人认定——兼论刑法对金融投机者的保护界限》，载《政治与法律》2017 年第 11 期。

若一律将受欺骗加入传销组织的参与人作为被害人进行保护，对其财产权益进行追缴返还，无疑是为其继续传播传销活动提供资金支持。

三、互联网传销参与人刑法规制立场

我国《刑法修正案（七）》虽然将传销活动独立成罪，但从相关罪名以及条文表述可知，刑法只是将传销活动组织者、领导者作为犯罪主体认定，对于其他参与人并不能以组织、领导传销活动罪认定。[1]如有些传销人员通过搭建网络宣传平台、建立微信群等方式大肆进行传销宣传，以培训导师身份对社会民众进行洗脑、诱骗参与投资，上述个人发展下线人数与层级可能达不到"三十人以上且层级在三级以上"的立案标准，[2]但从实际危害性而言，该类传销参与人对传销组织的发展与扩大起到重要作用。虽然《禁止传销条例》对于参与传销组织的成员规定了行政处罚措施，[3]但惩罚力度过于轻微，加之客观原因导致行政制裁不到位，无法实现对传销组织中积极参与人的打击与惩治效果。

根据 2001 年最高人民法院《关于情节严重的传销或者变相传销行为如何定性问题的批复》，对于从事传销活动构成犯罪的应当以非法经营罪定罪，传销组织中存在的骨干分子虽然不起组织、领导作用，但其行为属于扰乱市场秩序的非法经营行为，应当以非法经营罪定罪量刑。有观点据此指出，《刑法修正案（七）》在《刑法》第 224 条增设组织、领导传销活动罪，只是规定具有骗取财物目的的诈骗型传销犯罪，因此本质上与合同诈骗罪具有同质属性，都属于特殊诈骗犯罪类型；但该批复是针对外延辐射更为广泛的所有传销活动进行的刑法规制，除对以骗取财物为目的的诈骗型传销犯罪进行规定，

---

〔1〕 根据最高人民法院 2001 年《关于情节严重的传销或者变相传销行为如何定性问题的批复》，对于传销活动以非法经营罪认定并未区分传销的组织者或者经营者，只要是参加传销活动的成员即具备入罪的主体条件，打击范围相当当前更为宽泛。

〔2〕 根据 2022 年 4 月 6 日修订的最高人民检察院、公安部《关于公安机关管辖的刑事案件立案追诉标准的规定（二）》第 70 条规定，组织、领导传销活动罪的立案标准要求"传销活动人员在三十人以上且层级在三级以上"。

〔3〕 《禁止传销条例》第 24 条第 3 款规定："……参加传销的，由工商行政管理部门责令停止违法行为，可以处 2000 元以下的罚款。"由此看出，行政处罚对于传销参与人的法律惩治力度微弱。

其他不具有骗取财物要素的传销活动仍应作为非法经营罪认定，即对于传销积极参与人，应当依照以往司法解释以非法经营罪进行认定。[1]

上述观点存在如下难以解释的困境：首先，从法律体系解释角度而言，刑法针对某一违法行为专门设立罪名进行规制，当该罪名只规定处罚组织、领导者这一在犯罪活动中起主要作用的人员，而没有规定处罚一般参与人的情况下，在法律适用过程中基于严密法网、加大打击面对其中起较轻作用的成员以其他罪名定罪，有违罪刑法定原则之嫌。其次，基于刑法体系解释的立场，纵观我国刑法对于有组织犯罪中犯罪主体的处罚，既包括组织、领导者，也包括积极参加者与一般参加者。典型罪名如组织、领导、参加恐怖组织罪，组织、领导、参加黑社会性质组织罪等，立法者如果意图处罚组织、领导者之外的其他参与者往往会在犯罪条款与罪名中直接予以体现，只需要根据行为人参与程度与责任大小分别规定不同严厉程度的法定刑即可。在组织、领导传销活动罪中立法者没有对其他参与人进行规定并非立法疏忽，根据《关于中华人民共和国〈刑法修正案（七）（草案）〉的说明》可知，立法者单独规定组织、领导传销活动罪的意图在于改变司法实践中长期出现的罪名适用不统一问题，希望通过专门罪名对此类犯罪进行统一适用，[2]而上述通过刑法解释将传销活动中组织、领导者之外的参与人进行补漏式规制的方式有违立法者专门设立罪名惩治传销活动犯罪的立法初衷。最后，虽然组织、领导者的行为与积极参与人、一般参与人的行为有所不同，但实质上都是进行传销性质活动，一旦认定为性质不同的罪名，将存在不协调、不一致的问题。[3]

也有观点指出，刑法单独制定组织、领导传销活动罪，表明立法者并不

---

〔1〕 参见黄芳：《惩治传销犯罪的法律适用：概念、思路和机制》，载《法律适用》2017 年第 21 期。

〔2〕 《关于〈中华人民共和国刑法修正案（七）（草案）〉的说明》指出："目前在司法实践中，对这类案件主要是根据实施传销行为的不同情况，分别按照非法经营罪、诈骗罪、集资诈骗罪等犯罪追究刑事责任的。为更有利于打击组织传销的犯罪，应当在刑法中对组织、领导传销组织的犯罪作出专门规定。"

〔3〕 参见姜德鑫：《传销行为的犯罪化问题探析》，载《政治与法律》2009 年第 8 期。

处罚传销活动中组织、领导者之外的其他参与人，其他人员只能作为传销违法活动的行政处罚对象。一般的传销参与人既是违法者同时也是受害者，对其可以进行行政处罚和教育，这样不会使刑法打击范围过大。[1]从聚众型传销组织犯罪的实际特点考虑，限缩打击面有利于减少司法办案机关的工作压力，加大对重点犯罪分子的集中惩治，一定程度上也体现了刑法谦抑的理念。但从保护国家经济安全的刑事政策角度考量，对传销组织中起着巨大推动、贡献作用的参与人不进行相应的刑罚处罚，存在刑法在打击新型传销犯罪中惩治不力的弊端，不利于保障国家经济安全。由于未受到法律严厉制裁的传销参与人具有丰富的参与、运作传销活动的经验，在社会上很容易加入或者自行组织其他传销骗局，这也是当前各类互联网传销骗局频发、传销活动组织屡禁不止、无法根除的重要原因之一。因此，不能因为案件数量繁多与办案中面临许多困难对犯罪分子进行选择性打击，对于组织、领导者之外的其他有积极贡献的传销参与人同样应当进行刑法惩治。

第四节　互联网传销庞氏骗局刑法规制机制

互联网传销基于传统传销活动庞氏骗局本质，借助了互联网金融创新、虚拟货币等虚假外衣，更具欺骗性、专业性，在涉案金额、波及群众范围以及蔓延势头方面都呈现迅猛扩张之势。虽然国家监管部门近年来多次开展打击传销违法犯罪专项行动，对维护人民群众合法权益、保障市场经济秩序稳定及国家经济安全起到了积极作用，但新型网络传销活动案件始终处于高发态势，遏制效果并不明显。[2]可从刑法正向规制与被害人、参与人反向规制两方面进一步完善互联网传销犯罪刑法规制机制。

---

〔1〕　参见黄太云：《〈刑法修正案（七）〉解读》，载《人民检察》2009年第6期。

〔2〕　从2009年《刑法修正案（七）》专门规定组织、领导传销罪以来，检索中国裁判文书网，可查询到2010年—2018年全国法院审理组织、领导传销活动刑事案件数量分别为5件、9件、23件、254件、1222件、998件、2083件、2136件、2887件，总体上呈现不断上涨趋势，既体现司法机关打击力度加强，同时也表现出传销活动愈发猖獗的发展态势。

一、互联网传销刑法正向规制机制

（一）制定灵活的刑事认定标准

互联网传销骗局为规避刑法认定标准作出了一系列模式翻新，如混淆传销模式与合法直销运营模式差别进行单层级模式改造，或者针对传销犯罪认定标准的 3 级 30 人立案标准，在下线发展人数上设定限制，如团队成员只发展到 28 或 29 人即可完成升级等。[1]对于互联网传销组织通过在团队人数以及发展层级上进行模式变换与创新刻意规避法律制裁的情况，以往发布的司法解释认定标准在司法实践中存在一定的滞后与机械。

在实践中认定新型传销活动应该紧抓其庞氏骗局的本质特征，即拉人头、发展下线、骗取入门费的行为，前两者是以人员数量为获利依据建立金字塔层级结构，后者体现了传销骗取财物的主观目的，三者结合成为传销活动运行的核心要素。因此，面对互联网传销活动产生的法益侵害，应对其整体组织规模、涉案金额进行总体评价，在遵循罪刑法定原则的前提下实现对新型涉众型经济犯罪严厉打击的政策要求：一方面，根据新型传销模式的变化制定更具适应性的司法解释，对传销组织发展人数、层级认定进行一定灵活调整，规定对于故意规避传销组织 3 级 30 人立案追诉标准的行为，可以根据团队运行实际情况灵活把握。如不具有实际经营行为的互联网传销组织，即使其没有形成团队计酬的三级层级，该组织整体运作的行为也应作为传销活动认定。另一方面，在确立互联网传销犯罪刑事认定标准的前提下严密打击法网。传销活动之所以久禁不绝，除了其自身的隐秘性、迷惑性，很大程度上与刑法规制的不及时、不到位密切相关，传销犯罪存在较大的犯罪黑数。基于刑罚的威慑力并不在于其残酷性，更主要体现在其确定性与不可避免性的原因，对于互联网传销活动更应严密法网，准确识别互联

---

〔1〕 如广西北海"1040 工程"，行为人参与时先交纳 69 800 元，次月"组织"会退还 19 000 元，实际出资额即为 50 800 元。随后每个成员至多可以发展 3 个下线，3 个下线再分别发展 3 个下线，当发展到 29 人的时候，即可晋升为老总，这一过程叫"上总（老总级别）"，即可开始每月拿"工资"，直至拿满 1040 万元，就从"组织"里出局，最终完成"资本运作"。

网传销活动庞氏骗局运作内核，针对形式上规避司法立案认定标准的运作模式应当坚决打击。

（二）提高刑罚惩治力度

就刑罚惩治力度而言，当前刑法规定组织、领导传销活动罪情节严重时仅判处 5 年以上有期徒刑，在涉众型经济犯罪中属于量刑较轻微的罪名，刑罚威慑力与法益侵害性不成正比。虽然当前对于经济犯罪的处罚具有轻缓化趋势，但互联网传销在法益侵害属性与严重程度上远远超过传统传销活动。刑法针对一般传销活动的法定刑无法有效规制具有法益侵害多元性的新型互联网传销活动，所以应加大对组织、领导传销人员的刑事惩治力度：①基于互联网传销活动的法益侵害性与非法集资犯罪相当和传销活动所具有的诈骗属性，互联网传销活动的刑罚力度应当与集资诈骗罪相等同，而当前两种法益侵害属性相似的涉众型经济犯罪法定刑相差较大，未能很好贯彻罪刑相适应原则。②公安侦查工作量与司法裁判结果失衡，造成侦查资源浪费，办案积极性受挫。互联网传销的专业性、复杂性、隐蔽性及传销组织跨区域性等特征对侦查机关业务素质提出了严峻的挑战，此类新型案件在侦办过程中占用公安大量人力、物力和财力，工作量繁杂与案件最终判决结果的轻微形成鲜明反差，打击侦查机关办案积极性。[1]③从传销犯罪再犯预防角度而言，正是由于组织、领导传销犯罪法定刑处罚力度过轻，没有对传销活动犯罪分子产生应有的刑罚威慑，传销组织成员释放后重操旧业的比例非常高。[2]

因此，在互联网传销肆虐的情况下，为有效打击并遏制新型传销蔓延泛滥，应加大对相关传销组织人员的刑罚处罚力度。在立法上针对涉及经济安全的互联网传销提高刑期时限，规定情节严重、数额巨大时判处无期徒刑，

---

〔1〕　检索中国裁判文书网，以刑事案由对组织、领导传销活动罪进行关键词检索，截至 2019 年 3 月 23 日共检索出刑事案件 10 417 件，随机查阅案件判决结果，多数传销活动案件组织、领导者被判处 5 年以下有期徒刑，很多案件犯罪嫌疑人被判处 3 年以下有期徒刑并宣告缓刑，并未执行实际刑期。具有全国影响的江西"太平洋直购案"涉案金额 66 亿元，发展渠道商与会员 689 万人，该案主犯被判处 10 年有期徒刑，是当前可查到组织、领导传销罪刑期最高的案件。参见江西省赣州市中级人民法院（2013）赣刑二终字第 63 号刑事判决书。

〔2〕　参见王烨：《新型传销犯罪的侦办难点及对策》，载《人民公安报》2012 年 10 月 28 日，第 3 版。

与集资型庞氏骗局刑期相对应。在司法裁判上，对于传销活动主要成员应当避免自由刑判处过短甚至判处缓刑情形。传销活动作为精神邪教，经常通过对行为人自由的剥夺实现思想改造。当前法律对于传销活动的组织、领导者自由刑隔离时限过短，无法发挥刑罚教育改造功能，犯罪人再次返回社会将使得传销活动继续蔓延扩散，甚至愈发猖獗。同时应加大对传销人员的罚金处罚力度，削弱其再次实施传销犯罪的物质基础，发挥罚金刑对于经济犯罪的惩罚性与预防性功能。

二、互联网传销刑法反向规制机制

（一）构建被害人防范机制

在纷繁复杂的互联网传销中，参与人的不断涌入是传销骗局无法根除的重要原因，除发挥刑法正向规制机制，还应努力构建传销骗局被害人防范机制。一方面，通过新闻媒体、互联网平台、手机短信、社区宣传等途径立体式通报互联网传销案件，及时公布互联网传销犯罪运作模式、欺骗手法、规律特点等，对互联网传销造成的损失与危害后果进行揭示，提升民众防范新型传销骗局的意识与敏锐性。另一方面，基于互联网金融领域创新及相关违法犯罪发展速度迅猛，很多互联网传销活动由于其隐蔽性、欺骗性以及发展规模较小，政府监管及侦查部门无法第一时间发现并进行打击。民众不能单纯因为政府没有及时打击就认为所参与投资活动是合法行为，应加强自身合格投资人意识的培养，在参与投资活动前根据金融常识进行甄别，如在投资过程中注重审查投资平台资质与合法性，参与活动的收益可实现性及其与回报是否成正比等问题。参与人对于以缴纳会费、拉人头等为名号实施的投资模式更应增强警惕，克服投机贪利心理，在不了解投资内容及项目运行状况的情况下切勿盲目参与，防止从犯罪活动的被害人进一步演变为犯罪实施者，进而成为刑法打击规制的对象。

（二）传销参与人刑事惩治机制

针对传销参与人的刑法规制，有观点指出，就组织、领导传销活动的规制范围而言，仅处罚领导者与组织者，其他参与人不承担刑事责任。但这并不意味着其他参与人不构成任何犯罪，具体情形应当根据其参与实施传销活动的属性进行区分讨论。就原始型传销活动，参与人仍可以认定为非法经营罪。[1]就诈骗型传销活动，参与人可能构成集资诈骗罪等罪名。[2]

就立法规定而言，当前刑法只是对传销活动中的组织者、领导者进行刑事处罚，虽然通过解释论的方法可以对其他参与人进行集资诈骗罪、合同诈骗罪甚至非法经营罪等罪名认定，但这在一定程度上与罪刑法定原则相冲突。基于经济犯罪尤其是互联网金融犯罪迭代更新速度之快与刑法固有的立法滞后性之间的冲突，在当前新型网络传销模式更新频繁、法益侵害愈加严重，传统组织、领导传销活动罪不能有效规制犯罪、保护法益的情况下，为有效保障国家经济安全、加大对互联网传销犯罪的惩治，对于立法不足之处应当进行相关立法完善与补正，不能碍于立法滞后之情面而一味扩大刑法解释范畴，过度发挥刑法解释的补正功能只会僭越罪刑法定原则防线，侵犯犯罪行为人人权。因此，即使有些传销人员在传销组织中所处层级不高，但其对整个传销活动的推广起着重要作用，应当将组织、领导者之外的积极参与人纳入犯罪主体之中。上述内容可以参考借鉴日本对于传销犯罪的规定，既惩治组织、领导者，对于参与人员也规定相应刑期。[3]

---

〔1〕　就刑法惩治传销活动在《刑法修正案（七）》之后是否完全遵循单轨制处罚模式，仅依靠组织、领导传销活动罪一罪认定而不再以非法经营处罚，最高人民法院针对相关司法裁判作出批复，即根据最高人民法院〔2012〕刑他字第56号"对组织、领导传销活动的行为，如未达到组织、领导传销活动罪的追诉标准，行为人不构成组织、领导传销活动罪，亦不宜再以非法经营罪追究刑事责任"。参见"曾国坚等非法经营案［第865号］"，载最高人民法院刑事审判一至五庭主办：《刑事审判参考（总第92集）》，法律出版社2014年版，第63~68页。

〔2〕　参见张明楷：《传销犯罪的基本问题》，载《政治与法律》2009年第9期。此处所说的原始型传销实际上是指诈骗型传销之外具有经营行为的团队计酬型传销，但正如前文所指出，在2013年11月4日"两高一部"颁布的《关于办理组织、领导传销活动刑事案件适用法律若干问题的意见》实质上将团队计酬型传销活动不作为犯罪处理，张明楷教授文章观点是在该司法解释出台之前提出，当前在司法实践中将原始型传销的参与人作为非法经营罪认定已经不具有法律依据。

〔3〕　日本对于传销活动的刑事处罚主要规定在其附属刑法《无限连锁会防止法》，在第5条规定无限连锁会开设、运营罪，与我国组织、领导传销活动罪中的组织者、领导者作用相似。此外，该法在传销犯罪组织中对劝诱他人入会行为单独规定入罪，在第6条、第7条中分别规定职业劝诱罪与一般劝诱罪，即对传销组织活动中对参与人按照劝诱的频率、数量、职业性与否作出严厉程度不同的刑事处罚。但不论如何，即使刑事责任不重，但对于一般性劝诱他人入会也会作为犯罪处理，给予罚金处理。参见郑泽善：《日本对非法传销行为的刑事处罚》，载《中国刑事法杂志》2007年第6期。

结合我国当前互联网传销案件呈现特点以及司法办案客观状况，对于传销组织中的其他参与人可以单独设立罪名，承担轻于组织、领导者的刑事责任，但需要根据参与程度以及对传销活动的作用力大小，区分为积极参与人与一般参与人。对于前者可以比照日本《无限连锁会防止法》规定的职业劝诱罪进行刑事责任认定，而尽管一般参与人对于发展下线也起到一定作用，但情节并不严重，同时结合司法机关实际办案压力，可以只施以行政处罚。这样既有效打击了情节恶劣的传销活动犯罪分子，对于传销犯罪实现有力的刑事打击，同时对于情节轻微的传销组织人员做到区别对待，体现了刑法谦抑原则，有效贯彻宽严相济刑事政策。[1]

三、互联网传销刑法配套规制机制

（一）建立互联网金融监管部门协作机制

对于互联网新型传销的惩治既需要完善刑事法律规定，加大刑罚惩治力度，更需要在源头上做好日常监管工作。尽早发现传销违法活动并进行规制打击，不能等到传销违法活动规模发展壮大再对其进行调查甚至以刑事手段直接立案侦查，否则不论从违法犯罪打击成本、难度抑或是造成的现实危害上讲都将难以实现预期。工商行政管理部门与公安机关作为传销活动日常监管的行政责任主体，随着传销活动模式发展与互联网技术、金融创新工具日益紧密结合，传统依靠线下对传销组织成员进行物理式排查的监管模式效果日益减弱，无法有效遏制互联网新型传销活动线上疯狂蔓延态势，执法方式的单一固化成为当前网络传销行政监管与打击不力的重要原因。传统传销组织聚集性效应明显，传销组织头目为实现对新发展成员进行洗脑、监控等措施，主要通过人身拘禁方式在社区出租屋进行聚集性培训管理，因此形成了传统针对传销组织的监管往往以外来人口流动频繁的出租房为重点排查切入点的工作经验。但基于网络空间的虚拟性以及信息传播的分散性，传销组织发展下线成员已经不主要依靠物理空间的聚集，传销理念传播、组织成员发

---

〔1〕 参见张智聪、董镕镕：《日本对非法传销处罚的司法实践及启示》，载《中国检察官》2013年第10期。

展、资金获取转移都由线下转移到线上，传统监管方式与经验面对互联网新型传销一度处于失灵状态。根据互联网新型传销的发展特点，监管重点应当由线下转移到线上，同时建立互联网新型传销日常监管协作机制，加强工商行政管理部门、公安机关与电信管理机构、银行机构及金融监管等部门协作，在各自领域相互配合、严密监管法网。如联合网信部门针对可疑网站进行筛选、排除与监控，与银行、金融监管机构配合加强对可疑人员资金账户风险评估与跟踪监控，共同打击互联网新型传销活动，及时排除风险，防患于未然，形成行政监管打击合力。

（二）完善传销监管法律法规，建立互联网巡查机制

在日常监管方面，除了建立监管部门之间的配合协作机制，为实现互联网新型传销长效监管，一方面应当对《禁止传销条例》及相关互联网金融法律法规进行更新完善。虽然传销活动运作原理并没有本质差异，但由于《禁止传销条例》制定年代久远，制定时的背景主要是针对传统线下传销违法行为，规制理念与方式已较为落后，无法适应互联网金融时代背景下新型网络传销的惩治目标与发展新动态，应当有针对性增加对于互联网传销的规制内容。另一方面，传销骗局冠以虚假金融创新名义通过互联网实施传播，如瘟疫一般通过网络空间迅速蔓延扩展，使得互联网新型传销模式产生的危害性已非传统传销活动所能比拟，尤其是对于国家经济安全造成的侵害与威胁极易引发金融风险。针对互联网传销传播路径新特点，应当建立互联网定期巡查制度，运用大数据技术进行分析和甄别，实现对网络传销违法活动的实时动态监控与研判预警，及时锁定、查处新型网络传销犯罪，落实网络传销犯罪"打早打小"的惩治策略。在国家层面推动建立统一的打击互联网传销信息平台系统，建立网络传销组织与成员黑名单数据库，拓展投诉举报途径，实现互联网传销监测平台信息共享，为各地办理互联网新型传销案件提供参考指引，维护国家经济安全，将新型传销犯罪危害风险降到最低点。

（三）加强对平台媒体、广告服务商法律监管

由于新闻媒体机构在我国民众心中有着较高的可信度，很多借助互联网

金融名义实施传销活动的组织为扩大骗局影响，不惜斥资重金寻求平台媒体与广告服务商进行大力宣传报道，给社会民众营造一种高大上的金融高科技模式假象，使民众难以识别其虚假传销本质。一些平台媒体及广告服务商单纯出于对经济利益的追求，没有对宣传、报道内容作出应有的真实性、合法性审查，违背其应尽的审核义务，对互联网新型传销的扩散起到推波助澜作用。因此，应当净化网络空间环境，加强对平台媒体、广告服务商的监管，对于没有尽到应有审核义务，报道、宣传失实误导社会民众从而产生严重后果的应当严厉惩处，使其承担相应法律责任，为社会民众营造安全良好的网络投资环境。

本章小结

尽管"马甲"不断变化，互联网传销通过拉人头、发展下线、骗取入门费并用后来者的资金弥补前期参与人的投入与收益的庞氏骗局运作本质没有改变。当前以资本运作等为名实施的互联网传销无法依靠商品交易本身获得实质性收益，没有实际盈利能力，偿还投资者的利益回报只能通过新投资者加入获得，属于典型"拆东墙补西墙"的庞氏骗局运作模式。在打击传销过程中不能忽视传销参与人在其中的地位与作用，即使在事实层面承认其具有受欺骗并遭受财产损失的被害人属性，但基于其在传销活动中的积极行为，此类主体不具备刑法保护的正当性。为遏制高发的互联网传销犯罪，对于刻意规避司法认定标准的互联网新型传销，应确立较为灵活的刑事认定标准，提高刑罚惩治力度，并通过反向构建被害人防范机制，根据参与人实质作用予以刑法规制，实现对互联网传销犯罪的预防与打击。

结 语

　　在"总体国家安全观"战略思想指引下，经济安全法益在刑法中得到重新定位，对于危及经济安全的具体违法犯罪必须予以密切关注。当前庞氏骗局引发的各类金融犯罪在科技与互联网的迅猛发展下花样不断翻新，变种形式眼花缭乱，对于国家经济安全以及社会民众的合法权益造成巨大危害，值得刑事法领域重点关注、严厉打击。因此，应当区分危害国家经济安全的金融犯罪类型，在刑事打击力度上区别于传统普通经济犯罪类型，典型如涉及"影子银行"、地下钱庄等资金体量巨大、影响国家整体经济稳定的犯罪类型，尤其是结合互联网创新名义设立的 P2P 网贷平台，利用私募基金、虚拟货币实施的非法集资、金融传销等。在刑事政策上，近年来刑法修正案对于经济犯罪处罚力度总体呈现轻罪化趋势，符合我国当前宽严相济的刑事政策以及世界刑罚轻缓化的发展规律，但这并不意味对于经济领域犯罪要求一律从宽处罚的司法立场，对于对国家经济安全法益造成侵害的金融犯罪类型，应当从严打击，不能单纯片面实行刑罚轻缓化。利用私募基金、P2P 网贷平台进行的非法集资、校园不良网贷借新还旧实施的连环套路贷、假借数字货币 ICO 实施的投资欺诈以及互联网金融传销犯罪都属于新型庞氏骗局的典型表现，应针对不同庞氏骗局特征进行刑法针对性打击，同时采取综合监管手段加以规制。目前，运用区块链技术的新型数字货币成为当前恐怖主义融资与洗钱的秘密渠道，缺乏监管的涉恐资金交易将对金融监管秩序与经济安全产生严重威胁与侵害，应当通过完善监管措施、加强国际合作交流，实现金融反恐维护国家经济安全的任务。从参与者个体行为出发，审视其在庞氏骗局运作过程中的地位与作用，划定相应责任，可以有效防范庞氏骗局发生，对犯罪人进行打击的同时对被害人进行刑法规范层面的保护。

参考文献

一、中文著作

1. 陈泽宪主编:《经济刑法新论》,群众出版社 2001 年版。

2. 陈兴良主编:《经济犯罪学》,中国社会科学出版社 1990 年版。

3. 陈兴良、周光权:《刑法学的现代展开 2》,中国人民大学出版社 2015 年版。

4. 中国现代国际关系研究院经济安全研究中心:《国家经济安全》,时事出版社 2005 年版。

5. 陈青松:《影子银行》,电子工业出版社 2014 年版。

6. 蔡道通:《刑事法治的基本立场》,北京大学出版社 2008 年版。

7. 邓小俊:《民间借贷中金融风险的刑法规制》,中国人民公安大学出版社 2016 年版。

8. 董秀红:《金融安全的刑法保护》,法律出版社 2015 年版。

9. 郭华:《互联网金融犯罪概说》,法律出版社 2015 年版。

10. 郭华:《非法集资的认定逻辑与处置策略》,经济科学出版社 2021 年版。

11. 郭华编著:《防范和处置非法集资条例解读与适用指南》,中国法制出版社 2021 年版。

12. 甘培忠主编:《国家经济安全法律保障制度研究》,法律出版社 2012 年版。

13. 高铭暄:《中华人民共和国刑法的孕育诞生和发展完善》,北京大学出版社 2012 年版。

14. 贾宇、舒洪水主编：《中国国家安全法教程》，中国政法大学出版社 2021 年版。

15. 康华平等：《国家安全视角下的金融发展与改革》，中国金融出版社 2016 年版。

16. 韩轶：《法益保护与罪刑均衡——法益保护之优先性与罪刑关系的合理性》，中央民族大学出版社 2015 年版。

17. 何荣功：《自由秩序与自由刑法理论》，北京大学出版社 2013 年版。

18. 胡启忠等：《非法集资刑法应对的理论与实践研究》，法律出版社 2019 年版。

19. 洪灿：《私募基金刑事法律风险与合规管理》，中国检察出版社 2020 年版。

20. 劳东燕：《风险社会中的刑法：社会转型与刑法理论的变迁》，北京大学出版社 2015 年版。

21. 李娜：《论金融安全的刑法保护》，武汉大学出版社 2009 年版。

22. 李娜：《金融犯罪风险高发场域的社会治理路径研究》，上海交通大学出版社 2020 年版。

23. 李兰英等：《网络金融犯罪的刑事治理研究》，厦门大学出版社 2021 年版。

24. 李兰英、孙亚编著：《新型网络金融犯罪问题研究》，厦门大学出版社 2021 年版。

25. 廖天虎：《地下金融风险的刑法控制》，中国政法大学出版社 2016 年版。

26. 林东茂：《一个知识论上的刑法学思考》，中国人民大学出版社 2009 年版。

27. 刘飞：《反洗钱金融立法与洗钱犯罪》，社会科学文献出版社 2005 年版。

28. 刘飞宇主编：《互联网金融法律风险防范与监管》，中国人民大学出版社 2016 年版。

29. 刘建飞主编：《中国特色国家安全战略研究》，中共中央党校出版社2016 年版。

30. 刘明祥、冯军主编：《金融犯罪的全球考察》，中国人民大学出版社2008 年版。

31. 刘然：《互联网金融监管法律制度研究》，中国检察出版社 2017年版。

32. 刘仁文：《刑事政策初步》，中国人民公安大学出版社 2004 年版。

33. 刘仁文主编：《网络时代的刑法面孔》，社会科学文献出版社 2017年版。

34. 刘艳红、周佑勇：《行政刑法的一般理论》，北京大学出版社 2020年版。

35. 刘咏梅、李红燕：《资本市场犯罪研究》，中国人民公安大学出版社2020 年版。

36. 刘远：《金融欺诈犯罪立法原理与完善》，法律出版社 2010 年版。

37. 刘跃进主编：《国家安全学》，中国政法大学出版社 2004 年版。

38. 刘宪权：《金融犯罪刑法学新论》，上海人民出版社 2014 年版。

39. 刘宪权：《互联网金融犯罪研究》，上海人民出版社 2022 年版。

40. 刘宪权：《金融诈骗犯罪研究》，上海人民出版社 2023 年版。

41. 刘锡良等：《中国金融国际化中的风险防范与金融安全研究》，经济科学出版社 2012 年版。

42. 刘伟：《集资型金融犯罪刑法规制完善问题研究》，法律出版社 2022年版。

43. 卢建平：《刑事政策与刑法变革》，中国人民公安大学出版社 2011年版。

44. 马春晓 ：《经济刑法的法益研究》，中国社会科学出版社 2020 年版。

45. 毛玲玲：《经济犯罪与刑法发展研究》，法律出版社 2017 年版。

46. 毛玲玲：《金融犯罪的实证研究——金融领域的刑法规范与司法制度反思》，法律出版社 2014 年版。

47. 裴长利：《非法吸收公众存款罪实证研究》，复旦大学出版社 2019 年版。

48. 齐文远主编：《互联网金融犯罪治理研究》，武汉大学出版社 2022 年版。

49. 彭冰：《投资型众筹的法律逻辑》，北京大学出版社 2017 年版。

50. 钱小平：《中国经济犯罪刑事政策研究》，法律出版社 2017 年版。

51. 曲新久：《刑事政策的权力分析》，中国政法大学出版社 2002 年版。

52. 曲伶俐等：《刑事政策视野下的金融犯罪研究》，山东大学出版社 2010 年版。

53. 任素贤：《互联网金融非法集资行为刑法规制研究》，北京大学出版社 2023 年版。

54. 孙国祥、魏昌东：《经济刑法研究》，法律出版社 2005 年版。

55. 田宏杰：《行政犯罪治理研究》，中国社会科学出版社 2023 年版。

56. 童文俊：《恐怖融资与反恐怖融资研究》，复旦大学出版社 2012 年版。

57. 王爱立主编：《〈中华人民共和国刑法〉释义与适用》，中国民主法制出版社 2021 年版。

58. 王铼等：《互联网金融犯罪侦查与司法实务研究》，中国人民公安大学出版社 2018 年版。

59. 王世洲：《德国经济犯罪与经济刑法研究》，北京大学出版社 1999 年版。

60. 王世洲、郭自力、张美英主编：《危害国家安全罪研究》，中国检察出版社 2012 年版。

61. 王新：《金融刑法导论》，北京大学出版社 1998 年版。

62. 王新：《反洗钱：概念与规范诠释》，中国法制出版社 2012 年版。

63. 王文华：《欧洲金融犯罪比较研究——以欧盟、英国和意大利为视角》，外语教学与研究出版社 2006 年版。

64. 王利宾：《民间融资犯罪刑法规制对策研究：以法律经济学为分析视角》，武汉大学出版社 2021 年版。

65. 王元龙：《中国金融安全论》，知识产权出版社 2019 年版。

66. 吴志攀、白建军主编：《金融法路径》，北京大学出版社 2004 年版。

67. 武长海主编：《P2P 网络借贷法律规制研究》，中国政法大学出版社 2016 年版。

68. 杨兴培、李翔：《经济犯罪和经济刑法研究》，北京大学出版社 2009 年版。

69. 谢望原：《刑事政策与刑法专论》，中国人民大学出版社 2017 年版。

70. 徐彰：《互联网金融行为的"罪与非罪"：刑民交叉视野下的问题研究》，北京大学出版社 2022 年版。

71. 薛刚凌主编：《国家安全法律问题（第七卷）国家安全法律问题》，人民出版社 2014 年版。

72. 阎庆民、李建华：《中国影子银行监管研究》，中国人民大学出版社 2014 年版。

73. 时方：《经济犯罪中的被害人研究》，中国检察出版社 2019 年版。

74. 于佳佳：《民间借贷中高利贷的刑法规制原理：入刑与否、尺度何在》，法律出版社 2022 年版。

75. 岳彩申等：《民间借贷与非法集资风险防范的法律机制研究》，经济科学出版社 2018 年版。

76. 岳彩申主编：《2016 年民间金融法治发展报告》，法律出版社 2017 年版。

77. 张明楷：《诈骗罪与金融诈骗罪研究》，清华大学出版社 2006 年版。

78. 张明楷：《诈骗犯罪论》，法律出版社 2021 年版。

79. 张明楷：《犯罪论的基本问题》，法律出版社 2017 年版。

80. 北京市朝阳区人民检察院编、张朝霞主编：《金融犯罪检察实务》，中国检察出版社 2019 年版。

81. 张幼文等：《经济安全：金融全球化的挑战》，上海社会科学院出版社、高等教育出版社 1999 年版。

82. 曾筱清、杨益：《金融安全网法律制度研究》，中国经济出版社 2005

年版。

83. 郑淑娜主编：《中华人民共和国国家安全法解读》，中国法制出版社2016年版。

84. 周光权：《法典化时代的刑法立法》，中国人民大学出版社2024年版。

85. 周密主编：《美国经济犯罪和经济刑法研究》，北京大学出版社1993年版。

86. 习近平：《习近平谈治国理政》，外文出版社2014年版。

87. 钟茂初：《庞氏经济学与全球经济危机》，经济科学出版社2009年版。

二、外文译作

1. ［德］冯·李斯特：《论犯罪、刑罚与刑事政策》，徐久生译，北京大学出版社2016年版。

2. ［德］乌尔里希·齐白：《全球风险社会与信息社会中的刑法：二十一世纪刑法模式的转换》，周遵友等译，中国法制出版社2012年版。

3. ［德］克劳斯·梯德曼：《德国经济刑法导论》，周遵友译，载赵秉志主编：《刑法论丛（总第34卷）》，法律出版社2013年版。

4. ［德］汉斯·阿亨巴赫：《德国经济刑法的发展》，周遵友译，载《中国刑事法杂志》2013年第2期。

5. ［德］克劳斯·梯德曼：《西德经济刑法——第一和第二经济犯罪法之检讨》，许玉秀译，载《刑事法杂志》1988年第2期。

6. ［德］米歇尔·库宾希尔：《对法益概念内涵的最新判例评论》，江溯译，载赵秉志、宋英辉主编：《当代德国刑事法研究》，法律出版社2017年版。

7. ［德］哈塞默尔：《面对各种新型犯罪的刑法》，载中国人民大学刑事法律科学研究中心编：《明德刑法学名家讲演录（第一卷）》，北京大学出版社2009年版。

8. ［日］高桥则夫、冯军主编：《中日刑法比较研究：高铭暄教授荣获早稻田大学名誉博士学位祝贺文集》，中国法制出版社2017年版。

9. ［日］大谷实：《刑法讲义总论》，黎宏、姚培培译，中国人民大学出版社 2023 年版。

10. ［美］罗伯塔·罗玛诺等：《后金融危机时代的金融监管——中美的视角》，法律出版社 2016 年版。

11. ［美］代维·O. 弗里德里希斯：《背信犯罪：当代社会的白领犯罪》，刘荣译，法律出版社 2018 年版。

12. ［美］斯蒂芬·罗塞夫、亨利·蓬特尔、罗伯特·蒂尔曼：《欲望之狮：美国的白领犯罪与掠夺》，廖斌等译，中国政法大学出版社 2018 年版。

13. ［英］史蒂芬·普拉特：《资本犯罪：金融业为何容易滋生犯罪》，赵晓英、张静娟译，中国人民大学出版社 2017 年版。

三、中文论文

1. 陈泽宪：《高利贷犯罪探讨》，载《政治与法律》1987 年第 2 期。

2. 陈兴良：《论发放高利贷罪及其刑事责任》，载《政法学刊》1990 年第 2 期。

3. 陈兴良：《组织、领导传销活动罪：性质与界限》，载《政法论坛》2016 年第 2 期。

4. 陈兴良：《高利放贷的法律规制：刑民双重视角的考察》，载《华东政法大学学报》2021 年第 6 期。

5. 陈璐：《犯罪化如何贯彻法益侵害原则》，载《中国刑事法杂志》2014 年第 3 期。

6. 白晨航：《影子银行的风险与法律监管：中国概念与美国经验》，载《河北法学》2015 年第 8 期。

7. 常秀娇、张志富：《私募基金与非法集资犯罪的法律边界》，载《南都学坛》2017 年第 4 期。

8. 董文蕙：《非法吸收公众存款罪出罪标准的重构》，载《山东社会科学》2023 年第 2 期。

9. 顾海兵等：《中国经济安全分析：内涵与特征》，载《中国人民大学学报》2007 年第 2 期。

10. 郭栋磊：《非法吸收公众存款"非法性"之行刑认定的区分——以非法性的形式和实质认定为视角》，载《西南民族大学学报（人文社会科学版）》2022 年第 3 期。

11. 郭雳：《中国式影子银行的风险溯源与监管创新》，载《中国法学》2018 年第 3 期。

12. 郭华：《非法集资行政处置权限配置及认定逻辑——〈防范和处置非法集资条例〉第 2 条、19 条和 39 条的展开》，载《法治研究》2021 第 3 期。

13. 国家检察官学院课题组、朱丽欣：《P2P 网络借贷平台异化的刑事规制》，载《国家检察官学院学报》2018 年第 1 期。

14. 郝艳兵：《互联网金融时代下的金融风险及其刑事规制——以非法吸收公众存款罪为分析重点》，载《当代法学》2018 年第 3 期。

15. 何荣功：《经济自由与刑法理性：经济刑法的范围界定》，载《法律科学（西北政法大学学报）》2014 年第 3 期。

16. 何荣功：《经济自由与经济刑法正当性的体系思考》，载《法学评论》2014 年第 6 期。

17. 何德旭、范力：《切实保障金融创新中的金融安全——美国次贷危机的教训》，载《上海金融》2008 年第 10 期。

18. 何德旭、郑联盛：《从美国次贷危机看金融创新与金融安全》，载《国外社会科学》2008 年第 6 期。

19. 黄芳：《惩治传销犯罪的法律适用：概念、思路和机制》，载《法律适用》2017 年第 21 期。

20. 黄太云：《〈刑法修正案（七）〉解读》，载《人民检察》2009 年第 6 期。

21. 黄晓亮：《经济犯罪立法完善的部门法关系分析》，载《财经法学》2019 年第 5 期。

22. 黄震等：《英美 P2P 监管体系比较与我国 P2P 监管思路研究》，载《金融监管研究》2014 年第 10 期。

23. 贾宇：《论组织、领导传销活动罪》，载《人民检察》2010 年第 5 期。

24. 贾宇、舒洪水：《洗钱罪若干争议问题研究》，载《中国刑事法杂志》2005 年第 5 期。

25. 姜涛：《互联网金融所涉犯罪的刑事政策分析》，载《华东政法大学学报》2014 年第 5 期。

26. 姜涛：《非法吸收公众存款罪的限缩适用新路径：以欺诈和高风险为标准》，载《政治与法律》2013 年第 8 期。

27. 姜庆丹、郝金：《地下钱庄行为的定性与防控——刑法与经济法互动的视角》，载《沈阳工业大学学报（社会科学版）》2012 年第 4 期。

28. 林皑：《厉以宁：谈金融创新》，载《金融信息参考》1997 年第 5 期。

29. 李鸿杰、黄晨：《影子银行犯罪类型及打防对策》，载《湖北警官学院学报》2014 年第 7 期。

30. 李鑫：《金融创新与风险：文献述评》，载《金融评论》2014 年第 4 期。

31. 廖天虎：《论我国非法集资案件处置的困境及出路——基于刑事政策视角的分析》，载《学习论坛》2017 年第 2 期。

32. 蓝学友：《互联网环境中金融犯罪的秩序法益：从主体性法益观到主体间性法益观》，载《中国法律评论》2020 年第 2 期。

33. 黎宏：《组织体刑事责任论及其应用》，载《法学研究》2020 年第 2 期。

34. 刘伟：《论民间高利贷的司法犯罪化的不合理性》，载《法学》2011 年第 9 期。

35. 刘仁文、陈妍茹：《论我国资本刑法的完善》，载《河南社会科学》2017 年第 5 期。

36. 刘宪权、金华捷：《论互联网金融的行政监管与刑法规制》，载《法学》2014 年第 6 期。

37. 刘宪权：《我国金融犯罪刑事立法的逻辑与规律》，载《政治与法律》2017 年第 4 期。

38. 刘艳红：《论法定犯的不成文构成要件要素》，载《中外法学》2019

年第 5 期。

39. 刘艳红：《我国应该停止犯罪化的刑事立法》，载《法学》2011 年第 11 期。

40. 刘跃进：《中国官方非传统安全观的历史演进与逻辑构成》，载《国际安全研究》2014 年第 2 期。

41. 刘跃进：《非传统的总体国家安全观》，载《国际安全研究》2014 年第 6 期。

42. 刘道云：《民间高利贷立法规制研究》，载《政法学刊》2015 年第 3 期。

43. 陆岷峰、张盟：《互联网金融背景下经济犯罪的理性审视与治理对策》，载《西南金融》2016 年第 8 期。

44. 陆凯旋：《我国金融安全问题探析》，载《财贸经济》2005 年第 8 期。

45. 磨惟伟：《虚拟货币应用衍生新型网络犯罪及其治理策略》，载《中国信息安全》2017 年第 8 期。

46. 马春晓：《中国经济刑法法益：认知、反思与建构》，载《政治与法律》2020 年第 3 期。

47. 邱兴隆：《民间高利贷的泛刑法分析》，载《现代法学》2012 年第 1 期。

48. 钱小平：《中国金融刑法立法的应然转向：从"秩序法益观"到"利益法益观"》，载《政治与法律》2017 年第 5 期。

49. 时延安：《刑法调整违反经济规制行为的边界》，载《中国人民大学学报》2017 年第 1 期。

50. 时方：《我国经济犯罪超个人法益属性辨析、类型划分及评述》，载《当代法学》2018 年第 2 期。

51. 时方：《非法集资犯罪中的被害人认定——兼论刑法对金融投机者的保护界限》，载《政治与法律》2017 年第 11 期。

52. 时方：《互联网传销刑法规制研究》，载《国家检察官学院学报》2019 年第 6 期。

53. 孙国祥：《金融犯罪的保护法益》，载《国家检察官学院学报》2022年第 6 期。

54. 孙国祥：《集体法益的刑法保护及其边界》，载《法学研究》2018 年第 6 期。

55. 孙国祥：《20 年来经济刑法犯罪化趋势回眸及思考》，载《华南师范大学学报（社会科学版）》2018 年第 1 期。

56. 孙国祥：《四十年来中国刑法理论发展历程和展望》，载《人民检察》2019 年第 1 期。

57. 印波：《传销犯罪的司法限缩与立法完善》，载《中国法学》2020 年第 5 期。

58. 印波：《网络传销犯罪的司法认定逻辑及其修正》，载《比较法研究》2022 年第 1 期。

59. 谢杰、张建：《"去中心化"数字支付时代经济刑法的选择——基于比特币的法律与经济分析》，载《法学》2014 年第 8 期。

60. 田宏杰：《行政犯治理与现代刑法的政治使命》，载《中国人民大学学报》2022 年第 1 期。

61. 田宏杰：《刑法法益：现代刑法的正当根基和规制边界》，载《法商研究》2020 年第 6 期。

62. 田鹏辉：《经济安全与经济刑法立法模式选择》，载《法商研究》2018 年第 3 期。

63. 王安异：《我国经济刑法的立法根据质疑》，载《中国刑事法杂志》2011 年第 3 期。

64. 王新：《惩治金融犯罪的刑事政策论要》，载《中国应用法学》2023 年第 1 期。

65. 王新：《总体国家安全观下我国反洗钱的刑事法律规制》，载《法学家》2021 年第 3 期。

66. 王新：《〈刑法修正案（十一）〉对洗钱罪的立法发展和辐射影响》，载《中国刑事法杂志》2021 年第 2 期。

67. 王新：《国际视野中的我国反洗钱罪名体系研究》，载《中外法学》2009 年第 3 期。

68. 王勇：《互联网时代的金融犯罪变迁与刑法规制转向》，载《当代法学》2018 年第 3 期。

69. 王建文、刘灏：《影子银行的法律规制：金融自由与金融安全的平衡》，载《西部法学评论》2014 年第 2 期。

70. 魏昌东：《中国金融刑法法益之理论辨证与定位革新》，载《法学评论》2017 年第 6 期。

71. 魏昌东：《中国经济刑法法益追问与立法选择》，载《政法论坛》2016 年第 6 期。

72. 魏昌东：《经济风险控制与中国经济刑法立法原则转型》，载《南京大学学报（哲学·人文科学·社会科学版）》2011 年第 6 期。

73. 翁良勇、余枫霜：《涉私募基金非法集资案件司法认定及证明路径》，载《中国检察官》2023 年第 16 期。

74. 吴庆荣：《法律上国家安全概念探析》，载《中国法学》2006 年第 4 期。

75. 姚前：《数字货币的发展与监管》，载李伟主编：《中国区块链发展报告（2017）》，社会科学院文献出版社 2017 年版。

76. 杨书文：《试议经济犯罪的风险性与经济刑法的扩张化——兼及晚近刑事立法中的经济犯罪》，载《江西警察学院学报》2017 年第 5 期。

77. 杨东：《论金融法制的横向规制趋势》，载《法学家》2009 年第 2 期。

78. 杨怡敏：《中日高利贷比较与法律控制》，载《前沿》2011 年第 6 期。

79. 尹振涛：《虚拟货币市场风险》，载《中国金融》2018 年第 7 期。

80. 袁康：《影子银行涉及的法律关系、表现形式与规制方法》，载《重庆社会科学》2013 年第 6 期。

81. 叶良芳：《总体国家安全观视域下非法集资的刑法治理检视》，载《政治与法律》2022 年第 2 期。

82. 赵秉志、赵书鸿：《国家安全的强势保护与人权保障的极度旁落

〈2006 年美国军事审判委员会法令〉解读与评释》，载《法学》2007 年第 2 期。

83. 赵天书：《比特币法律属性探析——从广义货币法的角度》，载《中国政法大学学报》2017 年第 5 期。

84. 赵思雨：《金融创新对金融安全的影响研究》，载《西部金融》2013 年第 5 期。

85. 赵桐：《自洗钱与上游犯罪的处断原则及教义学检视》，载《西南政法大学学报》2021 年第 5 期。

86. 张明楷：《传销犯罪的基本问题》，载《政治与法律》2009 年第 9 期。

87. 张明楷：《自洗钱入罪后的争议问题》，载《比较法研究》2022 年第 5 期。

88. 张明楷：《洗钱罪的保护法益》，载《法学》2022 年第 5 期。

89. 张明楷：《集体法益的刑法保护》，载《法学评论》2023 年第 1 期。

90. 张晓津：《金融安全的刑法保护边界》，载《政法论坛》2023 年第 6 期。

91. 张小宁：《经济刑法机能的重塑：从管制主义迈向自治主义》，载《法学评论》2019 年第 1 期。

92. 张宇润：《金融自由和安全的法律平衡》，载《法学家》2005 年第 5 期。

93. 张忠军：《论金融法的安全观》，载《中国法学》2003 年第 4 期。

94. 朱伟一：《非法集资的中、美法律比较》，载《国际金融》2013 年第 11 期。

95. 周光权：《刑事立法进展与司法展望——〈刑法修正案（十一）〉总置评》，载《法学》2021 年第 1 期。

96. 邹玉祥：《非法吸收公众存款罪之行为类型研究——基于网贷背景下的教义学展开》，载《政治与法律》2018 年第 6 期。

97. 中国社会科学院世界经济与政治研究所国际金融研究中心课题组：《中国影子银行体系研究报告》，载胡滨主编：《中国金融监管报告（2013）》，社会科学文献出版社 2013 年版。

四、外文文献

1. Andrew Verstein, "The Misregulation of Person-to-Person Lending", *University of California Davis Law Review*, 2011.

2. Arian, Asher, Olzaeker, Sigalit, "1999. Political and economic interactions with national securityopinion: the gulf war period in Israel", *The Journal of California Resolution*, 43（1）, pp. 58-77.

3. Bianca F. Sena, "Is 'The Wild West of Financing' Coming to an End? Cryptocurrency and ICO Risk and Regulation", *Northeastern University Review*, Vol（10）, 2017.

4. Doyle, Richard B., "2007. The U. S. National Security Strategy: Policy, Process, problems", *Public Administration Review*, 67（4）: 624-629.

5. Ericson, *Richard V. Crime in an insecure world*. Polity, 2007.

6. Fletcher, Nigel, "Challenges for Regulating Financial Fraud in Cyberspace", *Journal of Financial Crime* 14. 2: 190-207, 2007.

7. Hunton, Paul, "The Growing Phenomenon of Crime and the Internet: A Cybercrime Execution and Analysis Model", *Computer Law & Security Review* 25. 6: 528-535, 2009.

8. Fischer, Thomas, Strafgesetzbuch, Mit Nebengesetzen, 64. A Scherp, Dirk, *Compliance und Wirtschaftskriminalität*, CB 2013, 168.

9. Gottschalk, Petter, "Categories of Financial Crime", *Journal of Financial Crime* 17. 4: 441-458, 2010.

10. Krischker, Sven, *Das Internetstrafrecht vor neuen Herausforderungen*, Berlin, 2014.

11. Lagazio, Monica, Nazneen Sherif, and Mike Cushman, "A Multi-Level Approach to Understanding the Impact of Cyber Crime on the Financial Sector", *Computers & Security*, 45: 58-74, 2014.

12. Mowery, David C., "2009. National Security and National Innovation Sys-

tems", *The Journal of Technology Transfer*, 34（5）：455-473.

13. Niva Elkin-Koren, Eli M Salzberger, "Law and Economics in Cyberspace", *International Review of law and and Economics*, 19：553-581, 1999.

14. Peter J. Katzenstein, *The Culture of National Security：Norms and Identity in World Politics*, Coulmbia University Press, 1996.

15. Zarate, Juan C., "2009. Harnessing the financial furies：smart financial power and national security", *Washington Quarterly*, 32（4）：43-59.

16. ［日］神山敏雄等编：《新经济刑法入門》，成文堂 2013 年版。

17. ［日］木村光江：《出資法の保護法益》，载齐藤丰治等编：《神山敏雄先生古稀祝賀論文集 第二卷 经济刑法》，成文堂 2006 年版。

18. ［日］嘉门优：《法益論——刑法における 意義と 役割》，成文堂 2019 年版。

五、网络文献

1. 《2018 年重大传销案盘点：发展势头如洪水猛兽，花样百出影响更加恶劣》，载 http://dsdod.com/a/20181228/70630/，最后访问日期：2023 年 7 月 29 日。

2. 《30 多亿未兑付！上海炳恒案终审宣判，主犯苏国铭获刑九年半》，载 http://wemedia.ifeng.com/84139069/wemedia.shtml，最后访问日期：2023 年 8 月 16 日。

3. 《42 天 104 家 P2P 爆雷！7 万亿资产、上千万受害人卷入，爆雷之后真的有晴天吗?》，载 http://finance.ifeng.com/a/20180719/16393903_0.shtml，最后访问日期：2023 年 8 月 12 日。

4. 《50 天 163 家 P2P "爆雷"，未来只有大平台能生存?》，载 http://www.sohu.com/a/242948765_99932158，最后访问日期：2023 年 8 月 10 日。

5. 《FATF Recommendations 2012》，载 https://www.fatf-gafi.org/media/fatf/documents/recommendations/pdfs/FATF% 20Recommendations% 202012.pdf，最后访问日期：2023 年 7 月 1 日。

6. 《P2P 网贷行业 2018 年年报正式发布》，载 https://www.wdzj.com/news/yanjiu/3652157.html，最后访问日期：2023 年 8 月 10 日。

7. 《比特币交易有多费电？每次交易可能超过你家一周用的电》，载 http://mt.sohu.com/20171107/n521674106.shtml，最后访问日期：2023 年 12 月 20 日。

8. 《比特币退出中国！三大交易平台发布清退公告》，载 http://news.chinabyte.com/102/14331602.shtml？cirsid=fe56ce570f6ef38ab4a648862b12fe4a，最后访问日期：2023 年 12 月 26 日。

9. 《中国网贷行业十大事件盘点（2007—2017）》，载 https://www.wdzj.com/news/yc/140581.html，最后访问日期：2023 年 12 月 20 日。

10. 《反洗钱金融行动特别工作组将对虚拟货币交易的管制升级》，载 http://baijiahao.baidu.com/s？id=1603057034747725360&wfr=spider&for=pc，最后访问日期：2023 年 12 月 28 日。

11. 《公司法修订草案进入三审：拟规定股东认缴出资额五年内缴足》，载 http://www.npc.gov.cn/c2/c30834/202308/t20230829_431296.html，最后访问日期：2024 年 1 月 31 日。

12. 《公安机关持续开展打击地下钱庄专项行动取得显著战果》，载 http://www.mps.gov.cn/n2253534/n2253535/n2253537/c5650504/content.html，最后访问日期：2023 年 11 月 16 日。

13. 《公安部经侦局发布 7 类传销陷阱警示公众》，载 http://www.legaldaily.com.cn/legal_case/content/2018-05-24/content_7552418.htm？node=81772，最后访问日期：2023 年 8 月 16 日。

14. 《央行：三类"P2P"将被视为非法集资》，载 http://finance.people.com.cn/bank/n/2013/1127/c202331-23666404.html，最后访问日期：2023 年 8 月 22 日。

15. 《央行发行的数字货币，与比特币有什么不同？》，载 http://finance.sina.com.cn/blockchain/roll/2019-03-04/doc-ihsxncvf9547755.shtml，最后访问日期：2023 年 12 月 22 日。

16. 《央行副行长定调 ICO、STO 融资：涉嫌非法集资、网络传销、金融诈骗》，载 https://baijiahao. baidu. com/s？id＝1619257161051409173&wfr＝spi-der&for＝pc，最后访问日期：2023 年 12 月 26 日。

17.《司法部肯定比特币财产属性：依法予以保护》，载 https://wallstreet-cn. com/articles/3441681，最后访问日期：2023 年 12 月 28 日。

18.《首例"比特币"仲裁案被撤销后的思考》，载 https://baijiahao. baidu. com/s？id＝1689354677064572545&wfr＝spider&for＝pc，最后访问日期：2023 年 12 月 28 日。

19.《共享单车企业占用押金涉嫌非法吸收公众存款》，载 https://www. sohu. com/a/207343435_664394，最后访问日期：2023 年 8 月 22 日。

20.《权健华林被查，直销牌照退出机制该启动了》，载 https://baijiahao. baidu. com/s？id＝1622645067008211855&wfr＝spider&for＝pc，最后访问日期：2023 年 7 月 30 日。

21.《全国最大地下钱庄案》，载 https://baike. baidu. com/item/全国最大地下钱庄案/18866491，最后访问日期：2023 年 11 月 16 日。

22.《关于防范以"虚拟货币""区块链"名义进行非法集资的风险提示》，载 http://www. nifa. org. cn/nifa/2955704/2955770/2974282/index. html，最后访问日期：2023 年 8 月 16 日。

23.《"两高"联合发布依法从严打击私募基金犯罪典型案例》，载 ht-tps://www. court. gov. cn/zixun/xiangqing/421622. html，最后访问日期：2023 年 8 月 26 日。

24.《"两高两部"负责人就办理扫黑除恶案件的四个意见有关问题答记者问：为依法严惩黑恶犯罪提供更加坚实法治保障》，载 https://www. spp. gov. cn/zdgz/201904/t20190410_414213. shtml，最后访问日期：2023 年 11 月 20 日。

25.《两高最新发布司法解释，依法严惩涉地下钱庄犯罪》，载 http://news. sina. com. cn/sf/news/fzrd/2019－02－01/doc-ihqfskcp2261154. shtml，最后访问日期：2023 年 11 月 16 日。

26.《证券时报：比特币急跌暴露虚拟币炒作庞氏骗局本质》，载 https://

tech. sina. com. cn/i/2018－11－27/doc-ihpevhck8763618. shtml，最后访问日期：2023 年 12 月 20 日。

27.《俄国财政部："适当监管"后的加密货币可在交易所交易》，载 http：//www. bruyi. com/btbzx/706. html，最后访问日期：2023 年 12 月 26 日。

28.《独家发布！侦破公安部督办涉案 150 亿"维卡币"特大网络传销案》，载 http：//www. sohu. com/a/231591890_99960011，最后访问日期：2023 年 7 月 10 日。

29.《独家发布！侦破公安部督办涉案 150 亿"维卡币"特大网络传销案"，载 http：//www. sohu. com/a/231591890_99960011，最后访问日期：2023 年 8 月 16 日。

30.《起底"天狮"传销：被指最暴力，9 年两千余起刑案致 155 死》，载 https：//new. qq. com/omn/20180926/20180926A17LY8. html？pgv_ref＝aio2015&pt-lang＝2052，最后访问日期：2023 年 8 月 12 日。

31.《混乱的共享单车市场，赢利点到底在哪里》，载 https：//baijiahao. baidu. com/s？id＝1563837533495267&wfr＝spider&for＝pc，最后访问日期：2023 年 8 月 22 日。

32.《超千亿特大传销团伙"云联惠"被广东公安摧毁》，载 https：//www. sohu. com/a/231097088_100144429，最后访问日期：2023 年 7 月 20 日。

33.《最高人民法院今日发布新修订的〈关于审理民间借贷案件适用法律若干问题的规定〉》，载 https：//www. thepaper. cn/newsDetail_forward_8848066，最后访问日期：2023 年 11 月 18 日。

34.《最高人民法院发布 10 起利用互联网侵害未成年人权益的典型案例》，载 http：//www. pkulaw. cn/fulltext_form. aspx？Gid＝aea25b119f80eee9bdfb&key-word＝% E5% 88% A9% E7% 94% A8% E4% BA% 92% E8% 81% 94% E7% BD% 91&Search_Mode＝accurate&Search_IsTitle＝0，最后访问日期：2023 年 11 月 16 日。

35.《最高检出手：防范化解金融风险，解决以罚代刑等问题》，载 http：//finance. sina. com. cn/money/bank/bank_hydt/2018－10－24/doc-ihmxrkzv960

8781. shtml，最后访问日期：2024 年 1 月 10 日。

36.《蒸发超一万亿！史上最大泡沫崩塌，比特币不到一年跌近 80%，矿机竟被当垃圾处理》，载 http://finance. eastmoney. com/news/11056，20181122 990185998. html，最后访问日期：2023 年 12 月 22 日。

37.《数字货币是"骗局"，万人哭喊》，载 http://www. myzaker. com/article/59be2de09490cb5d54000006/，最后访问日期：2023 年 12 月 18 日。

38.《穆迪：去年末中国影子银行规模为 65. 6 万亿，增速 1. 7%》，载 http://baijiahao. baidu. com/s？id = 1600624505567013928&wfr = spider&for = pc，最后访问日期：2023 年 11 月 12 日。

39.《警惕，莫让"清退潮"恶化成又一波"爆雷潮"》，载 https://news. p2peye. com/article-529801-1. html，最后访问日期：2023 年 8 月 10 日。

40.《2019 年中国人民银行反洗钱报告》，载 http://www. pbc. gov. cn/fanxiqianju/resource/cms/2020/12/2020122918425737536. pdf，最后访问日期：2023 年 7 月 1 日。

41.《2022 年私募基金备案登记综述》，载 https://www. 163. com/dy/article/HQ6G1IJT05399RAW. html，最后访问日期：2023 年 8 月 10 日。

42.《P2P 正式退出历史舞台，国内运营 P2P 平台归零》，载 https://baijiahao. baidu. com/s？id = 1684768926368468671&wfr = spider&for = pc，最后访问日期：2024 年 1 月 30 日。

43.《互金专委会：警惕假虚拟货币平台诈骗陷阱，累计发现假虚拟币 421 种》，载 http://baijiahao. baidu. com/s？id = 1600703498855584778&wfr = spider&for = pc，最后访问日期：2023 年 7 月 10 日。

44.《互金专委会：警惕假虚拟货币平台诈骗陷阱，累计发现假虚拟币 421 种》，载 http://baijiahao. baidu. com/s？id = 1600703498855584778&wfr = spider&for = pc，最后访问日期：2023 年 12 月 26 日。

45.《第一个承认比特币为法币的国家诞生了，比特币或将成为法定货币》，载 https://new. qq. com/omn/20210610/ 20210610A05YA200. html，最后访问日期：2023 年 12 月 20 日。

46. 《2018 年政府工作报告全文》，载 http://www. gov. cn/zhuanti/2018lh/2018zfgzbg/zfgzbg. htm，最后访问日期：2024 年 1 月 10 日。

47. 《2019 年政府工作报告全文》，载 http://www. gov. cn/zhuanti/2019qglh/2019lhzfgzbg/index. htm，最后访问日期：2014 年 1 月 10 日。

48. 《2022 年政府工作报告全文》，载 https://www. gov. cn/gongbao/content/2022/content_5679681. htm，最后访问日期：2024 年 1 月 10 日。

49. 《2023 年政府工作报告全文》，载 https://www. gov. cn/zhuanti/2023lhzfgzbg/index. htm？ eqid=e3fab785001218df000000066459e984，最后访问日期：2024 年 1 月 10 日。

50. FSB：《2017 年全球影子银行监测报告》，载 https://www. sohu. com/a/226076945_810912，最后访问日期：2024 年 6 月 21 日。

51. 三水：《政府工作报告连续 5 年提互联网金融，释放新信号》，载 https://www. wdzj. com/news/yc/2058477. html，最后访问日期：2023 年 10 月 20 日。

52. 习近平：《决胜全面建成小康社会 夺取新时代中国特色社会主义伟大胜利——在中国共产党第十九次全国代表大会上的报告》，载 https://www. gov. cn/zhuanti/2017－10/27/content_5234876. htm，最后访问日期：2023 年 8 月 20 日。

53. 习近平：《高举中国特色社会主义伟大旗帜 为全面建设社会主义现代化国家而团结奋斗——在中国共产党第二十次全国代表大会上的报告》，载 https://www. gov. cn/xinwen/2022－10/25/content_ 5721685. htm，最后访问日期：2023 年 8 月 20 日。

54. 王宇露、王辉：《守牢合规底线，私募行业存真去伪》，载 https://www. cs. com. cn/tzjj/jjdt/202109/t20210906_6201679. html，最后访问日期：2023 年 8 月 20 日。

55. 李愿：《中国影子银行规模持续收缩：理财呈可持续发展态势，信托业开辟新增长点》，载 https://baijiahao. baidu. com/s？ id＝17644175938062829200&wfr＝spider&for＝pc，最后访问日期：2023 年 11 月 12 日。

56. 杨皓、陈团结：《悲剧！大三男生家中自缢，事发前手机上全是这种信息……》，载 http://news. ifeng. com/a/20170702/51358229_0. shtml，最后访问日期：2023 年 11 月 11 日。

57. 周炎炎：《中国虚拟货币全面进入严监管时期，美国牌照化管理，韩国最严》，载 http://www. cinic. org. cn/index. php？m = content&c = index&a = show&catid = 22&id = 402002，最后访问日期：2023 年 12 月 26 日。

58. 胡喆等：《校园贷乱象调查：千元贷款滚成万元欠款》，载 http://tech. sina. com. cn/2016 – 06 – 14/doc-ifxszkzy5278260. shtml，最后访问日期：2023 年 11 月 11 日。

59. 姜宁：《多地高校女生陷"裸贷"风波，被迫卖身还债》，载 http://news. sohu. com/20160928/n469307318. shtml，最后访问日期 2023 年 11 月 16 日。

60. 《ofo 和戴威的至暗时刻：收法院"限制消费令"，还有 1000 万人等着退押金》，载 http://www. nbd. com. cn/articles/2018 – 12 – 20/1283882. html，最后访问日期：2023 年 8 月 22 日。

61. 《ofo 半月退了 10 万个左右用户的押金，按这速度，押金退完需 6 年多》，载 https://baijiahao. baidu. com/s？id = 1630157990440353497&wfr = spider&for = pc，最后访问日期：2023 年 8 月 22 日。

62. 参见数据中国证券投资基金业协会官网，载 https://www. amac. org. cn/sjtj/datastatistics/privategravefundindustrydata，最后访问日期：2024 年 1 月 8 日。

63. 《福冈地方裁判所第 3 刑事部 2013 年 8 月 5 日判决》，载 https://lex. Lawlibrary. jp/lexbin/ShowZenbun. aspx？sk = 637840242883445544&pv = 1&bb = 25501676&dli = 637840242878110825，最后访问日期：2023 年 10 月 20 日。

64. 《穆迪：2021 年末中国广义影子银行资产降至 57 万亿元》，载 https://baijiahao. baidu. com/s？id = 1729994037429003558&wfr = spider&for = pc，最后访问日期：2023 年 11 月 12 日。

后　记

　　本书是个人的第二本学术专著，也是在博士后研究报告的基础上修改完成的。按照惯例学者新书出版往往会附加后记，一是对于作者上一个阶段学术研究与历程的总结，或多或少会有一些新的感慨与体悟，二是学界同仁与读者往往希望通过后记阅读具象化地了解作者并以此加深对作品的理解与把握。虽然后记本身不属于学术专著的必要组成，但因为其可以一定程度摆脱作品本身理论的高深与用语的晦涩，阅读起来相对轻松，加之作者会在后记中记录与写作过程相关的奇闻轶事，这一具有八卦性质的彩蛋或许可以为读者增添几分阅读的兴趣，使得相当一部分读者拿到一本新的作品往往迫不及待先阅读文末后记。因此，作为话外篇的后记之于著作本身具有独立的价值与意义。

　　对于本书而言，本来犹豫出版时是否要写后记，因为五年前在中国社会科学院法学研究所完成博士后出站报告时已表露过自己研究的"心路历程"，物换星移，彼时完成阶段性研究工作如释重负的心情与如今在法大任教五年后修订书稿时的心境已完全不同。加之高校教学、科研、指导学生等各项工作任务使得自己时感疲惫，生活质量与工作时长始终处于一种矛盾紧张的冲突关系，生活与工作混沌交织有一种被时间推着向前赶的无奈，我想这也是和我一样身处科研考核压力的青年研究者共同的感受。在如此内卷的科研环境与繁重的工作压力迫使下大多数年轻学人只能埋头向前赶，无暇回头看，驻足反思似乎已成为一种精神奢望，停滞写作似乎就是学术生命的荒废。对于个人而言，自己也不断反思在工作与生活交织的碎片化研究时间中，至今尚未掌握随时随地进入研究写作状态的窍门，而这样跟不上科研内卷时代高速发表的节奏要求也使得自己陷入科研产出效率低下的自我否定中，甚至一度陷入写作后记也是一种浪费科研精力的焦虑状态。

对于本书的研究对象新型庞氏骗局而言，作为当前高发的经济犯罪类型之一，依托网络借贷、私募基金、股权众筹、区块链、数字货币等运作模式开展非法集资与传销等违法犯罪具有极强的迷惑性与变异性，而金融科技创新发展与庞氏骗局运作模式的交织导致国家对于互联网金融等新兴科技产业的政策立场产生极大的摇摆与不确定，政策导向的偏差容易干扰行政监管的有效开展，而前端行政监管不力往往使得各类新型庞氏骗局不断蔓延扩大进而对国家经济安全产生严重威胁或者侵害，此时国家不得不依靠刑事手段对各类新型庞氏骗局引发的金融犯罪予以严厉打击。但及时有效的行政监管缺失与过度依赖刑法"重刑"主义的社会治理理念在科学性与有效性等方面均存在较大疑问。最为典型如 P2P 网络借贷，该金融创新模式诞生之初在我国由于缺乏有效监管而野蛮生长，整个行业迅速异化为新型庞氏骗局并蔓延全国，在短短几年内体量急剧扩张并出现行业性集中暴雷的结果，严重危害国家金融安全与民众财产安全。就 P2P 网贷行业的整体发展来看，从 2013 年被视为我国互联网金融创新典范到 2020 年底整个行业被取缔关停，国家监管政策由起初的鼓励支持到后来的刑事打击，P2P 网络借贷成为庞氏骗局与非法集资犯罪的代名词。

如今 P2P 网贷行业已整体退出我国经济发展舞台而被陈列经济犯罪的历史博物馆，其结局不禁令人唏嘘，所反映的国家金融创新发展进程中市场发展与金融政策、行政监管以及刑事打击策略之间协作机制的掣肘令人反思。必须注重金融市场健康运行机制与政府监管的关系。党的二十届三中全会提出，高水平社会主义市场经济体制是中国式现代化的重要保障，其原则和目标为"必须更好发挥市场机制作用，创造更加公平、更有活力的市场环境，实现资源配置效率最优化和效益最大化，既'放得活'又'管得住'，更好维护市场秩序、弥补市场失灵，畅通国民经济循环，激发全社会内生动力和创新活力"。因此，如何协调好金融市场自身的创新发展与政府的有效监管是一项充满挑战任务。同时，在世界面临百年未有之大变局、全球经济充满不确定性的条件下，宏观稳定成为稀缺资源，党的二十大报告首次将国家安全作为独立一章进行系统阐述，将"统筹发展与安全"提高至前所未有的高度，要求"以新安全格局保障新发展格局"。党的二十届三中全会再次强调：国家安全是中国式现代化行稳致远的重要基础。必须全面贯彻总体国家安全观，完善维护国家安全体制机制，实现高质量发展和高水平安全良性互动，切实保障国家长治久安。

正是基于总体国家安全观引领下针对各类新型金融业态的监管政策、行政法规、刑事法律以及司法解释等都在发生不同程度的修正或废止，也使得本书在原稿修订过程中面临大量的法律规范与论证依据上的更新完善工作，随着时间的延长新型金融犯罪类型的出现也客观上使得本书修订工作量加大、修订内容繁琐复杂。可以认为，对于新型庞氏骗局的刑法规制是无法依靠某一本著作研究完成，需要持续关注庞氏骗局的变异手法，但更为重要的是抓住庞氏骗局的运行本质，由此顺应时代变迁做到精准识别、不被新的骗局结构所欺骗，最终通过刑法以及其他法律有效规制以保障国家经济安全与民众的财产权益。

学术研究的过程是充满乐趣的，然而写作的过程也难免是枯燥甚至令人抓狂的，学术创作需要直抒胸臆、大胆创新，但拘泥于学术作品的规范性即使是后记的写作也无法完全做到随心所欲。在写作后记时又重温个人第一部学术专著《经济犯罪中的被害人研究》出版时博士生导师孙国祥教授与博士后导师陈泽宪教授所作的序，感慨时间飞逝五年光阴弹指一挥间，重读两位恩师作序既有学术上新的获得感，同时感受到恩师温润的教导与殷切的期盼，激励学生在学术道路上不断努力前行。能够在自己所喜爱的刑法领域深耕研究是一件幸福的事，这离不开在个人成长过程中给予指点帮助的学界师长与同仁，同时感谢家人对于自己研究工作的支持。中国政法大学出版社的诸位老师对本书的编辑出版工作付出了辛勤的努力，一并予以真挚的感谢。尽管金融政策调整频繁，金融模式迭代更新，金融犯罪手段变动不居，希望在当下浮躁焦虑弥散的社会环境中能够保持学术初心，沉下心来进行学术研究，产出更具学术厚重感并经得起实践与时代检验的作品。

时　方

2024 年 7 月于法大蓟门桥小月河畔